新世纪现代交通类专业系列教材

运输经济学

（修订本）

现代交通远程教育教材编委会　编

清华大学出版社
北京交通大学出版社
·北京·

内容简介

本书是根据交通运输管理专业的教学基本要求编写的，全书共12章，主要内容包括概论、运输需求、综合运输、运输市场、运价、交通运输政策、道路运输经济效益、道路运输成本、汽车运输企业经营管理、道路运输行业管理、运输业的民营化、运输现代化。本书内容新颖，注重实用性，注重培养学生的应用意识，注重理论与实践相结合。

本书主要适用于交通运输管理专业、物流专业及其他相关专业的学生使用。

图书在版编目(CIP)数据

运输经济学 / 现代交通远程教育教材编委会编. —修订本. —北京：清华大学出版社：北京交通大学出版社，2004.7(2018.10修订)
(新世纪现代交通类专业系列教材)
ISBN 978-7-81082-331-9

Ⅰ.运…　Ⅱ.现…　Ⅲ.运输经济学－高等学校－教材　Ⅳ.F50

中国版本图书馆CIP数据核字(2004)第059226号

运输经济学
YUNSHU JINGJI XUE

责任编辑：张利军　**特邀编辑**：麦伦丁
出版发行：清华大学出版社　**邮编**：100084　**电话**：010-62776969
北京交通大学出版社　**邮编**：100044　**电话**：010-51686414
印 刷 者：北京鑫海金澳胶印有限公司
经　　销：全国新华书店
开　　本：185×260　**印张**：14.75　**字数**：368千字
版　　次：2004年7月第1版　2018年10月第1次修订　2018年10月第10次印刷
书　　号：ISBN 978-7-81082-331-9/F・51
印　　数：26 001～28 000册　**定价**：32.00元

本书如有质量问题，请向北京交通大学出版社质监组反映。对您的意见和批评，我们表示欢迎和感谢。
投诉电话：010-51686043，51686008；传真：010-62225406；E-mail：press@bjtu.edu.cn。

现代交通远程教育教材编委会
成 员 名 单

出 版 说 明

北京交通大学是教育部直属的全国重点大学，至今已有百年历史。在漫长的办学历程中，北京交通大学逐步形成了“团结勤奋、求实创新、谦虚谨慎、开拓进取”的精神，正向着“国内一流、国际知名大学”这一宏伟目标迈进。

为了适应社会主义现代化建设对高素质专门人才的培养，北京交通大学积极发展多种形式的高等教育，现代远程教育是其中的形式之一。它采用计算机多媒体技术，通过互联网、卫星视频会议系统进行教学，具有鲜明的时代特征。现代远程教育具有很多优势：它可以使高等教育不受校园的局限，扩大接受高等教育人口的比例；它极大地方便了学习者，使学生利用现代远程教育便可学到最新的知识，享受第一流的教育资源；它还构建了终身学习体系，使知识经济时代人们终身学习的愿望得以实现。由于现代远程教育的诸多优点，在发达国家已经非常广泛地被采用。

为落实交通部《“十五”交通教育培训规划》《“十五”交通行政执法人员提高学历层次教育的实施意见》《“十五”全国地方交通行政干部教育培训的实施意见》精神，充分发挥交通系统各类交通院校教育资源的优势和特色，为交通现代化建设、交通可持续发展培养高层次专门人才，北京交通大学与交通系统各类院校本着“优势互补、资源共享、互利互惠、共同发展”的原则，合作开展现代远程教育试点工作。目前，已经在北京交通管理干部学院设立了北京交通大学现代远程教育交通分院，并在全国交通系统设立了29个交通教学中心，开办了公路工程与管理（专科）、交通运输管理（专科）、公路工程与管理（专升本）、交通运输管理（专升本）、财务会计（专科）、会计学（专升本）和法学（专升本）等专业。

现代远程教育与传统的面对面的教育方式不同，它更强调学生的自主个性化学习，因此需要提供更适合于自学的教材，同时还要提供内容丰富的多媒体教学课件、电子教案、自学指导书等，以支持远程教育活动。

为进一步适应现代远程教育事业的发展，北京交通大学现代远程教育交通分院组织编写了这套现代交通远程教育教材。本套教材是根据教育部审定批准的教学大纲编写的，适合高等教育的教学及学生学习，尤其适合现代交通远程教育的本（专）科学生学习使用。

现代交通远程教育教材编委会

2004年7月

前 言

改革开放以来，特别是近年来我国运输经济的发展较为迅猛，对国民经济的健康发展起到了重要的促进与推动作用。当然在这一发展变化中也出现了许多新情况和新问题，需要运输经济学这一学科在理论与实践上做出相应的解释与探讨，从而使之适应形势发展的要求。

运输经济学是交通运输管理专业的一门必修的重要的专业基础课，本课程对交通运输管理专业的学生正确认识运输经济规律并用以指导实际工作具有重要的作用，同时也为学习其他专业课奠定基础。

本书是根据交通运输管理专业教学要求编写的。本书的编写工作是在北京交通大学现代交通远程教育教材编委会的指导下进行的。本书着力体现下述特点。

(1) 努力贯彻降低理论深度、加强应用、强化能力培养等原则，内容贴近现代交通运输业的现实与发展，并努力从理论上解释现代交通运输业出现的新情况新问题。在内容上难易适度，注重其系统性、科学性。例如，首次将“城市交通运输”引入综合运输体系，将“国家定价与价格听证”引入运价体系，将“运输的民营化”和“公交优先”等内容引入本书的体系，从而使本书的内容有了较大更新，使理论与实践的系统性得到了强化。此外，本书还引入了近年来的特别是2000年以来的交通运输政策，并重点介绍了我国“交通运输与可持续发展”的国策。

(2) 为了便于自学和培养学生的学习兴趣和能力，对基本概念、基本理论、基本方法的介绍力求通俗易懂，而且大量引用了相应的论据与实例，以便学生更好地理解和掌握相关的内容。本书还以大量的图表反映运输经济领域中的现象与规律，特别是以最新的数据(一般截止到2000年及以后年限)作为论据来说明问题。对于理论性较强的内容，均有相应的实例加以具体化。

本书由朱伟生任主编，吴兰敏任副主编。其中第1、2、4、5、6、11、12章由朱伟生编写；第3、7、8、9、10章由吴兰敏编写。

由于编者水平有限，时间仓促，书中难免有不妥之处，恳请各位同仁和读者批评指正。

编 者

2018年10月

目　录

第 1 章　概论……………………………………………………………………（1）
1.1　运输经济学研究的对象、内容与方法……………………………………（1）
1.2　运输业的地位与作用 ……………………………………………………（4）
1.3　运输业的特点 ……………………………………………………………（9）
1.4　运输业的属性……………………………………………………………（14）
第 2 章　运输需求 ………………………………………………………………（17）
2.1　运输需求的概念与特征…………………………………………………（17）
2.2　运输需求的种类…………………………………………………………（21）
2.3　运输需求的影响因素……………………………………………………（23）
2.4　运输需求者行为分析……………………………………………………（29）
第 3 章　综合运输 ………………………………………………………………（34）
3.1　各种运输方式的特点及其适用范围……………………………………（34）
3.2　各种运输方式技术经济特征的评价指标………………………………（39）
3.3　综合运输体系……………………………………………………………（45）
3.4　城市交通运输……………………………………………………………（50）
第 4 章　运输市场 ………………………………………………………………（57）
4.1　运输市场的特征…………………………………………………………（57）
4.2　运输市场的结构…………………………………………………………（61）
4.3　运输市场的理想形态……………………………………………………（66）
4.4　运输市场的独占与竞争形态……………………………………………（70）
第 5 章　运价 ……………………………………………………………………（72）
5.1　运价的特点………………………………………………………………（72）
5.2　运价的职能与作用………………………………………………………（74）
5.3　运价的制定………………………………………………………………（77）
5.4　国家定价与价格听证……………………………………………………（80）
5.5　浮动运价…………………………………………………………………（84）
5.6　差别运价…………………………………………………………………（85）
第 6 章　交通运输政策 …………………………………………………………（90）
6.1　交通运输政策的运转与实施目标………………………………………（90）
6.2　交通运输政策的类型……………………………………………………（93）
6.3　交通运输产业发展扶持政策……………………………………………（97）
6.4　水路运输产业政策………………………………………………………（99）
6.5　公路运输产业政策 ……………………………………………………（103）

6.6 铁路运输产业政策 …………………………………………………………………… (106)
6.7 管道运输产业政策 …………………………………………………………………… (108)
6.8 交通运输与可持续发展 ……………………………………………………………… (109)
第7章 道路运输经济效益 ………………………………………………………………… (119)
7.1 经济效益概述 ………………………………………………………………………… (119)
7.2 道路运输企业的经济效益 …………………………………………………………… (123)
7.3 道路运输业的经济效益 ……………………………………………………………… (125)
7.4 运输投资经济效益 …………………………………………………………………… (126)
第8章 道路运输成本 ……………………………………………………………………… (137)
8.1 道路运输成本的概念和特点 ………………………………………………………… (137)
8.2 道路运输成本性态 …………………………………………………………………… (142)
第9章 汽车运输企业经营管理 …………………………………………………………… (151)
9.1 汽车运输企业经营概念 ……………………………………………………………… (151)
9.2 运输市场的调查与预测 ……………………………………………………………… (152)
9.3 运输市场的定位 ……………………………………………………………………… (157)
9.4 汽车运输企业的经营决策 …………………………………………………………… (169)
第10章 道路运输行业管理 ………………………………………………………………… (174)
10.1 道路运输行业管理的性质和范围 …………………………………………………… (174)
10.2 道路运输行业管理的目标 …………………………………………………………… (177)
10.3 道路运输行业管理的职能和任务 …………………………………………………… (180)
10.4 旅客运输管理 ………………………………………………………………………… (183)
10.5 货物运输管理 ………………………………………………………………………… (187)
第11章 运输业的民营化 …………………………………………………………………… (190)
11.1 运输民营化的种类及其产生的动机 ………………………………………………… (190)
11.2 巴士运输的民营化 …………………………………………………………………… (191)
11.3 机场民营化 …………………………………………………………………………… (198)
11.4 铁路民营化 …………………………………………………………………………… (201)
第12章 运输现代化 ………………………………………………………………………… (205)
12.1 运输现代化的意义 …………………………………………………………………… (205)
12.2 道路运输现代化 ……………………………………………………………………… (207)
12.3 铁路运输现代化 ……………………………………………………………………… (213)
12.4 航空运输现代化 ……………………………………………………………………… (216)
12.5 水路运输现代化 ……………………………………………………………………… (218)
12.6 管道运输现代化 ……………………………………………………………………… (223)
12.7 公交优先 ……………………………………………………………………………… (224)
参考文献 …………………………………………………………………………………… (227)

第1章 概 论

运输经济学是研究运输经济关系和经济运行规律的科学。

运输经济学是应用经济学的一个分支，是经济理论在运输经济领域中的应用。运输经济学利用经济学的理论与方法来分析和解决运输业的各种经济管理问题。

运输经济学的理论对运输业的生产实践具有重要的指导意义。

1.1 运输经济学研究的对象、内容与方法

1.1.1 运输经济学研究对象

运输经济学的研究对象按其层次划分为下述3个方面。

1. 运输业本身所特有的经济规律

运输经济学作为一门部门经济学，首先要以马克思主义政治经济学为理论基础，从生产力和生产关系、经济基础和上层建筑的矛盾运动来研究和揭示运输经济的发展规律。

2. 运输业内部的生产关系

由于运输业具有不同于国民经济其他物质生产部门的生产特征，以及这些特征所决定的特有的经济规律和经济关系，所以运输经济学要从运输生产的特征出发，研究运输业内部的生产关系，包括同各种运输方式与生产技术密切联系的各方面的经济关系，例如，运输生产力在空间的结构与布局，各种运输方式的合理分工，运输专业化与相互协作等。

3. 运输经济的运行规律

研究运输经济的运行规律，就是研究运输行业经济运行的内在机制，归纳出运输经济中的资源配置和利用的规律，通过对运输经济中的成本、价格、供求平衡及投入和产出的研究，分析各种经济主体的行为，并由此研讨国家相应的法律、方针、政策。

运输经济学不仅研究现代化的运输体系，分析和探讨现代化交通运输的发展方式、方向、速度，根据经济发展的特点研究运输业与国民经济其他部门的关系，而且还研究运输经济中的政策、管理、效益，以及运输的成本、供求和价格。运输经济学把运输经济运行的客观规律、运输业内部各种经济关系，以及运输经济同国民经济的相互关系作为自己的研究对象。

1.1.2 运输经济学研究的内容

根据运输经济学研究的对象,可以把运输经济研究的内容具体归纳为下述4个方面。

1. 运输业的管理

运输业的管理就是协调与平衡运输供给与运输需求,使运输业创造的经济效益和社会效益同时达到最大化和理想化。

相对来看,运输管理具体可分为宏观、中观、微观管理三个层面。宏观管理着眼于使综合交通运输体系产生最大的社会经济效益,为推动国民经济的发展而制定比较全面的和较长时期的国家运输管理政策和发展规划;中观管理即行业管理,着眼于使某一运输方式朝着合理的方面发展,使部门的生产效率和效益最大;微观管理即运输企业的管理,侧重于增进企业的效益,提高单位生产效率。

2. 运输价格

运输价格在运输经济活动中起着较为重要的调节作用,运价可以调节运输供求关系。

运价的研究包括两个方面:一是国家的运价政策,即国家如何发挥运输价格的调节作用,以及如何实施对运价的监督与管理;二是运价的制定,运价的制定受运输供求关系、运输成本、运输市场、政府管理等各项因素的影响,运输价格既要使运输企业能通过运费收入维持生产活动,并且有利于相互之间开展合理竞争,也要考虑运输业的发展及所产生的社会效益。

运价的制定包括国家定价及在允许浮动的情况下企业自行定价的问题。

3. 运输经济效益与社会效益

运输经济效益与社会效益是指对运输业投入的人力、物力、财力和产出的有效成果进行比较。运输经济效益与社会效益的研究,以运输成本、经济效益的分析为基础。

运输成本通常体现为活劳动和物化劳动的消耗及资金占用的时间价值。例如用于支付职工工资方面的货币支出、动力及能源的消耗、设备的维修费用和折旧费用等。运输成本包括资本成本和营业成本两大部分,前者为运输基础设施的建设费用,后者为进行运输活动时所发生的各项开支。由于运输为移动性生产活动,生产环境及其条件常常发生变化,使其成本处于不稳定状态,再加上运输费用从时空上难以明确地划分等,使得运输成本分析难以客观合理。目前所能进行的成本分析,基本上限于在特定的假设条件下所进行的演绎与推理。

运输经济效益的分析计算同成本分析一样,也难以客观合理。运输的经济效益主要表现为旅客或货主时间的节省,得到的方便、舒适服务等各方面的价值。它主要包括运输生产活动本身的经济效益,以及运输投资的经济效益。从社会角度来看,运输业的经济效益就是以投入相对少的人力、燃料、动力、运输工具等,安全、有效、迅速地完成相对多的客货运输任务,以推动国民经济的发展。

4. 各种不同运输方式的比较

现代化的交通运输体系是由五种运输方式组成的综合运输体系,而每一种运输方式又是多层次、多工种、多环节组成的联合体。各种运输方式具有各自的技术经济特点和不能完全相互代替的作用。为了充分发挥各种运输方式的技术特征,必须研究各种运输方式的分工与协作问题,从而形成一个完整有效的综合运输体系。

运输经济学的研究范围较广,研究内容也随着历史的发展而不断充实与丰富。作为一门相对独立的科学体系,在总结运输经济发展与运行的客观规律,指导现实的经济活动中发挥着越来越大的作用。

1.1.3 运输经济研究的方法

现代的经济分析,越来越朝着定量化趋势发展。为了增加运输管理决策的准确性和可信度,需要加强对运输经济定量分析方法和途径的研究。

传统的运输经济研究,偏重于理论上的阐述,主要采用定性分析方法。

定性分析是十分重要的,经济分析需要正确的经济学理论作指导。就我国来说,定性分析即理论阐述仍将是主要的分析方法之一,本书也侧重于定性分析法。当然,由于经济活动的信息化,其量化计算分析已越来越为人们重视,定量分析方法已日益成为现代运输经济活动的计量与分析的重要工具。

传统的理论阐述和指导,是凭着研究人员的较高学识及其所积累的专业知识、实践经验和逻辑方法加以推论并得出推论结果,进而寻求解决问题的途径,并通过文字叙述的方法表达出来。

定量分析则是对每一种经济现象以一定的变量表示出来,并用函数或数学模型来表达各种经济现象之间的关系,通过分析数学关系式而得到一定的结论。

从本质上讲,文字叙述的理论阐述和以符号表达的定量分析在逻辑的指导上是一致的,但定量分析将增强分析过程与结果的直观性和精确性。

在运输经济分析中所使用的数量分析方法主要包括:回归分析、投入产出分析、运输布局分析、成本与效益分析、投资效益分析、运输市场预测、运输企业的生产函数和成本函数分析等。

1.1.4 运输经济学的特点

运输经济学具有两方面的特点。

1. 具有较强的政策性

运输经济学与国家的经济政策关系十分密切。运输经济学既为国家制定发展运输业的经济政策提供一定的理论依据,同时又通过经济政策的执行情况,探索运输经济的发展规律。

2. 具有较强的生产技术性

运输生产领域中的许多经济关系,都与生产技术紧密地结合在一起。因此,运输经济学是一门既具有理论性又具有实践指导意义的专业基础理论学科。

1.2 运输业的地位与作用

1.2.1 运输业的地位

运输是人们借助运输工具,实现运输对象的空间位置变化的目的性活动。运输过程是运输劳动者使用运输工具使运输对象实现空间位移的过程。

运输业是国民经济中从事旅客和货物运输的生产部门。它包括铁路运输、水路运输、航空运输、道路运输、管道运输五种主要运输方式。运输业作为一个独立的生产部门,是商品经济发展的产物。从整个社会来看,运输业从生产过程中分离出来并成为国民经济中的相对独立生产部门,是社会进步的一个标志,它极大地提高了运输生产效率,加速了商品流通,减少了商品流通费用,降低了产品成本,扩大了商品销售范围,促进了社会经济的发展。现代社会中,运输已成为社会生存的必要条件,运输已是社会经济的重要纽带和主要基础。运输业的发展,促使地区性的市场成为全国性市场,进而发展为世界性市场。

运输对社会具有如此深刻的影响,以至一个国家的运输结构已经成为该国生产方式和生活方式的组成部分,有人干脆把今天的西方文明称为"汽车文明",把世界称为装在轮子上的世界。在某种程度上可以说,现代文明就是把更多的人和物用更快的速度和更节省的方法投入空间运动。

从运输业的合理发展看,把它作为国民经济的基础结构也许更有助于说明问题。基础结构是社会得以存在和发展的基础,它的规模和质量决定着社会经济发展的规模和极限。

从历史上看,新的产业结构的形成都取决于社会基础结构的根本变革,其中满足人与物流动的交通运输起着相当大的作用。西方发达国家都经历过一个大规模修筑铁路的时期,铁路网刚刚形成,这些国家又建立起强大的汽车工业,并马上用公路更新了已有的交通运输网,继而又用繁密的空中航线加以覆盖。这一次次耗资巨大的运输体系的更新,并没有耗尽他们的资源,相反却伴随了一次又一次的经济的巨大发展。这说明,交通运输实际上在为经济发展进行着更深更广的储备,构筑着坚实的物质平台。

在工业社会中,交通运输一方面通过不断扩大人与物空间位移的规模刺激流通,并使自己成为现代社会生存的基础;另一方面,它通过本身提出的巨大需求,刺激其他部门生产的扩大。可以说,发展运输就是发展工业。

100 多年来,西方工业国家频繁地、不遗余力地扩大他们已有的运输网,随之使各种新式的火车、轮船和汽车、飞机像潮水一样涌出工厂大门。随着运输突飞猛进的进步,工业也以前所未有的速度发展起来。铁路、港口、公路和机场的大规模修建,促进了建筑业的崛起;运输业的巨大能源消耗,促进了煤炭和石油工业的兴旺;铁路和运输机械对金属的需求是使采矿和冶金工业取得迅猛发展的基本动因之一;而各种运输工具的大量生产,则无疑极其有力地推动了机械加工工业的发展,这是交通运输业在支持和促进流通以外从另一方面对工业化做出的贡献。

运输是社会再生产过程中不可缺少的必要环节。随着科学技术的不断进步,社会分工与生产专业化的日益发展,国民经济各部门之间、地区之间、企业之间的经济联系更加密切而广泛。没有运输业的活动,国民经济各方面之间联系就要中断,社会生产过程就会停滞,而且生产流通等各个领域经济效益的提高,在很大的程度上也取决于运输业的密切配合。此外,运输业的发展，还有利于生产力的合理配置和新资源的开发利用，促进生产专业化协作，加速资金周转，缩短流通时间，提高社会劳动生产率，从而推动社会生产更快地增长。

我国近年来交通运输业发展的基本情况如表 1-1 所示。

表 1-1　交通运输业基本情况

指标	1996	1997	1998	1999	2000
运输线路长度(万公里)					
国家铁路营业里程	5.67	5.76	5.76	5.79	5.87
电气化里程	1.01	1.20	1.30	1.40	1.49
公路	118.58	122.64	127.85	135.17	140.27
内河	11.08	10.98	11.03	11.65	11.93
民航	116.65	142.50	150.58	152.22	150.29
国际航线	38.63	50.44	50.44	52.33	50.84
管道	1.93	2.04	2.31	2.49	2.47
客运量总计(万人)	1 245 356	1 326 094	1 378 717	1 394 413	1 478 573
铁路	94 796	93 308	95 085	100 164	105 073
国家	93 550	91 919	92 991	97 725	101 847
地方	612	659	629	528	519
合资	634	730	1 465	1 911	2 707
公路	1 122 110	1 204 583	1 257 332	1 269 004	1 347 392
水运	22 895	22 573	20 545	19 151	19 386
民用航空	5 555	5 630	5 755	6 094	6 722
旅客周转量总计(亿人公里)	9 164.8	10 055.5	10 636.7	11 299.7	12 261.0
铁路	3 347.6	3 584.9	3 773.4	4 135.9	4 532.6
国家	3 322.0	3 543.5	3 691.0	4 046.3	4 414.7
地方	3.4	4.7	5.0	4.4	4.6
合资	22.2	36.6	77.4	85.3	113.3
公路	4 908.8	5 541.4	5 942.8	6 199.2	6 657.4
水运	160.6	155.7	120.3	107.3	100.5
民用航空	747.8	773.5	800.2	857.3	970.5
货运量总计(万吨)	1 298 312	1 278 087	1 267 200	1 292 650	1 358 124
铁路	170 915	172 019	164 082	167 196	178 023
国家	161 678	161 880	153 208	156 881	165 498
地方	7 125	7 854	8 035	7 296	8 369
合资	2 112	2 285	2 839	3 019	4 156
公路	983 860	976 536	976 004	990 444	1 038 813
水运	127 430	113 406	109 555	114 608	122 391
民用航空	115.0	124.7	140.1	170.0	196.7
管道	15 992	16 002	17 419	20 232	18 700
货物周转量总计(亿吨公里)	36 577	38 368	38 046	40 496	44 452
铁路	13 093	13 253	12 517	12 838	13 902
国家	12 922	13 046	12 261	12 578	13 336
地方	49	51	51	38	44
合资	122	156	205	223	522

续表

指标	1996	1997	1998	1999	2000
公路	5 011	5 272	5 483	5 724	6 129
水运	17 863	19 235	19 406	21 263	23 734
民用航空	24.9	29.1	33.5	42.3	50.3
管道	585	579	606	628	636
民用汽车拥有量(万辆)	1 100.08	1 219.09	1 319.30	1 452.94	1 608.91
载客汽车	488.02	580.56	654.63	740.23	853.73
载货汽车	575.03	601.23	627.89	676.95	716.32
普通载货汽车	558.16	582.45	609.31	655.74	697.59
公路部门营运汽车	28.81	29.89	31.88	501.77	702.82
私人汽车	289.67	358.36	423.65	533.88	625.33
其他机动车拥有量(万辆)	1 773.13	2 214.83	2 770.72	3 456.96	4 168.06
民用运输船舶拥有量(艘)					
机动船	269 879	215 814	212 093	194 590	185 018
驳船	56 128	49 983	48 115	47 453	44 658
帆船	4 946	6 059	3 368		
私人运输船舶拥有量(艘)					
机动船	157 370	147 415	127 130	113 359	128 654
驳船	6 533	9 944	7 290	7 262	13 463
帆船	4 556	3 217	2 934		
沿海主要港口货物吞吐量(万吨)	85 152	90 822	92 237	105 162	125 603

注:公路部门营运汽车 1999 年统计口径变为全社会营运汽车,2000 年为全社会公路运输汽车(含营运和非营运汽车)。

运输业在国民经济中处于十分重要的地位,主要表现为下述几个方面。

1. 运输是再生产过程中的必要条件和社会生产力的组成部分

(1) 生产领域中的生产性运输活动,是生产过程的重要组成部分。

物质生产领域中的生产性运输活动,例如工厂内通过汽车、专用铁路及其他运输设备,使生产过程中的原材料、半成品和在制品的位置移动就是生产得以进行的重要条件和环节。至于某些生产部门如煤炭、石油等部门,其生产活动在很大程度上就是运输活动。如果没有这些运输活动,工农业生产活动就无法进行。

(2) 产品从生产过程生产出来后,必须通过运输经过分配、交换,才能到达消费领域。

从生产领域到消费领域,是产品生产过程在流通领域中的继续和延长,如果没有运输这个中间环节,产品的使用价值就难以实现,社会的再生产就不可能进行,人民生活的需要也就难以满足。生产往往以运输业的运输活动为起点,又常以运输为纽带,联结各个领域和环节,这就说明没有运输就不可能有物质资料的生产,所以运输促进了社会生产力的发展。

我国多年的经济建设的实践也充分证明,发展交通运输是发展国民经济的基础和先决条件。

2. 运输保证了社会产品的提供并创造了国民收入

运输虽不能创造新物质产品,不增加社会产品的总量,但却是社会产品生产过程中所必需的生产劳动。属于生产过程的运输,则运输工人、运输设备直接参与物质产品的创造过程;属于流通过程的运输,则它是一个必要的追加的生产过程。产品经过运输虽然其使用价值没有发生任何变化，但由于运输过程中消耗的生产资料价值及运输职工新创造的价值追加到产品的价值中去，使产品的价值量增加了；另一方面，如果没有运输，产品的使用价值就难以实现。因此，运输保证了社会产品的提供并参与了国民收入的创造。

3. 运输确保了社会正常的生活和工作秩序

运输活动是社会赖以存在和发展的必要条件之一，特别是随着现代化社会经济的发展，如没有相应发展的运输业，社会生产活动就无法进行，人们的正常工作和生活也会受到严重的影响。现代社会的四个流动(即人流、物流、资金流和信息流)是社会运转所必需的，其中人流，物流直接由运输业完成。

2000 年，我国客运量已达 147.857 3 亿人次，货运量已达 135.812 4 亿吨。虽然现代化的信息流由于通信设备的不断更新与完善，对运输部门的依赖程度已明显下降，但大量的信息载体，如信函、报纸、杂志和其他印刷品，仍需要由运输部门承运。可见交通运输在确保社会正常的生活和工作秩序等方面起着十分重要的作用。

4. 运输占用、耗费了大量的社会资源

运输业不但占用了大量的社会劳动力，而且消耗了大量的社会资源，运输费用在生产费用中占有很大比重。例如，我国火力发电工业的发电成本中，燃料的运输费用约占 1/3 以上。在商品流通费用中，比重最大的也是运输费用。在全国基本建设投资方面，运输业的固定资产投资占全社会固定资产投资的比重从 1990 年的 12.38%上升到 1999 年的 26.9%，并且有逐年上升的趋势。运输业的发展，有赖于国民经济其他部门的发展，反过来又促进其他部门的发展。

1990—1999 年全国固定资产投资及运输邮电业、交通系统的固定资产投资情况如表 1-2 及图 1-1 所示。

表 1-2　全国固定资产投资及运输邮电业、交通系统固定瓷产投资情况　　单位：亿元

年份	全社会固定资产投资额	基本建设投资额	运输邮电业		交通系统固定资产投资额	基本建设	更新改造	其他固定资产投资	交通固定资产投资额占全国比重(%)	交通基建投资占运输邮电业基建投资比重(%)
			投资额	占全国基建投资额比重(%)						
1990	4 517.00	1 703.81	211.01	12.38	180.53	135.09	23.28	22.16	4.00	64.02
1991	5 594.50	2 115.80	340.18	16.08	215.64	156.38	26.25	33.01	3.85	45.97
1992	8 080.10	3 012.65	457.58	15.19	360.24	265.43	36.50	58.31	4.46	58.01
1993	13 072.30	4 615.50	901.24	19.53	604.64	435.53	49.32	119.79	4.63	48.33
1994	17 042.10	6 436.74	1 372.94	21.33	791.43	606.58	54.29	130.56	4.64	44.18
1995	20 019.30	7 403.62	1 587.53	21.44	1 124.78	759.20	77.58	288.00	5.62	47.82
1996	22 974.03	8 610.84	1 847.12	21.45	1 287.25	818.25	82.90	386.10	5.60	44.30
1997	24 941.11	9 117.02	2 197.45	22.16	1 530.43	1 072.50	88.57	369.36	6.14	48.81
1998	28 457.00	11 904.00	4 990.00	41.92	2 460.41	1 673.26	85.69	701.46	8.65	33.53
1999	29 876.00	12 618.70	3 394.40	26.90	2 460.52	1 706.37	75.83	678.32	8.24	50.27

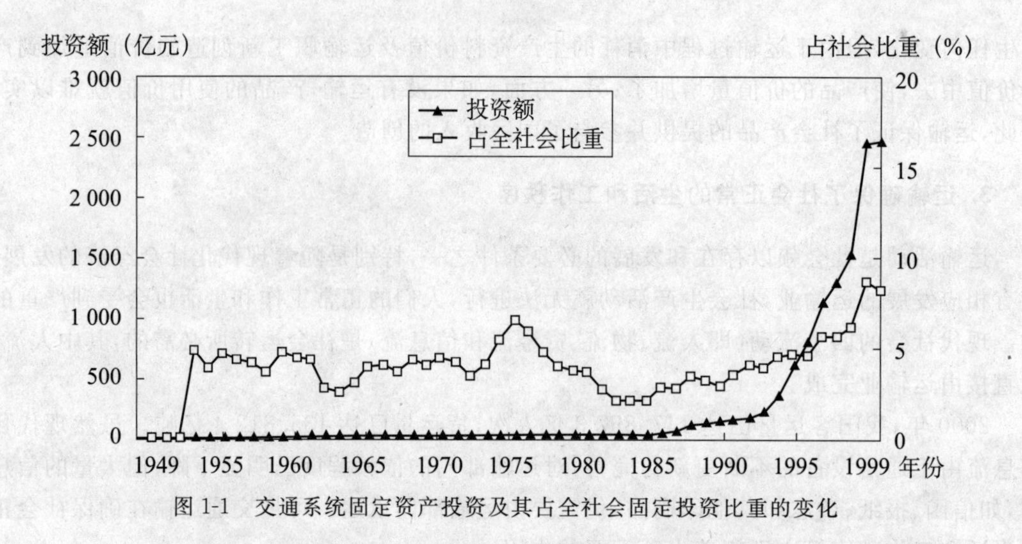

图 1-1 交通系统固定资产投资及其占全社会固定投资比重的变化

1.2.2 运输业的作用

运输业在国民经济中的作用，主要表现为下述 5 个方面。

1. 促进工农业生产和整个国民经济的健康发展

运输业作为社会生产的必要条件，是保证国民经济建设正常进行的重要环节。在某种情况下，没有运输就不能进行生产活动。例如，煤炭开采出来以后，如果没有运输工具送入消费地区，煤炭本身的使用价值就不能实现。尤其是随着现代化大生产的发展，生产专业化与协作的加强，各地区之间的经济联系更加广泛和密切，这就更需要按时将原料、燃料和半成品运往工厂，将化肥、农药等运送到农村，把成品及时送入消费地，以保证整个国民经济正常运转。

对于工农业生产部门来说，运输速度加快，运输效率提高，运输质量越好，运输成本越低，就越能缩短商品在途时间，加快流动资金周转，降低商品流通费用，从而促进经济的发展。

此外，运输有助于新资源的开发和落后地区的经济的开发，并能扩大原料供应范围和销售市场，最终促进社会生产力的发展。例如，新中国成立以来，随着我国西部地区一些铁路和公路干线的兴建，出现了不少新的工业基地和城市，西南和西北地区的工业总产值也有了大幅度的提高。

2. 推动了生产力的合理布局，有利于提高全社会的经济效益

国家和地区的工业布局，首先要考虑原材料运进和产品运出方面所具备的交通条件。采掘工业和加工工业的布局安排是否合理，同样也要分析交通条件如何，没有现代化的运输或运力不足，新的大型资源的经济开发是不可能的。因此，运输在一定程度上能够促进生产力的合理布局。例如，兴建一个工厂、矿山，开发一处农场、牧场，修建电站、学校，设置商业购销网络，都必须考虑到交通运输的条件。上海市 100 多年前不过是一个小渔村，而且又无矿产资源，但自从沿黄浦江建立海港后，很快就发展成为我国工业、商业最为繁荣的第一大城市。

我国的生产力布局不尽合理，大宗货物和能源的产量分布较不平衡，沿海工业比较集中，而矿产资源较为丰富的内蒙古、山西及西北、西南广大地区，工业基地却比较少。因此，沿海和内地的经济发展极不平衡，工业商品产地远离市场，远离原料和燃料生产基地，造成了极大的浪费。为了改变这种生产力布局不合理的状况，首先要改善边远和内地省份交通条件，只有交通便利，才能促使工业企业向边远地区转移，才能促使新的工业基地和工业城市的兴起。

3. 沟通了国家、政治、经济及文化等方面的交流

现代的交通网络，可把全国及我国与世界各地联成一个有机的整体，沟通了各地的政治、经济、文化的交流往来，在满足人们旅游和物质文化生活方面，起到了重要的作用。

就我国经济而言，我国的经济发展不是仅指沿海几个经济特区或省份的发展，不是仅指东部狭长地带的发展，也不是仅指几亿城镇居民的居住地的发展，而是应该包括全体农民在内的全国各族人民的整体物质生活与文化生活的共同发展。我国中西部的广大地区，至今还是"欠发达地区"。在一定的时间内，要使这些地区有大的改观，只靠中央或其他省份的"输血"是不行的，而必须完善它们的"造血"机能，交通运输业是其"造血"所必需的机能之一。经济欠发达的地区常以交通困难或交通欠发达为特征。如果充分利用现代运输手段，可明显加快其经济的发展。

4. 扩大了对外贸易，密切同世界各国的关系

现代社会，再也不能是"自产自销"的小商品生产社会，必须将门户向世界开放，有无完善的交通系统，是门户能否真正打开的关键。战后的欧洲各国为了复兴欧洲，十分注意欧洲统一运输网的建设，几十年的努力，已统一了欧洲的航道标准，四通八达的欧洲大陆公路运输网更是在战后欧洲的联合和经济振兴中起到了积极作用。自改革开放以来，我国高度注重引进与利用外资兴建与完善我国的交通基础设施。随着对外开放政策的实行，以及我国国际事务活动范围的扩大，我国同世界各国在政治、经济、文化方面的交流日益频繁，关系逐步地密切起来，运输业的作用势必日益重要。

5. 增强了国家的国防实力

在战时，无论武器装备何等精良，但若不及时送到前线，就不可能发挥应有的作用。因此，运输线路的通车程度，特别是铁路和汽车运输的能力大小对国防力量的加强至关重要。运输业平时确保社会经济的发展，战时则可用于国防的需要，充分保障兵力的调集，武器、弹药和给养方面的后勤支持。历史证明，大力发展运输业的建设对于国防建设有着重要的作用。

1.3　运输业的特点

1.3.1　运输劳务不具有实体性

与工业产品和农业产品的实体性相比较，运输活动是一种劳务，其本身只是在一定的时间条件下实现被运输的物品或乘客发生空间位置的变化，简称"位移"。这种由运输活动产生的运送对象的位移，从通常的意义上，被称为运输产品或运输劳务。运输产品本身并不具有实体性，对于被运送的乘客来说，运输活动只是一种劳务；对于被运送的货物来说，运输活动并不改变运输对象的属性和形态，而只改变其空间位置。

1.3.2 运输劳务具有即时性

即时性是指产品仅能在其生产与消费同时进行的过程中存在的属性。

运输生产活动的目的，是将运输劳务提供给有运输需要的利用者即用户。因此，运输生产必须有用户即时利用和接受其服务时，运输才能有效进行。因而运输生产和消费两个过程是不可分割的，它们在时间和空间上相重合。运输过程对于运输供给者来说是生产过程；而对于运输需求者来说，则是消费过程。在运输过程中，运输对象本身既是运输生产过程中的被"加工"者，又是运输劳务的消费者，直接或间接对运输劳务进行消费。

运输产品只能在其生产与消费同时进行的过程中即时存在，而不能脱离运输生产过程独立存在。

因此，运输劳务的即时性对运输供求双方都有约束。这种约束主要表现在下述几个方面。

(1) 运输劳务只有在有运输需要的时间、空间进行供给，其运输劳务才能有效地进行，因为只有这样才能有运输对象被运送。

(2) 运输生产过程必须保证质量，一旦运输质量不合格，则将无法挽回。因为即时性的运输产品不可能像有形产品那样，可以对质量不合格的同一产品进行更换和修复性再加工。

(3) 由于运输产品不具有实物形态，即一旦运输生产过程结束，运输产品的消费也就随之结束，所以运输产品不能储存。运输产品的这种非储存性，使运输产品不能像工业产品那样用仓库储存起来用以调节供需。因此，调节运输的供需只能通过储存运力的办法来实行，而这样不但影响运输的经济效益，还要受财力、物力的限制。所以，要想做到运输供求的长期平衡，就有必要制定科学的运输投资政策及运价政策来调节供求关系。

(4) 用户只有在有运输供给的时间、空间去利用运输劳务，其运输需要才能得以满足。由于运输需求本身受经营水平与技术经济条件所限，致使在运输劳务即时性约束之下，有的运输需求不能得到充分满足。例如对定线定站式公共汽车运输劳务而言，乘客只有在公共汽车公司规定的首末车营业时间内，在允许的若干个停车站上下车、沿规定的运输路线乘行，并交纳一定的运输费用，才可以利用该线运输劳务，而且其利用效果还要受到停车站距、车辆行车间隔、车辆载客能力及行驶速度等运输供给条件的约束。因此，在一定程度上就运输时间和区间而言，运输消费行为是被强制按运输供给所限定的条件进行的，而不能按运输需求者的意愿自由利用。

(5) 能够大体上比较充分地满足运输需求者对运输时间、空间要求的运输形式，使出租汽车运输和自用汽车运输，特别是自用汽车运输可以按着运输需求者的意愿做到供需一致。这也是长期以来国内外自用汽车所占比率不断增加的主要原因之一。充分研究运输劳务的即时性，合理协调运输供给关系，对改善运输经营管理，不断扩大经营效益具有重要意义。

1.3.3 不同运输方式之间存在不同程度的可替代性

实现货物和旅客的位移，往往可采用不同的运输方式。由于各种运输方式的产品都是位移，因此，某种运输方式在某种程度上，有可能被另一种运输方式所代替。运输需求在运输方式之间转移的可能性促成了各运输方式之间一定的替代和竞争关系，而工农业部门的生产内部及它们相互之间的生产一般是不能代替的。例如：工业内部的冶金、机械不能代替纺织、食品加工等。运输业的这种代替性，使得有可能通过调节不同运输方式的供求关系，使运量在各种运输方式之间合理分配，形成较为科学的综合运输体系。作为运输的需求者，会根据客货运输的具体要求，合理选择适当的运输方式。当然，由于各种运输方式的经济、技术特征不同，在完成同一运输任务时的经济效益存在着差异，所以对于运输的供给者来说，应该满足消费者对运输的需求，形成适应性较强的服务能力，提高运输产品的竞争力。

1.3.4　运输劳务的他率性与计量的特殊性

1. 运输劳务的他率性

运输劳务的他率性，是指运输需求（数量及方向等）具有不能按运输供给者主观意图随意进行调节的性质。

对于运输供给者而言，无论想怎样扩大运输生产规模，均必须以相应规模的运输需要为前提。

一般说来，有形产品的生产者，为改善其经营效果，可以较多投资实现机械化作业，在减少劳动量投入的同时，尽可能增加产量，降低生产成本。如果产品有剩余，尚可进行必要的仓库贮存来调节其供求关系。

但对于具有无形产品属性的运输产品生产者来说，由于运输产品的即时性，使之不能进行贮存和转移。而且运输产品又仅仅是所提供运力中被用户所消费的那部分。因此，用户要运什么，运多少，在何地装车起运，在何地到达卸车，以及在正常范围内有哪些要求等，取决于用户的客观需要，运输供给者均需予以满足，否则无论其运能有多大，也将因无用户消费而不能有效地进行运输生产。

所以，运输需要是基于社会生产与消费需要的客观产物，具有不能按运输供给者主观意图随意进行调节的他率性。

2. 运输劳务计量的特殊性

运输劳务计量的特殊性主要表现为以双指标组合并用方式来计量运输产品并以复合指标为主要计算单位。

复合指标，是由两种计算单位组合构成的计量指标。由于运输劳务的结果具体表现为完成一定量运输对象的空间位置移动，使运输产品的产生同时体现了两种量：运输对象的量（人或吨等）以及其被移动距离的量（公里等）。因此，一般用运输对象量和其被移动距离量的乘积来计量运输产品。其计算单位以复合指标人公里或吨公里等来表示，通常称之为运输周转量。

以复合指标为计算单位的主要优点是便于对各种运输工具完成运输产品的产量进行统计、分析、比较，据此可计算在其统计期间内企业或单个车辆的产量，并可作为计算运费的依据。因而，该方法为国内外广泛采用。缺点是尚不能准确表示出全部移动内容。例如，对于 10 人公里的客运生产结果而言，所运送乘客的不同人数和被移动距离相应公里的组合，就可以有许多种：1 人被移动 10 公里或 2 人被移动 5 公里……

由于人公里或吨公里不能准确表明其移动内容和运输供给的费用特性，所以运输业又常以运输对象的数量（人或吨等）作为运输产品的辅助计量单位。

1.3.5 运输业建设与发展要先行

运输基础设施的建设一般投资大、建设周期长，从开始兴建到形成综合的生产能力，需要一定的过程，在完成一项局部的建设后，一般不可以投入使用。运输是国民经济的基础产业，因此建设往往要先行一步，否则，由于运输跟不上发展需要或运输能力不足，将会成为国民经济发展的障碍。

由于运输基础设施具有公共设施的性质，对一个国家经济和社会的发展影响很大，因此在评价运输投资效益时，不仅要考虑其经济效益，还要全面考虑社会效益，即不仅要考虑运输部门、运输企业可能取得的经济效益，还要考虑运输项目的建设会给运输单位以外的部门带来的成果和利益。然而，长期以来，我国交通运输业不但没有起到先行作用，却常常成为限制因素，交通运输已经成为我国发展国民经济的“瓶颈”。

交通必须优先发展的规律，不仅为我国的实践所证实，而且早已为许多发达国家的实践所证明。美国西部土地辽阔，资源丰富，但在19世纪中叶以前，却是人口稀少，经济落后，为了加速西部的开发，美国政府采取了鼓励修筑铁路的政策，不仅带动了东部地区的冶金、采矿、机器制造等工业的发展，而且促进了西部地区工业和农业的增长。在原本一片荒凉的西部，兴起了旧金山、洛杉矶等一系列大城市，其发展交通运输的目的，并非只是为了解决“乘车难”或“运输难”的问题，而是靠发展交通运输去创造需求，吸引投资，奠定经济发展的基础条件和良好环境。

1.3.6 运输生产过程具有流动性

工农业生产过程，一般是在一个空间比较有限且位置固定的地点来完成，而运输业生产过程则是流动的、分散的，尤其是公路运输更具有分散、流动、点多、面广、机动、灵活的特点。这种流动性的特点，使得对其生产过程的管理与控制更为复杂，难度更大。

1.3.7 准公费服务特性

在通常情况下，运输劳务主要是以一定价格通过市场机制进行提供的。但现实当中，还有一部分不能按价格通过市场供给的费用服务，而由社会公共部门以某种形式进行适当提供。这种费用服务统称为公费服务，包括纯公费服务与准公费服务两种形式。

1. 纯公费服务

纯公费服务和纯私费服务的主要区别是：对纯私费服务而言，各社会成员通过市场机构按服务价格支付费用的多少可以进行不等量消费；而对纯公费服务，则由全体社会成员等量进行消费，例如提供国防服务，就是为抵御外国侵略、保证国家安全必须在全社会范围内提供的国家安全保障服务。这种服务为全国人民所需，而且通过同一军事设施将同样的服务对全社会成员进行等量提供。

纯公费服务的主要特点有下述两点：

(1) 不可能排除特定人利用这种服务，亦即不可能从消费者那里收取等价报酬；

(2) 可以由全社会成员即许许多多的人同时、等量地进行消费，而且消费者之间无竞争。

因而，通过市场机构按价格来提供安全保障服务是困难的。假如有谁购买了支付某种价格的此种服务，那么其他所有人就可以同时免费利用这种服务。在这种情况下如若谁也不支付等价报酬，那么市场机构就不能为之提供服务。另外，即使想在全国范围内将安全保障服务仅限于提供给个别人，这在技术上也是不可能的。

综上所述，纯公费服务不适于通过市场机构进行有效供给，而应由社会公共部门免费提供。由于各社会成员在等量消费过程中实际所获利益因人而异、有所差别，因而社会公共部门有必要据此提供相应程度的公费服务。纯公费服务除国防外，还有司法部门提供的社会治安保障服务及以广播、外交、免费教育等。

2. 准公费服务

准公费服务是介于纯私费服务和纯公费服务之间的一种费用服务方式。由于这种服务兼有商品性质，使之具有以适当价格通过市场机构进行提供的必要性，但又由于这种服务具有广泛的公共性，因而其价格又不能过高。比如，地方交通线的运输劳务就属于这种类型，它既不是纯公费服务，也不是纯私费服务，而是处于两者之间的一种“混合”状态，通常将其称为准公费服务。

公共服务可有若干种类，其中运输劳务的准公费服务特性具有广泛的现实性。以日本铁路运输为例，其国铁（干线）的运输劳务接近私费服务，但其作为具有某种程度独占性的公益事业又可称之为准私费服务；而地方运输（支）线的运输劳务接近准公费服务。

通常情况下，人口少而运输网密度小的地方交通线的运输劳务，属于准公费服务范畴，该类地区虽然运输量少，但为了地方交通运输需要，特别是为没有经济负担能力的学童上学及病人就医等提供交通运输劳务，应由社会公共部门进行必要的承担。另外，还因为这些地方交通运输线多数还承担邮件运输，运输劳务不能中断，因而应以对此类服务实行费用补助为前提来确定其运输费用。这样的地方性运输劳务，从保证居民的最低生活水平出发，在宪法的有关保护生活权利条款中已予以强调，同时国家及地方政府也重视这一点，根据实际需要情况给予必要的公费补助，以维持这种服务。因此，在服务地区居民的合理要求及运输企业的正常经营需求之间，通过由社会公共部门提供费用补贴来进行相应调整。特别是地区性铁路运输和汽车运输，即使交通运输需要有一定程度的减少，也应作为整个交通运输网的一部分实现直通运转。另外由于高速运转要保证安全性，也需要具有一定技术能力的设备。因此既然设置了为社会生产与生活所需要的交通运输线，就应有一定的运输能力，就必须支付获得一定运输能力和服务水平的投资。在运输量小的情况下，为了获得企业正常经营的条件，就需要相应提高运价，以减轻企业的经营负担，但为了保证人民最低生活水平的运输费用负担合理，运价又不能过高。对此，作为准公费服务的运输劳务，如何进行正常经营和满足运输需求这一点来说，需要在运输企业及其运输劳务的利用者及政府三者之间进行必要的调整。这里，特别是城市公共客运服务及边远地区的汽车客、货运服务的准公费服务特征则尤为明显。

综上所述，由于运输劳务具有商品性，在现阶段，为了保证运输业劳动者的劳动所得和运输业持续生产与扩大再生产，运输业有必要依据运输产品的价值按等价交换原则，通过市场形式向运输需求者有偿提供自己的产品。但因运输劳务又具有公共性，为了保证人民最低生活水平的合理负担，运输需求者实际负担的运输产品价格不能过高，不能完全依据运输企业的经营效果来确定。

因此，当人民最低水平应该负担的最低价格与依据运输企业正常经营水平的适宜价格之间存在较明显差别时，即应由社会公共部门（国家的或地方的）通过费用补贴方式进行适当调整。这样既保证了人民生活最低水平的合理负担，也保护了运输业及其劳动者的基本利益，这就是运输劳务所具有的准公费服务特性。这一特性有着广泛的现实意义。目前已有许多国家对城市公共客运及偏远地区公共货运提供了不同程度的财政补贴。我国多年来多数城市对通勤或通学的交通月票，实行了不同程度、不同方式的公费补贴，即由城市政府对城市客运企业提供财政补贴。

由国家或地方财政给予补贴（包括在税费征收方面实行减免或给予优惠待遇等）可结合实行企业运输经营效果（包括经济效果与社会效果）承包经济责任制，以利于整个城市建设和促进交通运输业健康发展。

1.4 运输业的属性

运输业属于第三产业。所谓产业，通常指从事生产性活动部门的总称，而产业分类，是指对组成国民经济的各项生产性活动，按一定标准进行分解和组合，划分成多层次的产业类型。

产业分类是用来对比分析劳动就业及生产构成的前提，也是用以观察各产业部门之间相互关系和比例关系的基础。

关于产业划分标准，一般各国公认可以作为产业分类划分参考的有英国经济学家及国际经济合作发展组织提出的划分方法。

1.4.1 以英国经济学家克拉克为代表，于1957年提出的划分方法

1. 按产业距离消费者的远近程度划分

距消费者远的，如农业、畜牧业、林业和渔业等产业，需经过种植、驯养并进行加工之后才能进行消费使用的，即划分为第一产业；距消费者次远的，划为第二产业，如制造业、矿业等产业，需经制造、采掘后进行消费使用的；距离消费者近的，如运输、通信及律师服务等产业，可以边生产、边服务、边消费使用的，划分为第三产业。

2. 按产品是否有形进行划分

将生产有形产品，即对生产加工对象进行加工的结果，被加工对象发生形和质方面变化的产业划分为第一和第二产业；而将生产无形产品的产业，划为第三产业。

3. 按生产过程与消费是否可以分离进行划分

将产品生产与消费两过程可以分离进行的产业划分为第一、第二产业；而将两过程同时进行、不可分离的产业，划为第三产业。克拉克认为，关于服务性产业的产品，它不是以实物形式的产品提供给消费者，而是提供服务效果本身，它的生产与消费过程不可分离。

1.4.2 国际经济合作与发展组织提出的划分三大产业的方法

为了统一各国对三大产业的划分方法，有美、英、法、意等24个国家参加的国际经济合作与发展组织提出了划分三大产业的方法。

（1）生产活动是直接利用自然资源的，包括种植（农业）、畜牧、狩猎、渔业及林业等产业，划为第一产业。

（2）生产活动是对自然资源进行加工和再加工的，包括制造、采掘、矿业、建筑及公用（煤气、电力、自来水等）产业，划为第二产业。

（3）生产活动是直接提供劳务效果本身的，即为了满足人类更高层次需要的，划为第三产业，包括运输、通信、仓储、贸易、新闻广播、国防、社会事物、法律及文化娱乐等产业。

欧美许多国家都采用这种划分方法，所以世界上大部分国家将运输业划为第三产业，主张运输业属第三产业观点的也居多数。其主要理由是：运输业为社会提供的产品不具有实物形态，而是运输劳务效果本身，这与第三产业性质相符；一般工农业产品的生产和消费过程可以明确划分，而运输业产品的生产过程与消费过程则不可分离，无论在时间上和空间上都不能明确划分。

根据我国产业的具体情况，于1985年3月，我国政府明确规定，交通运输业属第三产业，划入第三产业的流通部门。

关于第三产业内部结构，目前尚无统一规定。由于这一领域的范围广、行业多，国际上比较常用的分类法有四个层次，即流通部门、为社会生产和生活服务的部门、为提高科学文化水平和居民素质服务的部门及为社会公共需要服务的部门。这种层次划分的主要依据是：第三产业内各行各业在国民经济中的地位和作用。其中的第四层次为公共需要服务，并不生产任何物质产品和精神产品，不参与国民收入的创造，但它参与国民收入的再分配，所以仍将其列入产业部门。如表1-3所示。

表1-3 第三产业内部结构

<table>
<tr><th rowspan="2">产业类型</th><th colspan="4">产业部门</th></tr>
<tr><th>流通</th><th>生产、生活</th><th>文教科技等</th><th>公共需要</th></tr>
<tr><td>第一产业</td><td colspan="4">农业，包括林业、渔业和畜牧业等</td></tr>
<tr><td>第二产业</td><td colspan="4">工业，包括采掘（矿）业、制造业、电力、自来水、煤气、热水和建筑业等</td></tr>
<tr><td>第三产业</td><td>运输业、邮电业、商业、饮食业、情报信息业，物资供应及仓储业等</td><td>房地产管理、公共事业、金融保险业、地质普查勘探业、居民服务、咨询服务、综合技术服务、旅游</td><td>文化教育、广播电视业、科研、卫生、体育、社会福利和保险事业等</td><td>党政机关、社会团体、军队、警察等</td></tr>
</table>

由于对运输业性质认识上的差异，目前学术界在运输业究竟划归第几产业的问题上尚有争议。例如，有的把运输与农业、矿业、工业并立视为第四物质生产领域，有的认为运输业不生产新的物质形态的产品，应属劳务服务部门，还有的认为运输业兼有物质生产和服务两种功能，但基本上可划为服务部门。

在产业的划分上，有人认为运输业的主要活动，尤其是货物运输，是有形的物质生产过程中的组成部分，应划为第二产业。美国经济学家西蒙库兹涅在《国民经济增长》一书中把国民经济划为农业、工业和服务三大部门，将运输业归属在工业部门中。我国也有的学者主张我国的运输业应划入第二产业。

目前世界上大部分国家将运输业划入第三产业，主张运输业属第三产业的观点也居多数。其理由为：运输业无实物产品，与第三产业的性质相符；同时，一般工农业部门产品的生产和消费过程可明确划分，而运输业生产与消费过程却归为一体，在时间和空间上都不能划分，为此，我国也明确规定运输业为第三产业。

第2章 运输需求

2.1 运输需求的概念与特征

2.1.1 运输需求的概念

运输需求是一个特定的概念，它和运输需要有着密切的联系，但运输需求并不等同于运输需要。运输需求是指运输劳务的购买者在一定时期内，在一定的价格水平上愿意而且能够购买的运输劳务量。也就是说，运输需求是运输需要和购买能力的有机统一，运输需要只是运输需求的必要条件，运输劳务购买者的支付能力是充分条件，二者缺一不可。因此，要进一步了解运输需求，必须具体了解运输需要和购买者的支付能力两个基本概念。

1. 运输需要

需要是人类生存和发展的必要条件，是人们对某种目的的实现的渴求和欲望。需要一旦产生，便构成了人们行为的原动力。人们一旦感到缺什么东西，就产生不足之感。要想得到什么东西，就会有求足之感。从这种意义上看，需要是这两种状态形成的心理现象。人类在生存和发展过程中，不断产生需要，不断满足需要，在满足需要的基础上又产生新的需要，循环往复，以至无穷。需要的种类繁多，程度与时间也各异，运输需要就是人类需要中最基本的一种。

就运输本身而言，表现为将旅客或货物由一地运往另一地，这种将旅客或货物空间位移改变的劳务，从它产生的第一天起，就为人们的生存和发展所必需，特别是在现代社会中，人们对运输需要显得比以往任何时候更为突出。从运输需要发生的原因看，大致有以下3种。

1）为了生活而产生运输需要

人们无论是探亲、访友还是旅游、看病、购物等，都需要改变其空间位置，实现其最终的目的。正因为如此，长期以来，人们把吃、穿、住、行作为基本的生存需要，这也是客运需求发生的基本原因。

2）为了生产而产生的运输需要

在物质生产活动中，由于自然的和经济、社会方面的因素，人们必须不断地改变物质的位置，才能使物质生产活动得以进行下去。比如，分散的原材料只有通过运输，才能集中于生产场所以供加工；生产出的产品，只有通过运输才能运送到市场出售；消费者购物之后，只有通过运输才能实现对物的最终消费。正因为如此，运输作为商品流通的主要手段，将生产者和消费者密切地连接在一起，并为生产活动和物质产品的消费所必需。

3）由于其他社会活动而产生的运输需要

人类要生存，而且要不断发展，因而为此产生的运输需要也必然不断产生，需要程度也会越来越高。同时，必须看到，如果将需要看作是人们对实现某种目的（如生产、生活）的渴求和欲望时，需要只是心理学上的概念，它反映的是人们在一定时期的所想或所求。但这种心理上的需要能否实现，显然取决于一定的条件，其中最主要的条件是需要者是否具有支付能力。

2. 支付能力

支付能力或购买能力，是指购买者通过自己的货币获得他人产品或服务的能力。支付能力的大小，取决于两个基本的要素。一是所购买的产品或服务的价格水平；二是购买者的收入水平。在一定的价格水平上，购买者的收入水平越高，其支付能力就越大，反之就越小。之所以如此，就在于任何人的收入都不是无限多的，这就决定了其支付能力也必然是有限的。同时，购买者作为消费者，其需要也是多种多样的，而不是一种。因此，还需把既定的收入分配到各种所需产品和服务的购买上，从运输消费的角度看，同样如此。作为个人，每一个人不仅要把有限的收入用在出行需要的满足上，而且要用于吃、穿、住、用及各种精神需要的满足上。对企业而言，在运输劳务的购买上所支付的所有费用，都要作为生产成本的一部分来计算，过高的运费支出将会影响企业利润的获得。

综上所述，运输需求只能是运输需要和支付能力的统一。有需要，不一定就发生运输需求，还要看是否有支付能力，如果没有支付能力，哪怕是最基本的需要，也只能是幻想。当然，有支付能力，不一定就有某种需求产生，还要看需要什么东西。一个很富有的人，需要的是高档的轿车，而不需要低档的轿车，那么，他就对低档轿车的需求为零。再如一个有支付能力的人，他如果出于快捷的需要，而乘飞机出行办事，那么此时他对乘用其他交通工具的需求为零。当然，如果出于沿途旅游观光的需要，那么他此时的需求可能是火车或汽车而不是飞机。在商品经济领域，人们各种需要的实现是以其经济状况为基础的，这是需要转化为需求的前提条件。

2.1.2 运输需求的特征

运输需求与其他商品需求相比，有其特殊性，这种特殊性表现在下述7个方面。

1. 非物质性

人们对商品的需求都是有形的物质性需求，需求的满足主要通过物质产品本身的效用实现而获得的。而运输需求则和其他服务需求一样，消费者支付货币后，实际消费的并非物质产品，而是非物质性服务。

2. 广泛性

现代人类生产和生活的各个方面、各个环节都离不开物和人的空间位移。除一部分由个人或企业、团体自行完成外，大部分运输需求的满足都来自运输劳务的专门提供者。正因为如此，对运输的需求具有较强的广泛性。

3. 派生性

在人们的实际需求中，存在着包括运输需求在内的各种各样的需求。这些需求根据其直接性与否,可分为两大类。一是直接性需求或称本源性需求;另一种为间接性需求,即派生性需求。运输需求就是一种派生性需求。旅客乘车,不是他的最终目的,而是通过乘车实现其空间位置的改变,最终满足其探亲、访友或其他最终的需求。货主的运输需求也是如此,其购买运输劳务,并不是其最终目的,而是为了生产,如供应原材料,或是为了将物质消费品运回家中用于消费。从这一方面看,运输需求的产生始终是被动的,即没有与运输需求相关的本源性需求产生,就不会有运输需求产生。运输需求的变化也是被动的,每当与运输需求相关的本源性需求因各种因素发生变化时,运输需求也随之而变化。因此,从总体上和长远角度分析运输需求时,不仅要看到直接因素,更要看到间接的或本源性因素。

当然,需求的派生性具有一定的相对性。比如,人们对音响的需求相对于人们听音乐的需求来说,就是派生需求,但相对于制造音响的需求,则是本源性需求。同样,如果人们为了领略一下坐飞机的感受而特意去乘坐飞机,或为了乘坐豪华车以体验其与一般车的不同,那么,这些运输需求在一定意义上可看作是本源性需求。

4. 多样性

运输需求的种类繁多。首先存在最明显的是货运需求和客运需求两类。

在货运需求中,不同的货物对应着不同的运输需求,如普通货物运输需求、特殊货物运输需求。同样在特殊货物中,因存在长大笨重货物、易腐货物、危险品货物等,也有不同的货运需求。所有货物也因有固体、液体和气体之分而形成不同的货运需求。

在旅客运输需求中,由于旅客的旅行目的、年龄、收入水平、职业等不同而形成不同的客运需求,如旅客的旅游运输需求、普通运输需求、通勤运输需求等。

不同的运输工具也对应着不同的运输需求,由于不同运输工具所得的需求满足是不同的,因而形成了铁路运输需求、道路运输需求、航空、水运和管道运输需求等。

每一种运输方式内,也因运输工具的差异而形成运输需求的差别,如豪华高档车和中、低档车,以及大型和中、小型车的差别等。因客、货运输起讫点间的距离不同,可形成长途运输需求和中、短途运输需求。因旅客和货主对送达时间的要求而形成快速运输需求和普通运输需求等。

5. 波动性

运输需求的波动性,即在一定的时期内,运输需求的时间分布呈现不均衡状态。在一天之内、一年之内,甚至较长时期内,都是如此,因而有需求的淡季和旺季之分。

运输需求的波动性,归根到底是由运输需求的派生性所引起的。由于运输需求的发生和量的变化,均决定于本源性需求的发生和变化,因此一旦本源性需求变化时,运输需求必然也跟着发生变化。

以货运需求为例,由于大多数作为货物的物质产品在生产和消费上都有季节性,有的在生产上是均衡的,消费上却不均衡,如化肥、农药等;有的在生产上不均衡,消费上却是均衡的,如粮食、蔬菜;有的生产和消费都不均衡,如水果等。如果从相对意义上看,这种季节性对所有货物都存在。如空调,虽然常年都可以购买,但在夏季,其需求量会更大,而在冬季会进入一年的低谷期。在春节期间,日常消费品的需求也比其他时候旺盛等。这些都说明了运输需求波动的根源。

客运需求的波动同样是由于旅客最终目的的季节性所引起的。如春季浏览风景的旅客要比一年中的其他季节多,寒暑假期间,学生的运输需求集中,春节期间,回家探亲,这些都会引起运输需求的变化。

在较长时期内，不同年份的运输需求也不相同，比如，宏观经济的周期性波动，会使运输需求呈现相应的波动，有时不仅增幅下降，甚至绝对量也会比以前的年份有所下降，即出现负增长现象。因此，正确把握运输需求的波动性这一特征，对分析和预测运输需求的变化有着十分重要的作用。

6. 替代性

不同的运输需求在一定范围内可以相互代替是运输需求的又一特点。因为从运输需求的发生来看，无论是客运还是货运需求者，其所需要的都是改变旅客和货物的空间位置，因此改变旅客和货物的空间位置这一基本效用，决定了不同种运输需求的可替代性。事实上，将旅客或货物由一地运往另一地，既可以利用铁路、道路，又可以利用水运或航空，既可以由甲企业来运输，也可以由乙企业来运输。当然，这种替代性只能在一定的范围内存在。由于不同运输方式的技术经济特征不同，在不同的范围内，运输的经济效果不同，因而使运输需求有了一定的划分。在同一运输方式内的不同运输企业之间，也会因服务质量、运费水平高低等，形成差别，因而也降低了不同运输需求的替代程度。

因此，运输需求的替代性特征只能是总体上或相对意义上的，但这种特征又是客观存在的。作为运输企业了解这一特征，一方面，可以清醒地看到运输市场将面临的激烈竞争，如果稍有不慎，将会失去应有的运输市场份额。另一方面，正确认识运输需求替代的相对性，可以通过不断地改进运输劳务质量、运输劳务形式等，形成新的运输劳务差别，刺激新的运输需求，以占领相应的运输市场。

7. 运输需求弹性方面的特征

所谓运输需求弹性，是指在影响运输需求的因素发生一定程度的变化之后，运输需求变化的程度，或运输需求的反应灵敏程度。由于影响运输需求的因素很多，因而也就有各种各样的运输需求弹性，如运输需求的价格弹性、运输需求的收入弹性等。在实际分析中，大都以运输需求的价格弹性作为代表来分析运输需求的特点。

从运输需求的价格弹性来看，运输需求的特征表现在两个方面。

1）总体上运输需求的弹性较低

即不论是运输如何变化，运输需求的变化是平衡的。降低运价，运输需求不会增加得很多；提高运价，运输需求也不会减少很多。这就是运输需求总体上长升的原因所在。运输需求弹性总体上较低，根本原因在于运输需求的必需程度较高，和粮食等生活必需品一样，运输劳务为社会生产和人民日常所必需。

2）不同的运输需求，其各自的需求弹性又是不同的

比如，客运需求弹性要比货运需求弹性低，客运需求中，普通的以探亲、上学、看病等为目的的客运需求弹性又低于以旅游为目的的客运需求弹性。货运需求中，时效性高的货物的运输需求弹性就比时效性低的货物运输需求弹性低。同样，这些差别仍然取决于运输需求各个种类的必需程度。

分析和掌握运输需求弹性方面的特征，对于了解运输需求的变化规律，制定较好的运价策略等，都是十分重要的。这就需要运输企业根据运输需求在一定时期的变化情况，科学地进行统计分析，以提供可靠的信息。

2.2 运输需求的种类

对运输需求可以从不同的角度划分为不同的种类。

2.2.1 货运需求的种类

1. 根据货物的类别分为普通货运需求和特殊货物运输需求

普通货运需求表现为所要运输的货物都是生产和生活中常见的生产资料和消费资料，运输需求量大且比较平衡稳定，在运输过程和保管、装卸过程中没有特殊的要求；特殊货运需求，所运输的货物大都是长、大、笨、重货物，危险品，鲜活易腐货物等，在运输和保管过程中有其特殊的要求，如果没有特殊的保护措施和技术手段，则难以满足这种运输需求。特殊货运需求相对来说，运输需求较小，且不稳定性较大。

2. 根据运输距离可分为长途货运需求和短途货运需求

长途货运和短途货运相比，运距较长，装卸作业、办理手续等方面简单，形成的运输周转量大，而短途货运需求则相反，频繁装卸，而且形成的运输周转量小。面对这两种运输需求，要求运输企业重视灵活性、方便性和效率。

3. 根据一次所要运输的货物批量分为零担货运需求和整车货运需求

零担货运需求的显著特点是一次承运的货物批量小，由于不同需求者承运的货物种类、去向、距离均不相同，因而这种需求的满足要求运输企业建立一定的运输网络，配备相应的运输服务设施。整车货运需求即其一次承运的货物至少用一辆车运送的运输需求，这种需求的满足较为容易。

4. 按运输的区域分为区内运输需求和区间运输需求

区内运输需求是指货物的运输范围仅限于一定的区域内的运输需求，如市内货运需求、省内货运需求、国内运输需求等。区间运输需求是指两个或两个以上的区域间的货运需求，如国际货运需求、跨省运输需求，城间货运需求等。

5. 按货物的行业属性分为工业品运输需求和农产品运输需求

工业品的特点是数量多，需求稳定。农产品因其比较分散，且季节性较明显，因而农产品运输需求一般表现为运输需求量集中，而且比较单一。当然，对于工业品和农产品运输需求还可以根据其特性进一步分为不同的运输需求种类，如石油运输、粮食运输需求等。

6. 根据货物的时效性分为快件货运需求和普通货运需求

一些货物因其本身的性质决定，有较强的时间要求，以提高其时间价值，对尽快运送到目的地有特殊的要求，因而表现出不同于其他货物需求的特点。作为运输企业，在满足快件货运需求时，首先必须满足货主的时间要求。

2.2.2 客运需求的种类

1. 根据旅客出行的目的分为普通客运需求和旅游客运需求

普通客运需求的特点为旅客的目的大都是探亲、访友、出差等，医而运输需求者广泛，运输需求量稳定。而旅游客运需求者的目的是旅游，运输的范围一般为城市之间、城市和风景名胜之间，线路特殊。另外，旅游本身带有精神享受需求，旅客对车辆、服务等有较高的要求，从运输需求量的形成和变化方面看，旅游客运需求的季节性更加明显，波动性较大。

2. 根据旅客的时间要求不同可分为直达快运需求和一般客运需求

不论旅客出行的目的如何，都希望有较少的在途时间占用，但在考虑其他因素（如票价）的情况下，不同旅客对时间的要求不同。因此，直达快运可以满足一部分旅客的快速要求，为此，运输企业不仅要减少中途停靠站点，而且要采用先进的运输手段，如高速铁路、高速公路、性能良好的车辆等来满足这种客运需求。一般客运需求则是正常的技术与组织水平下的旅客运输需求，一般为定时、定点、定班，在途时间占用正常。

3. 按运输距离分为长途客运需求和短途客运需求

长途客运需求的特点表现在旅客乘车大都是为了探亲、出差、上学等，起讫点一般为城市之间和较远的城乡之间，而短途运输需求者的出行目的大都是购物或在居住地的附近地区探亲等日常出行需要，因而和长途客运需求相比，短途客运需求者的出行频率高。

4. 按照客运服务质量也可以将客运需求分为不同的种类

舒适的车辆、周到的旅途服务等会给旅客十分满意的精神感受。相反，缺乏安全性，车辆设施低劣，不良的旅途服务会给旅客带来某种精神不适。因此，旅客出行选择，必然会有所不同，由此可将旅客运输需求分为不同的种类。当然这种划分，会随着人们的生活水平的提高，而不断变化。

2.2.3 运输总需求和对个别企业的运输需求

运输企业研究运输市场需求时，还必须区分运输总需求和市场对个别运输企业的需求。

运输总需求是一定时期内全社会所形成的运输需求总量，其与市场对个别运输企业的需求量之间区别主要表现在：一方面，运输总需求的增加，并不等于每个运输企业的运输需求都同等增加；另外，运输总需求的减少，也不意味着运输市场对每个运输企业需求都同等减少。其中的关键在于个别运输企业的市场竞争能力。如果把运输总需求比作一块蛋糕，哪一个运输企业能吃多少，仍在于企业自身。如果某个企业市场竞争实力较强，就会有较高的市场占有率；相反，如果某个企业市场竞争实力较差，即使运输总需求增加了，它的市场份额也可能因竞争能力下降反而减少。另一方面，运输总需求的弹性较低，但个别运输企业的运输需求弹性却较高。比如，一旦哪一个运输企业提高运价，需求者就会选择别的运输企业。因此，运输企业在研究运输市场时，不仅要全面研究运输市场需求的形成与变化情况，以更好地了解本企业所处的市场环境，更要研究本企业自身所能赢得的市场范围及变化，只有这样，才能真正地抓住市场需求分析的实质。

2.3　运输需求的影响因素

运输需求不仅有质的规定，而且有量的变化，运输需求在其产生和变化中，要受到各种因素的影响，了解这些因素，对于把握运输需求的变化，有着十分重要的意义。

2.3.1　货运需求的影响因素

1. 经济发展水平

货运需求作为派生需求，其大小首先决定于整个经济发展的水平。随着经济的发展，物质生产部门的产品数量增多，商品流通规模和范围增大，都对货运需求产生广泛的影响。事实上，凡是经济发展较快的年份，所形成的货运需求量就明显大于经济发展较慢的年份。在实际分析中，无论是从衡量经济发展的实物指标还是价值指标方面看，它们都与货运需求存在明显的正相关关系。因此，分析货运需求的影响因素时，首先必须从经济发展情况这一总量性因素开始。

2. 产业结构及变化

所谓产业结构是指不同产业在整个经济中的比例关系，如农业、轻工业和重工业的比例，第一、第二和第三产业的比例等。

产业结构对货运需求的影响主要表现在，不同的产业结构必然引起不同的产品结构，而不同的产品结构意味着有不同的货物结构。从货物结构看，不同种类货物在运输需求的形成上是不同的，如基础产业的产品大都是原材料、能源之类，它们的突出特点是长、大、笨、重，附加值较小，运距较长，形成的运输量大，如煤炭、石油、粮食、矿石等，如果这类产品或货物占的比重大，必然形成的运输需求多。反之，加工业、深加工业产品大都是最终产品或消费品，具有短、小、轻、薄、附加值高的特点，因此不仅运量小，而且运距较短，一般属于从最后产地到分布较广的消费地的运输，如果这类产品所占的比重大，必然形成的货运需求较小。

3. 生产力布局状况

生产力布局对货运需求的影响主要表现在货物的流向、流距和流量上。在既定的生产力布局情况下，原材料产地、生产加工地和产品市场地之间的距离是既定的，货物的流向和流距不会有大的变化，而只有流量因生产发展而出现的变化，因此较短时期内，生产力布局对货运需求不会有实质性的影响。但在较长时期内，生产力布局对货运需求的影响则是很大的。无论是旧矿区的衰竭，新矿区的开发，还是新的生产加工中心、销售中心的形成等都会使货运需求发生大的变化，甚至一个城市的壮大也同样产生重要的影响作用。因此，在分析生产力布局对货运需求，特别是较长期内的货运需求的影响时，必须全面了解生产力布局方面的变化情况。

4. 产品的商品化率和就地加工程度

货运需求主要来自商品流通，因此如果一个国家或地区的生产社会化程度高，产品的商品化率高，其产品流通的规模较大，产生的运输需求就多。相反，如果产品的商品化率低，同样数量的产品就不会形成较多的运输需求。比如，过去我国的粮食生产，商品化率较低，农民生产的粮食除交售国家的部分外，其余部分都就地存放起来。由于这部分粮食不参与流通，因而不能形成货运需求，但自从改革开放后，特别是粮食生产管理体制变革后，粮食流通的规模和范围大大增加。事实上，这些年来，我国货运需求大大增加的原因之一，就是随市场经济发展而导致的生产社会化、商品化程度的提高。

除了商品化程度高低这一因素外，产品的就地加工程度也是影响货运需求的一个重要因素。若某种产品从初级产品到最终产品的生产过程在一个地方就能全部完成，则它不会有较多运输需求产生，如在棉花产地将棉花连续加工成布或服装，不但不需要中间产品在加工地之间的运输，而且随着最终产品的形成，各种废料的剥离，形成的运量也会大大降低。相反，若产品的就地加工程度较低，则中间产品的地区间往来必然形成较多的运输需求。

5. 运输业本身的发展情况

运输业本身的发展包括数量和质量两个方面，其对运输需求的影响主要表现在刺激和抑制两个方面。一般而言，运输业作为运输市场的供给方面，它对运输需求有着反作用，如果运输业有了较大的发展，它就对运输需求有一个刺激作用，使许多潜在的货运需求成为现实的运输需求。相反，如果运输业发展滞后，则对货运需求起到抑制作用。所谓运输业拖国民经济的后腿，实际上就是运输业的发展不能很好地满足经济发展所产生的运输需求而导致的。

6. 运价水平

货运需求对运价水平的变动是有弹性的，即运价水平的变动对货运需求的变动有着直接的影响。一般而言，运价水平上升时，运输需求会受到一定程度的抑制，运价水平下降时，运输需求则上升。这也是运价之所以能充当调节运输供求关系的杠杆的原因所在。运价之所以能影响货运需求，关键在于运价水平的高低意味着货主所支付的运费水平的高低，而运费作为其产品生产成本的一部分并影响其产品成本的高低，继而影响其产品的售价和赢利，以及市场竞争能力，也就是说，运价和货主的经济利益密切相关。同时，运价水平通过影响商品的市场范围的扩大或缩小，也影响着货运需求的扩大与减少。较低的运费能使同一商品运往更远的地方参与竞争，必然形成较多的货运需求。

7. 国家的经济政策

国家的经济政策对短期内的货运需求有明显的影响。

如果整个经济在扩张性的政策刺激下处于高速发展时期，则表现为投资规模扩大，能源、原材料需求增加，商品流通活跃，市场繁忙，对运输产生的影响就是运输需求急剧增加。相反，在整个经济处于紧缩政策抑制下放慢增长速度时，对货运需求将明显地减少。

除宏观经济政策外，还有影响某一地区和产业发展的有关政策，如产业政策、地区开发政策等。如果国家的产业政策发生调整,必然所扶持和限制的产业要发生变化,整个产业结构将跟着发生变化,特别是物质生产领域的各产业的变化,将对货运需求产生直接的影响。

8. 运输方式之间的替代因素

如果要具体分析对某一运输方式的货运需求的影响因素时,还须考虑其他运输方式的替代程度的高低。替代性是运输需求的特点之一,运输总需求和对某一运输方式的货运需求不同,即运输总需求的增加并不意味着社会对某一运输方式的货运需求就增加,相反,运输总需求的减少,也不一定会引起对某一运输方式的货运需求就减少,如果在一定时期内,哪一个运输方式的市场竞争能力提高,它就会有较大的市场占有率。如果作为一个运输企业要分析运输市场需求时,同样应考虑自身的市场竞争能力和其他运输企业的分担能力。否则,只把注意力放在对运输总需求的变化分析上,而不考虑自身因素,则所做的分析是不全面的。

2.3.2 旅客运输需求的影响因素

1. 经济发展水平

旅客运输需求中的很大一部分属于生产和工作性客运需求,如外出采购原材料、推销产品、业务洽谈、技术交流、学习、各种会议等所产生的出行要求。从静态角度看,凡是经济发展水平高的国家、地区,旅客需求水平就高,相反,凡是经济发展较落后的国家和地区,旅客运输需求水平就较低。从动态看,经济高速发展的时期,旅客运输需求就较快增加,大量的人员因生产或工作需要而外出频繁;相反,一旦经济处于较低的发展时期,人们出行的和频率相应会降低。此外,经济发展水平还通过影响人们的收入水平和消费而影响生活性的旅客运输需求部分。因此,经济发展水平同样是影响旅客运输需求的一个总量性因素。

2. 人均收入水平的高低

在旅客运输需求中,除生产性和工作性客运需求外,一个很大的部分就是生活性客运需求,如探亲、访友、旅游、外出休养等所产生的旅客运输需求。这些需求虽然会随人们收入水平的提高而增加,但最终还要受到收入水平的制约。正如前面所述,需求是需要和支付能力的统一,在人们收入既定时,要将有限的收入安排到吃、穿、住、行、用各个方面,而且先支付基本需要上,再满足高层次的需要。因此,当人们收入水平提高时,不仅需求量增加,而且层次也相应会提高,不但一般性的出行需求增加,而且旅游运输需求及其他社会交往方面的出行需求也会增加。近年来,我国的旅客运输量大幅稳定增长,平均运距也在增加,实际上都是收入水平提高的结果。

3. 人口的数量及结构

旅客运输的对象是人,因此人口的数量变化必然引起旅客运输需求的变化。人口密集的国家或地区,旅客运输需求水平就高,人口稀疏的国家或地区,旅客运输需求水平就低。人口数量增加时,旅客运输需求就相应增加。另一方面,人口结构对旅客运输需求也产生影响,而且这一方面的影响作用比人口数量本身的增加显得更加突出。之所以如此,关键是同样数量的人口形成的运输需求量不同。比如,城市人口因大都从事各种工业、商业和服务业等工作,出行的频率要比生产单一、集中的农村人口形成更多的客运需求。同样,高收入的人口要比低收入的人口形成更多的旅客运输需求,中青年人口要比老年和少年等非就业人口形成更多的客运需求。因此,分析不同人口在总人口中的比重及变化,对分析客运需求来说,有极为重要的作用。

4. 旅游业的发展情况

随着社会经济的发展,特别是人民生活水平的提高,旅游需求在整个生活需求中的比重也越来越上升,因而旅游业被称为"无烟工业"。与旅游发展密切相关的就是旅客运输需求的增加。近年来的实践证明,旅游运输需求比一般的客运需求更具潜力。因此,在分析一国,特别是一个地区的旅客运输需求的发展变化时,也要重视对本地旅游业发展的考虑,其中不仅要考虑本地旅游资源的数量,而且要考虑旅游资源的等级,以判别其对国内外游客的吸引力大小。

5. 旅客运输业的发展情况

旅客运输业的发展,不仅体现在运输设施的数量增加上,而且还体现在运输服务质量的提高上。其对旅客运输需求的影响同样表现在刺激和抑制两个方面。如果运输布局合理,运输工具充分,技术性能先进,运输服务优良,将会刺激旅客运输需求的产生,否则运输发展滞后,则会抑制旅客运输需求。

6. 运价水平的高低

运输在影响旅客运输需求方面和其对货运需求影响的道理一样。旅客运价水平的高低,对生产性旅客来说,运价水平变动所引起的运费支付,也要进入到企业的生产成本中去,对企业的经济活动效果直接产生影响。对消费性旅客来说,运价水平高低直接影响他们的生活开支,如果在运输需求满足方面的开支过大,在收入既定时,必然影响他们在其他生活需求方面的满足。因此,尽管旅客运输需求作为一种派生需求对运价的弹性相对较低,但运价提高时,旅客运输需求自然会减少;而当运价降低时,旅客运输需求会有一定的提高。另外,运价水平对个别企业的市场占有率来说,影响作用是很大的。一旦某一个运输企业提高运价,运输需求会转移到别的未提价的运输企业。

7. 经济体制和经济政策的影响

在计划经济体制下,由于存在个人、单位"吃大锅饭"的状况,财务制度松弛,不重视成本核算,事业单位缺乏严格的财务预算,因而形成了变相公款旅游、文山会海等现象。虽然其属于不合理现象,但单纯从其对旅客运输需求的影响方面来看,却是突出的。随着经济体制的改革,企业越来越重视自身的经济利益,因而通过严格的成本控制等措施抑制了不合理的运输需求。事业单位财务支出制度的改革,也制约了不合理运输需求的产生。

从国家经济政策方面看,对旅客运输需求也有重要的影响。例如,改革开放以来,鼓励农村剩余劳动力流动的政策,使大批的农村人口开进城市从事各种经济活动,由此形成的"民工潮",对旅客运输的需求产生了很大的影响。

8. 运输方式间的替代性

与货物运输需求一样,旅客运输需求也存在运输方式之间、运输企业之间的替代问题。如果站在某一运输方式或某一运输企业的角度分析运输需求，就必须详细分析其他运输方式、其他运输企业对自己的需求替代程度的大小。为此，要把握本企业、本运输方式的竞争能力和市场占有能力的强弱。

以上只是简单地列举影响旅客运输需求的一些主要因素，实际上，影响旅客运输需求的因素和影响货运需求的因素一样，不仅十分复杂，而且各因素影响的直接程度、作用大小程度、时间长短都不尽相同。因此，在具体分析时，必须结合一个地区在一定时期的实际情况，找出主要的、长期性的因素分析旅客运输需求变化的基本趋势，也要重视短期性的次要因素，分析旅客运输需求的短期变化情况。

2.3.3　运输需求的弹性分析

如上所述，尽管运输需求要受到各种因素的影响，但影响的作用程度是不同的。即当某个因素发生一定程度的变化后，运输需求究竟能发生多大程度的变化，这就需对运输需求的弹性大小做定量分析。

1. 运输需求弹性的概念

运输需求弹性是指在影响运输需求的因素发生一定幅度的变化后，运输需求对其反应的灵敏程度。这种灵敏程度以运输需求弹性系数大小来衡量。由于影响运输需求的因素和运输需求之间存在函数关系，而且自变量因素很多，因而对应地会有不同的运输需求弹性。如运输需求的价格弹性、收入弹性、对经济发展水平的弹性等。各种需求弹性的计算和分析方法基本相同，因此这里以运输需求的价格弹性为代表加以分析。

在只考虑运价对运输需求的影响时，运输需求函数可简化为 $Q=f(P)$（Q 为运输需求量，P 为运价），则运输需求运价弹性大小可通过弹性系数计算出来，具体为：

$$E_{\mathrm{d}}=\frac{\Delta Q/Q}{\Delta P/P}$$

式中 E_{d}——运输需求对运价的弹性系数值；

ΔP——运价的变化绝对值；

ΔQ——运输需求量的变化绝对值。

运输需求价格弹性系数是运输需求量变化的百分比和运价变化的百分比之比值。由于运价和运输需求按反方向变动，因此运输需求的价格弹性就是运输需求的增加百分比和运输价格下降的百分比之比，或运输需求的减少百分比与运价的上升百分比之比值。

2. 运输需求弹性大小的两种常见情况

运输需求弹性大小，一般有两种情况。第一，运输需求弹性较大，即运输需求弹性系数 E_{d} 大于 1，它意味着运价的一定幅度的上升或下降，都会引起运输需求以更大的幅度下降或上升。比如，运价提高 10%。运输需求量会下降 10%以上，其几何意义如图 2-1 所示。第二，运输需求弹性较小，即运输需求弹性系数 E_{d} 小于 1，它意味着运价一定幅度的上升或下降，都会引起运输需求以更小的幅度下降或上升。比如运价下调了 10%，运输需求上升的幅度则在 10%以下，其几何意义如图 2-2 所示。

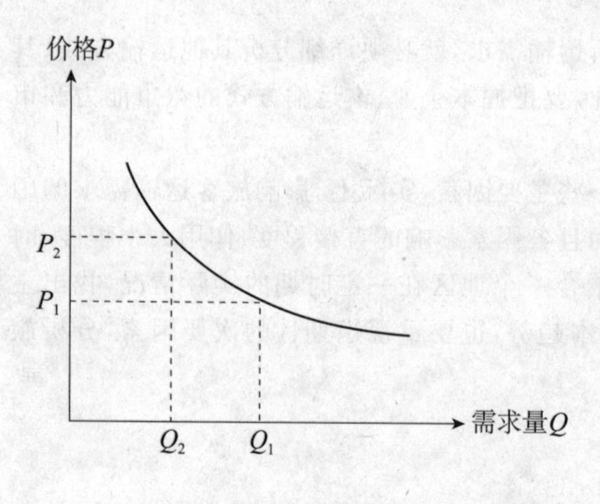

图 2-1 运输需求弹性大于 1

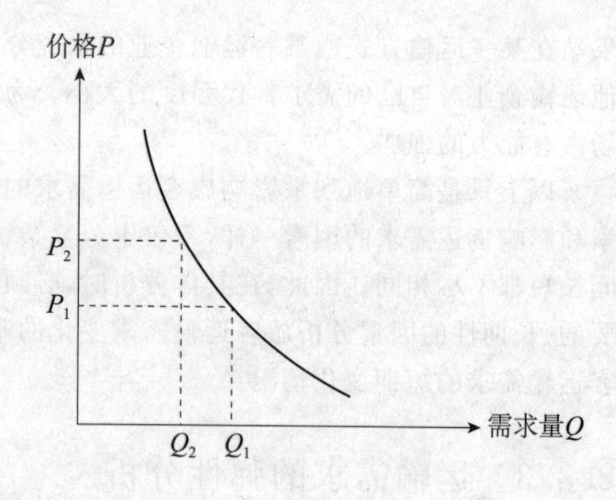

图 2-2 运输需求弹性小于 1

因此,运输需求的价格弹性系数越是大于 1,说明运价对运输需求的影响程度越大,反之,运输需求的价格弹性系数越是小于 1,说明运价对运输需求的影响程度越小。

3. 运输需求价格弹性的影响因素

不同的运输需求之所以对运价的反应不同,是由其本身的性质和特点所决定的。对货运需求而言,影响其运价弹性的大小主要取决于下述两点。

(1) 运输需求满足上的可替代性大小。一个地区如果有几种运输方式,或者虽然只有一种运输方式,但有多个运输单位能提供同样的运输服务,就增加了需求者的选择机会。如果某一个运输方式或企业提价,运输需求会发生转移。否则,运输需求的弹性就会较小。例如,集装箱运输价格的提高不会增加对零担运输的需求;长途铁路运价的降低,不会减少对公路短途运输的需求。

(2) 运输费用在产品总成本中的比重。如果货物价值高,运费在产品成本中的比重较低,则这种货运需求的价格弹性较小,因为运价的提高或降低,对产品的市场竞争能力不会产生较大的影响。相反,如果货物为低值货物,运费在产品总成本中的比重大,则这类货运需求的价格弹性就较大。比如,初级产品,大都因其运量大,附加值低,对运价的变化反应灵敏。而最终产品,则因其体积小,重量轻,本身形成的运量就小,加之附加值又较高,因而对运价的变化考虑的不是很多。

2.3.4 运输需求变动的一般规律

1. 运输需求在时效性上的波动性

一般而言,时效性强的货物,运输需求的价格弹性较小;时效性弱的货物,运输需求弹性较大。例如,易腐货物,货主宁愿选择快速高价的运输工具尽快把货物运往市场,否则会因时间延误使货物本身遭受损失。其他在消费方面有时间要求的货物也是如此。对旅客运输需求而言,其价格弹性大小除取决于需求的可替代性、时效性以外,还取决于旅客出行的必需程度及收入水平等。例如,为了生产、工作和一般的探亲、上学等而发生的旅客运输需求,其必需程度相对较高,运价的变化对这部分的运输需求所产生的影响较小。为了旅游、娱乐等而产生的运输需求,其必需程度相对较小,这类出行需求即使取消,也不会对旅客产生大的影响,因而这类旅客运输需求对运价的弹性较大。从收入水平看，高收入的人，由于运输费用支出在其生活费用总支出中所占的比重较小，更多的是考虑需求的满足而不是运费支出，因而对价格的弹性相对较小；而收入水平低的人则更多地考虑运费支出，一时运价变动，特别是运价提高时，必然要做出较灵敏的反应。

尽管需求受各种因素的影响会不断发生变化，但总的来说，它又呈现出一定的规律性。

2. 运输需求在波动中呈上升趋势

无论是货运需求还是客运需求，都在波动中呈上升趋势。首先，由于社会经济不断发展，作为社会经济发展派生物的运输需求必然也不断提高，在这一点上，运输需求和一般消费品需求形成了明显的对比。这也是分析运输需求变化时的一个最基本的立足点；其次，尽管货运需求和旅客运输需求总体呈上升趋势，但却是波动中上升的，而且这种波动无法避免，具体表现为，一年之内的不同季度、不同月份，一月之内的不同周、日，以至不同年份之间等，运输需求量的分布不均衡。从货运需求的波动看，其根本原因在于物质产品生产和消费的季节性。有些产品生产有季节性，消费却是均衡的，如粮食。有些产品生产均衡，消费却有季节性，如化肥、农药，以至大多数工业产品。有些产品则生产和消费都具季节性。从旅客运输需求的波动看，其根本原因也是由旅客生产、工作、学习、探亲活动的季节性引起的，此外，节假日、作息制度也是重要的原因。了解这一点，对于准确把握短期内运输需求的变动有着重要的意义。

3. 运输需求波动增长中呈现差别

不同的运输需求种类，其波动程度的大小是不同的，因此有的运输需求增长较稳定，有的运输需求则大起大落。造成这种现象的主要原因是不同的运输需求有不同的需求弹性。如旅客运输需求比货运需求稳定。在旅客运输需求中，普通客运需求比旅游运输需求稳定。货运需求中，不同货物的运输需求的波动程度也是不同的。由于运输需求的波动程度不同，意味着运输市场的稳定程度有大有小。了解运输需求变动的这一特点，可以根据一定时期不同运输需求，采取相应的措施，以赢得更多的市场份额，特别是针对某个地区的运输需求进行分析时，更应注意这一点。

4. 运输需求增长与运输供给增长的不一致性

由于运输供给的变化是比较稳定的，而运输需求却在波动中变化，因此使运输需求和运输供给之间在变化上呈现不一致性。

2.4 运输需求者行为分析

运输需求者行为分析，是从个体角度了解运输需求的发生和变化情况。在总体环境和需求者心理作用下，运输需求行为表现为对一系列问题的决策过程。因此，分析和掌握其特征，有助于企业更好地选择市场，制定有效的市场营销策略。

2.4.1 运输需求者行为

运输需求者是具有运输需求的主体，由旅客和货主两大类构成，他们都是有判断事物能力及行为能力的人，在一切活动中也具有其明确的行为目的。运输需求者行为表现为以自身的运输需求得到最理想的满足为原则而进行的一个从认识、评价、决策到实施的活动过程。具体包括以下几个方面。

1. 了解自己的运输需求

在运输需求者的全部行为中，决策行为是核心行为。它直接关系到需求者的需求能否得到最理想的满足，但为了能做出决策，首先须对自己的需求要有全面的了解。

对货运需求来说，要了解自己货物的种类、需运输的距离、具体的用途、时效性要求、对运输技术的要求、运费的支付能力大小等。对旅客运输需求者来说，要了解自己出行的目的、出行的距离、时间紧迫性、身体的适应能力、对运费的支付能力等。

由于不同的运输需求者和同一运输需求者在不同的时候所产生的运输需求不同，因而只有了解具体的运输需求的性质、特点，才能做出较好的抉择。尽管这种对自己运输需求的认识行为可能是非常短暂的，但它却是运输需求行为中不可缺少的方面。

2. 收集信息

在了解自己的运输需求后，运输需求者还须收集广泛的市场信息，充分的市场信息可以避免决策的失误，减少购买风险。一般来说，运输需求者所收集的信息包括现有的运输线路、运输方式、运输工具的充足程度、班次频率、运费水平、时间占用、服务质量、运输服务形式等。凡是有助于运输需求者做出正确决策的信息，都属于应收集的信息。

在实际当中，不同的运输需求者信息收集上的积极性会因需求强度而有所不同。需求强度大的运输需求者会有很高的积极性，相反，需求强度低的运输需求者不一定会积极主动去寻找有关信息，但却会对有关信息注意接收。

运输需求者收集信息的范围和数量也会因运输需求者的类型和风险感而不同。初次发生某种运输需求的需求者需收集较多较广的信息，多次发生某种运输需求的需求者所收集的信息则较少。

运输需求者的决策本身是一个伴有风险的过程。不同的运输需求，对需求者的风险感不同。因此，风险较大时，运输需求者会努力收集更多的信息，以避免经济和精神上的损失，而风险较小时，因成本所限，则不会收集更多的信息。

从运输需求者的信息渠道看，大致有自己以往的经验、他人的介绍、现场了解、运输企业的传播等。主动收集信息，可为供求双方谈判或讨价还价提供参考。

3. 评价选择

一般情况下，不论是货运需求者还是客运需求者，都会面临多种方案。到底采用铁路还是公路运输，让这个运输企业运输还是让另一个企业运输，运输需求者必须果断地做出选择。因此，必须利用所获得的信息、对自己的需求的了解，根据其运输需求的基本标准，进行全面的评价，然后根据评价的结果做出最后的选择。这种评价选择的复杂程度因不同的运输需求者和不同的运输需求而不同。比如，大宗货物的货主比一次性小量货物的货主更重视选择评价。另外，这种评价选择行为会受到意外条件的影响，特别是新的信息的获得，评价标准的改变及认识角度的变化等，都可能使运输需求者调整自己的选择结果。

4. 实施及感受

运输需求者在做出购买选择后就要实施，即进入现实的需求阶段。同时会通过运输活动，检验自己的行为后果，重新衡量决策是否正确，与自己预先的要求有何差距，以便为今后类似的活动积累经验。实际上，正是运输需求者一次次的感受，使货主和旅客积累了大量的经验，在运输需求选择方面不断成熟，而且以自己的感受修正所接受的市场信息。运输需求者的这种行为虽然更多地表现为精神方面的内容，但它确实不仅存在，而且对运输需求者的其他行为有影响作用。

2.4.2　运输需求者的行为规律

运输需求者的行为规律集中表现在运输需求者对运输工具的选择规律上。

1. 旅客运输需求者的行为规律

旅客选择运输工具(也可指某个运输企业)时，要综合考虑多种因素，如运输的安全性、及时性、经济性和方便性、舒适性、运行频率等。其中，安全性是不同运输工具的前提性因素；及时性、方便性、运行的频率等，最终都要归结到旅行时间的占用上；舒适性要以一定的技术手段作保证，车辆要舒适就得有更多的投入，因而舒适性好坏要间接地反映到运费中去。因此，旅客选择运输工具的最基本的原则是，实现相同的空间位移时，能支付较少的运费，并占用较少的在途时间。此外，运费的节约对旅客同样具有重要的意义。首先，客运需求与货运需求一样，属于派生需求，旅客出行的目的是生产、工作和生活需要，因而时间的节约直接或间接地与旅客经济上的得失有关。其次，旅行本身是一件辛苦的事情，而时间占用的多少与疲劳、苦闷等精神上的不适成正比，且具有边际疲劳递增的现象，即越是到乘车后期，越感到疲劳加剧，这是我们每个乘过车的人都会有的感受。因此，尽管在途时间占用多少是比较而言的，但不管是哪一个旅客，追求尽可能少的时间占用却是客观存在的事实。

按照在途时间占用和票价的组合，可有以下四种不同的方案供旅客选择：A 方案(票价低，时间占用多)；B 方案(票价高，时间占用少)；C 方案(票价高，时间占用多)；D 方案(票价低，时间占用少)。如果存在这四种方案的话，那么，旅客会毫不犹豫地选择 D 方案，并毫不犹豫地放弃 C 方案。但实际中普遍存在的大都是 A，B 两种情况。那么，旅客将如何选择呢？

设旅客由甲地到乙地有两种方案可供选择，两种运输工具的票价分别为 P_1 和 P_2($P_1 > P_2$)；所需的时间为 T_1 和 T_2($T_1 < T_2$)，则两种运输工具的时间比较价格(票价之差和时间之差的比)$P_C = (P_1 - P_2)/(T_2 - T_1)$，其意义为每节约一小时在途时间需多支付多少元运费，或多占用一小时在途时间可节约多少元的运费支出。再设旅客自身的时间评定价格(即旅客每小时可获得的收入水平)为 P_R，则旅客将作如下选择：若 $P_R > P_C$，说明旅客在旅行中节约的时间得到的好处可以弥补并超出其在运费上的“多余支付”，因此旅客会选择票价高、时间占用少的运输工具；若 $P_R < P_C$，说明其在票价上的多余支付小于时间上所节约价值，因此此时旅客会选择时间占用多但运费支出少的运输工具。选择票价高、时间占用少的运输工具的旅客，用

钱买了时间，再用时间得到更多的收入。选择票价低、时间占用多这一运输工具的旅客，用较多的时间换来了运费上的节约。如果撇开旅客身体、精神方面的因素，则他们都获得了最佳选择。若 $P_R = P_C$，从选择的意义上，两种运输工具是等值的，似乎不存在选择的必要，但实际上可从其他因素的差别中做出选择，如运输者的信誉、服务态度、可靠性、旅客的身体适应性等。

就不同运输工具的时间价格比来说，其水平取决于不同运输工具的技术性能、运输组织管理、投入大小等因素。就旅客自身的时间评定价格来说，总体上取决于旅客单位时间内的收入水平，对非就业的旅客来说，取决于为其提供生活费用的人的收入水平。高收入者的时间评定价格比低收入者的高，经济发达地区的旅客的时间评定价格比经济不发达地区的旅客的高。

同时，不同旅客时间评定价格上的差别，还取决于出行的目的，比如，为了洽谈生意须尽早赶到目的地，时间评定价格就高，要是为了抢救病人或新闻记者赶赴现场作实地报道之类，时间评定价格就更高。若为旅游、社交性访友等而出行，时间评定价格就较低。一般来说，尽管不同地区、不同国家的不同旅客在同一时期内的时间评定价格有差别，但随着经济的发展，人们收入水平的提高，所有旅客的时间评定价格将趋于提高。这是运输企业的把握旅客运输需求者行为规律时应充分注意的一个方面。

2. 货物运输需求者的行为规律

相比而言，货主与旅客在选择运输工具上有明显的差别，主要表现在货主尽管也要考虑时间的节约，但更重视运费的节约。所以，运费水平高低在货主选择运输工具时所起的作用比时间更突出一些。

和旅客一样，货物的时间评定价格（即货物在途时间节约 1 小时能给货主带来的收入，包括直接收入和间接收入）取决于货物占用资金的利息、赢得销售时机而增加的收入，以及货物在运输途中损失减少部分的折价等因素。但必须注意的是，这些因素都与运费直接相关。

若为了节约利息上的支出而强调时间的节约，则运费上的多余支出可能抵消了利息上的节约，而且可能会大大超出。易腐货物之类不仅有利息的节约问题，而且也有因时间延误而造成货物损失的可能，但为了换回时间而支付的高额运费若抵消了利息节约部分和货物损失的价值和，所节约的时间也就失去了经济上的意义。

比如，一些货物若延误了销售时间会影响销售时机，对这种情况同样要比较运费支出和时间节约能带来的收入差额，若高运输费用推动了高销售成本，即使赶上了好价钱，但未必能获得好的收入。当然，从另一方面看，货物可以储存，在时间要求上具有一定的灵活性。相对来讲，旅客即使多支付运费换来的时间未能给其经济上的好处，但至少可以减少旅途的疲劳，也是有所获得的。而货物却没有任何知觉，在运输中，经济效果如何，则完全要看经济上是否有利。

因此，货物运输需求者和旅客运输需求者在选择运输工具时，虽然遵循的基本原则都是以尽可能少的运费支出和在途时间占用实现同样的运输距离，但是，面对不同的选择方案，货主必须完全从经济效果上评价，即只有在时间节约带来的好处大于为了节省时间多支付的运费时，才可选择运费高、时间占用少的运输工具，否则只能选择运费低、时间占用多的运输工具。

以上只是理论上的一般性分析，在具体了解这一行为规律时还须注意：一是随着一国产业结构的演化，加工业、深加工业产品的比重不断提高，货物的时间价值总体上在提高，快速运输是货主不断追求的；二是在同一时期，不同货物的时间价值大小是不同的，因而不同货主的行为表现也就有所不同。作为运输企业，在提供普通的货运业务时，要重视运送速度的提高，以满足货主对时间的要求，更要努力降低运输费用水平，充分重视运费在运输需求者选择运输工具方面的重要影响。另一方面，开辟快速运输服务，吸引部分时间价值极高的货运需求。

当然，影响货主选择运输工具或运输企业的因素，除考虑到运输时间、运费水平因素外，也取决于货主对运输企业信誉、资信水平、形象好坏、运输质量水平等方面的认识。可以认为，后面几个因素是基本的因素，而运输时间、运费水平却是重要因素。

第3章 综合运输

综合运输是指由水路运输、道路运输、铁路运输、航空运输和管道运输等各种现代化运输方式所形成的运输网络,是交通运输的宏观体系。综合运输所包括的各种不同运输方式是在不同历史时期、不同技术经济条件下形成和发展起来的,各有其不同的技术经济优势及其合理的适用范围。建立一个逐步完善的综合运输体系,有利于充分发挥各种运输方式的优势,扬长避短,最大限度地节约运输建设投资和运输费用,有利于进一步满足国民经济及人民物质文化生活日益增长的需要。

3.1 各种运输方式的特点及其适用范围

3.1.1 水路运输的特点及适用范围

1. 水运的特点

1) 运输能力大、运输成本低、投资少

水运与其他运输方式比较,其优越性之一是“量大”、效率高,一艘万吨轮的货运量可抵4列火车。无论内河船还是海船,水路运输工具的运载能力都很大,如我国长江干线上的大型顶推船队,其载货量已达3万吨,相当于10列火车;航道的通过能力也居各种运输方式之首,如长江下游的年通过能力可达11亿吨。

水运的港口费用很高,但其船舶运输费用很低。这主要是因为船舶的装载量大,燃料消耗量小所致。水路运输成本在各种运输方式中是最低的。据美国测定,同样消耗1公斤燃料,大型柴油卡车可运货25吨公里,火车可运93.4吨公里,内河驳船则为218吨公里,我国内河运输的单位能耗约为铁路的2/3。对于煤炭、石油、矿石、木材、粮食、化肥、钢铁、盐、砂、集装箱等大宗运输利用水运比铁路、公路、飞机运输,具有更大更多的优越性。世界上许多大城市都是在水边发展建设起来的。密西西比河和莱茵河两岸建成了工业走廊,钢铁、化工走廊和成千上万个工厂,充分证明了在水边建设工厂、充分利用水运的经济合理性。我国长江沿岸建成的一批大型钢厂、电厂和化工厂、炼油厂房等大型企业,可有效地利用天然水资源,既可降低工业原料和产品的运输成本,又促进了沿江两岸的工农业生产和经济贸易发展。

水路运输航道一般天然形成,不需太多投资。海上运输航道一般不需支付费用,内河疏浚的投资也较公路少得多。水路运输的投资主要集中在港口建设和船舶的购置上。

2) 技术速度和运送速度较低

水路运输无论在技术速度上还是在运送速度上都较道路运输和铁路运输低,这是由其阻力特性决定的。船舶要提高航速其燃料消耗和成本都会大幅度上升。水路的运送速度仅是铁路的1/3～1/2,不宜运输对时间效益要求高的货物。

3）时间准确性和灵活性差

水路运输的持续性强,适合长距离的运输,是国际的主要运输方式。但易受气候条件影响,时间准确性上较差。

水路运输基本上是两点间的运输,受航道限制,灵活性较差,不能实现"门到门"运输,且因其装载量大,必须有其他运输方式为其集散客货。

2. 水运的适用范围

水路运输是最经济的运输方式,对大宗原料性物资的运输有着明显优势。我国有丰富的水运资源可以利用,在综合运输体系中水路运输应成为主要运力。其适用范围主要为下述3点。

(1) 国际货物运输。

(2) 长途大宗货物的运输。

(3) 在综合体系中发挥骨干作用。

3.1.2 铁路运输的特点及适用范围

1. 铁路运输的特点

1）运输能力大

铁路机车单位运输工具载重量较汽车和飞机大得多。其运输能力除运输工具外,还受线路通过能力的影响。目前复线铁路每昼夜可通过货物列车140对左右,每列货车可运载3 000吨左右的货物,每列客运列车可装载旅客近2 000人,是陆上的主要运力。

2）安全程度高

铁路运输采用了大量的先进技术用于行车控制,有效地防止了列车冲突事故和旅客的伤亡事故,大大提高了铁路运输的安全性,其事故率远较公路运输低得多。

3）运输的能耗少、成本低

铁路利用钢质轮轨滚动摩擦,其行驶阻力较小,可以有效地降低能耗,铁路运输的能耗较航空和道路的能耗要低得多。铁路运输的成本在各种运输方式中也较低的,仅高于海洋运输。

4）有较高的技术速度和运送速度

常规铁路列车的技术速度可达60公里/小时、80公里/小时,准高速列车可达160公里/小时,高速铁路可达200公里/小时以上。但高速化运输会加大铁路运输的燃料消耗和运输成本。在长距离的运输中,铁路的技术速度可以得到发挥,但在短途运输中受其自身技术组织因素的影响,运送速度仅是道路运输的1/5左右。

5）始发终到作业量大、时间长、灵活性差

铁路运输的装卸作业量和成本都较道路运输要高。此外还要进行编组作业,作业量大,时间长,对铁路运送速度影响较大。这一点在短途运输上的表现尤为突出,造成其短途运输无论是在成本上,还是在运送速度上都较道路运输差。

从技术上讲,铁路沿线的运输需求,铁路虽可满足,但过密的站点会大大降低铁路线路的通过能力和运送速度，铁路的站距应适当扩大。并且铁路列车的运量较大，除少数有专用线的单位外，大多数货物和旅客必须有汽车为其集散客货。

此外，铁路运输还有投资多、建设周期长、计划性和准时性强的特点。在目前和今后相当长的时间内，铁路运输都将作为主要运力存在与发展。

6）铁路在综合运输体系中起重要的作用

铁路是保证我国客运通畅的重要运输方式之一，是中长途旅客运输的主要力量。从各种运输方式所占份额来看，2000 年铁路旅客发送量虽然只占全社会的 7.1%，但客运周转量却占到 36.8%，是中国客运的重要运输方式之一。从旅客平均行程分析，2000 年铁路为 431 公里，公路仅为 49 公里，这说明，在客运市场中，公路在短途方面有优势，铁路在中长途旅客运输方面占有优势。

从宏观经济角度看，铁路建设投资对当前扩大内需，拉动经济增长具有重要的推动作用。发展铁路运输业可以较多地增加对建材、钢铁、石油、电力、煤炭、机械设备制造及商业等国民经济重要产业的需求，从而带动这些行业加快发展。据中国社会科学院数量经济所测算，“九五”期间，每 100 亿元的铁路建设投资可为 13 万～15 万人提供就业机会，并产生对原材料（钢材、木材、水泥、砖瓦、石料等）的需求约 38 亿元，对制造业的需求约 20 亿元。

从国民经济可持续发展角度看，铁路运输占有明显优势。铁路具有运量大、能耗低、污染小、安全性强、用地省等优点，被誉为“绿色交通工具”，是比较理想的一种运输方式。近几年来，各种交通运输方式发展迅速，竞争日趋激烈，铁路作为国民经济的重要基础设施，与其他运输方式一起，为经济发展、社会进步、提高人们生活质量做出了贡献。但各种运输方式发展不够平衡，铁路供需矛盾并未根本解决。

2. 铁路运输适用范围

从铁路运输适用的范围看，它主要应承担：① 中长距离的运输；② 长距离、大宗货物的运输，特别是长距离的货物运输；③ 在联合运输上发挥积极作用，在陆上联合运输中发挥骨干和纽带作用。

3.1.3 道路运输的特点及适用范围

1. 道路运输的特点

1）机动灵活、适应性强，可以实现“门到门”的运输

汽车对路面要求不高，克服障碍能力较强，可以深入广大的农村山区，并在抢险救灾上被广泛应用。汽车对货运量的要求不高，可以为大批量货物运输服务，也可以满足零星货物运输量的需要，既可以完成短途客货运输，也可以承担部分零星的中长距离的运输及其他运输方式不能到达情况下的长距离运输。

汽车由于其技术特性决定其可以很好地接近客货源，从而缩短在装卸作业时的搬运距离，减少装卸作业量，降低装卸费用。这在铁路运输、水路运输、航空运输上是做不到的。稠密的公路网和城市道路使汽车的机动灵活性得以充分发挥，可以使汽车无处不在。如果说管道、航空是“点”上的运输，铁路运输、水路运输是线上的运输，而道路运输可以称为面上运输，其方便性是其他运输方式不可比拟的。

此外，道路运输的直达性好，运输过程不需其他运输方式协助就可以实现。而铁路运输、水路运输、航空运输往往离开汽车为其集散客货就很难进行。

2）有较高的运送速度

汽车的技术速度在各种运输工具中并不是最快的，它比飞机和火车都慢。但由于汽车可以实现门到门直达运输，因此道路运输的运送速度较铁路高，特别是 200 公里以内的短途运输，其运送速度是铁路的 5 倍左右。

3）初始投资少，资金周转快，易兴办，资金转移的自由度大

道路运输企业的固定资产主要是各种车辆、装卸机械和汽车用场站，而投资最大的公路工程往往由国家投资，具有公用设施的性质，运输企业只需要缴纳养路费和过路桥费。因此其初始投资小，并且其生产的协作性比其他运输方式都低，规模可小可大，小的一辆、几辆车；大的可拥有成百上千辆车。所用车辆设备的用途广泛，在不需用时，转移的自由度大，因此从供给的弹性来看，比其他运输方式都大。

4）运输工具载运量小，持续性差

汽车的单位工具载重量较铁路列车、船舶小得多。因此在人力消耗和运输能力上远远小于铁路和水路运输。由于技术原因，汽车可持续行驶的里程也较铁路、水路运输小得多。

5）运输成本较高

道路运输成本中燃料消耗、车辆折旧两项要远远高于铁路和水路运输，在长距离运输上不合理。

6）安全性差，环境污染严重

道路运输的交通事故无论是在数量上，还是造成的损失总量都较其他运输方式多。此外汽车的尾气、噪声对环境的污染也严重。各种运输工具中，对大气污染最严重的首推汽车排放的主要污染物是一氧化碳、碳氢化合物、氮氧化合物和铅微粒，这些物质对人类和生物造成了严重危害。据有关资料显示，美国每年汽车排放到大气中的污染物质达 2 亿吨左右，约占各种污染源排放量的 60%。机动车发出的噪声主要是发动机、轮胎、排气、吸气、刹车、喇叭、机械摩擦撞击所发出的声音，对人的危害也很大。为减少公害，各国都先后颁布了法规予以限制，我国 1985 年正式颁布了车辆废气排放标准。

2. 道路运输适用范围

（1）是承担短途客、货运输任务的主要运力。

（2）为其他运输方式集散客货。

（3）鲜活易腐货物的运输，能充分发挥汽车机动灵活、运送速度快的优势。

（4）在综合运输体系中起补充和衔接的作用。

3.1.4　航空运输的特点及适用范围

1. 航空运输的特点

1）高速性

高速度是航空运输的最大优势，喷气式飞机时速在 900 公里左右，是铁路运输的 10 倍。在长距离的运输上，其速度优势发挥得最好。但如果运输距离较短，由于航空运输集散客货需要时间，对运送速度的影响较大，高速性难以发挥，因此航空运输不适合短距离的运输任务。

2）不受地形限制可以取最短路径

飞机在空中飞行，不受地面障碍的限制，可在两点之间直线运行，运输距离最短。在抢险救灾时其他运输方式因线路破坏无法到达时，航空运输也能将人员、物资送到，这是其他运输方式做不到的。

3）客运的舒适性强

航空运输的舒适性首先表现为大大缩短旅客的在途时间。例如：从北京到乌鲁木齐，乘火车要 3 天时间，而乘飞机只需 3 小时。再有，喷气式飞机的飞行高度一般在 1 万米以上，不受低空气流的影响，飞行平稳、噪声小，再加上机上的优质服务，客运的舒适性很高。

4）运输成本高

航空运输燃料消耗量大，运输成本在各种运输方式中是最高的，经济性较差。

2. 航空运输适用范围

航空运输主要适用于长距离、对时间性要求高的客货和贵重货物的运输，以及抢险救灾物资的运输。

3.1.5 管道运输的特点及适用范围

1. 管道运输特点

1）运输量大

一条管道的运输能力，根据其管径大小的不同，每年的运输量可达数百万吨至数千万吨，甚至超过 1 亿吨。一条直径 720mm 的管道，可以年输原油 2 000 万吨以上，相当于一条铁路的运量，易于全面实现自动化管理。

2）占用土地少

管道埋于地下的部分占其总长度的 95%，并且可以埋入农作物种植所需深度以下，占地少，受地形、地物限制小，宜选取短捷路径，缩短运输距离。

3）能耗低、运输费用低

管道运输在大量运输时其运输成本与水路接近，燃料消耗量也比铁路低得多。原油管道的单位能耗只相当于铁路的 1/12～1/7。

4）污染小

管道运输无噪声污染，且管道的漏失量极小，基本上不产生废渣废液，不会对环境造成污染。

5）安全性好

在管道运输的货物中，危险品占有较大的比重。易燃的油料在管道中运输既可以减少挥发，又能保证运输安全性，很适合管道运输。管道安全密闭，基本上不受恶劣气候的影响，能够长期安全稳定运行。

6）灵活性差

管道运输只能完成两点之间单一品种货物的单向运输，很难适应运量、货种的变化。设施转移的自由度很低，一旦停运，只能报废，不像其他运输方式还可移作他用。

2. 管道运输适用范围

目前管道运输在交通运输体系中所占位置主要在原油、成品油、天然气及煤炭这几种特定货物的运输上有优势。

3.2　各种运输方式技术经济特征的评价指标

各种运输方式的技术经济特征决定它们各自的合理使用范围及其在综合运输体系中的地位和作用。反映各种运输方式技术经济特征的指标主要有：运送速度、运输成本、燃料消耗量、运输能力、基建投资和环境保护。

3.2.1　运送速度

运送速度是影响运输方式、运输能力和货物周转速度的重要指标。每种运输方式由于技术原因都有自己的速度变化范围。

运送速度可以表述客货在运输过程中从运输行为开始，直至将货物交给收货人为止，货物平均每小时运送的距离。其公式表示如下：

$$\text{运送速度}=\frac{\text{客、货运输距离(公里)}}{\text{客、货在途时间(小时)}}$$

式中，客、货在途时间：客运是为自检票开始经上车(机、船)、运行、下车(机、船)所耗费的时间；货运为自装上货物开始，经运行直至将货物交给收货人为止的延续时间。

决定各种运输方式运送速度不同的主要因素是运输工具的技术速度、途中作业时间和始发终到作业时间。

1. 技术速度

技术速度是运输工具在运行时间内平均行驶的速度。它主要受技术因素的影响。水路运输称之为平均航行速度。其公式表示如下：

$$\text{技术速度}=\frac{\text{客、货运输距离(公里)}}{\text{运输工具的纯运行时间(小时)}}$$

2. 途中作业时间

途中作业时间是在运输途中，各项必要作业所占用的时间，如运输工具停靠上下旅客、列车会让等。途中作业时间对运送速度的影响是使之降低。其他条件不变时，途中作业时间越长，运送速度就越低。

3. 始发终到作业时间

始发终到作业时间主要指运输工具在始发和到达后进行装卸作业、列车船队编组解体所需时间。这部分时间在整个运输时间中所占比重越大，运送速度越低。

航空运输的运送速度在各种运输方式中是最高的，这主要是由于其技术速度远远高于其他运输方式的速度。

道路运输的运送速度较铁路运输和水路运输都高,这主要是由于道路运输技术速度较高,途中作业时间和始发终到作业时间短造成的。特别是在短途运输中,道路运输的运送速度明显高于铁路。

铁路运输有较高的技术速度,但途中作业时间和始发终到作业时间都较长,在长距离运输时,由于始发终到作业时间在运输时间中所占比重较低,对运送速度的影响不大。但当承接短途运输任务时,由于始发终到作业时间在运输时间中所占比重较高,运送速度大为下降。因此,铁路运输不适合短途运输。

水路运输技术速度低,始发终到作业时间长,因此运送速度较低,不适合运送对运输时间要求较高的货物。

3.2.2 运输成本

运输成本是综合反映各种运输方式消耗的指标,它影响着运输企业的经济效益和货主(旅客)在运输上的支出。

1. 运输成本指标形式

运输成本指标有两种形式。

1) 运输总成本

运输总成本是在一定时期内为完成运输生产任务,运输企业成本支出的总和。

2) 单位运输成本

单位运输成本是平均每一个单位运输工作量支出的费用。比较各种运输方式成本水平一般多采用单位运输成本,单位为:元/千吨公里。

2. 运输成本的构成

各种运输方式的成本结构不同,我们可以根据成本特性把运输成本分为三部分。

1) 与运量和运距无关的费用

例如铁路的线路、路基、通信设备、大型建筑物等的折旧,这些费用的发生与其使用时间的长短成正比,而与运量、运距无关。当同期完成运输工作量较大时,分摊到单位运输成本中的这部分费用会大幅度下降,单位运输成本水平较低。反之,会使单位运输成本水平上升。

2) 与运量有关而与运距无关的费用

主要是始发和终到费用,例如装卸费用。这部分费用只与运量有关,与运量的大小成正比。当运输距离较短时,运量相对较大时,分摊到单位运输工作量(即周转量)中的这部分费用较高,会使单位运输成本水平上升。

3) 与运量、运距都有关的费用

主要是运输工具的消耗,例如燃料、车辆的折旧等。其支出随着运量、运距的增加而增加,在单位运输成本中这部分费用的水平较稳定。

铁路运输总成本中前两项所占比重大,而第三项所占比重小,因此铁路运输单位运输成本水平与运量、运距的关系较大。在承担大运量、长运距的运输任务时,其单位运输成本水平较低。而承担小运量、短距离的运输任务时其单位运输成本水平较高。此外,影响铁路运输单位运输成本水平较大的因素还有牵引方式,内燃机或电力机车比蒸汽机车牵引成本水平低20%～30%。

水路运输的运输成本特性与铁路很相似,主要受运量、运距两个因素的影响。此外货物种类、船舶类型对运输成本的影响也较大。

道路运输成本与铁路运输成本相比,其前两项费用所占比重低,而第三项费用所占比重高,且消耗水平远远高于铁路和水路运输。在远距离运输时,其单位成本水平将会高于铁路运输和水路运输很多,而在短距离运输时有较大优势。此外,道路等级、车型和拖运情况对运输成本的影响也较大。

综观五种运输方式的运输成本,在现有的分工基础上,单位运输成本由低向高的排列顺序是:远洋运输、管道运输、铁路运输、道路运输、航空运输。但单从短途运输来看,道路运输的成本是最低的。此外道路运输在鲜货运输上其运输成本也占有优势。

3.2.3 各种运输方式的燃料消耗量

能源是国民经济重要的物资,是国家考虑运输结构的一项非常重要的指标。同时,燃料消耗也是运输成本中占比重较大的项目,对运输成本的影响较大。

各种运输方式的燃料消耗水平的高低与各种运输方式行驶阻力的大小成正比。运输工具在运行时其所受阻力来自运行介质的阻力和路面与车辆的滚动摩擦阻力两部分。水的阻力特性是阻力系数较小,但与运输工具和水的相对速度的立方成正比关系,低速时阻力较小,当速度提高时,其阻力增加很快。空气的阻力系数也较小,与运输工具和空气的相对速度的平方成正比,在速度较低时,由于阻力较小可以忽略,当速度较高时阻力增加较快。运输工具受到的滚动摩擦阻力与滚动摩擦系数成正比,而滚动摩擦系数取决于线路和车轮接触时的变形量的大小,变形大阻力大,变形小阻力小。

船舶行驶于水和空气两种介质中,由于船舶的行驶较慢,空气阻力可以忽略不计,受到水的阻力也较小。因此,水路运输的燃料消耗量在各种运输方式中最低。

飞机行驶于空气介质中,虽然空气的阻力系数较小,但由于飞机的飞行速度很高(900公里/小时左右),飞行阻力很大,因此航空运输的燃料消耗量最高,是道路运输的5倍左右。

铁路列车和汽车的行驶阻力来自空气介质的阻力和路面的滚动摩擦阻力。由于行驶速度较高,空气的阻力不可忽略。但二者技术速度差距不大,燃料消耗量的差距主要在于滚动摩擦阻力的差距上。由于铁路运输车辆采用钢质轮轨接触,钢质轮轨的刚性好、变形小、阻力小,因此铁路运输的燃料消耗量低。汽车的车轮与路面采用弹性材料,变形大,行驶阻力也大,因此其燃料消耗量较铁路要高出许多。

比较各种运输方式燃料消耗水平,一般采用升/千吨公里这个指标。各种运输方式的燃料消耗量的比较,如表3-1所示。

表3-1 各种运输方式的燃料消耗量

运输方式	燃料消耗量(升/千吨公里)
长江航运	4.5
铁路运输	7.5
道路运输	38.5

表3-1中可以看出，水路运输的燃料消耗量最低，其次是铁路运输、道路运输。但应指出的是，上述燃料消耗水平的比较，是在不同的速度条件下进行的。如果速度发生变化，各种运输方式的燃料消耗水平也会发生变化。

除行驶阻力外，运输工具发动机的类型及其效率也对燃料消耗量有较大影响。

3.2.4 运输能力

运输能力是在单位时间内某一运输系统所能完成的最大换算周转量。运输能力的大小与运输线路的通过能力和运输工具的承载能力成正比。不同运输工具运送速度、牵引力、载重量等技术指标是进行运输规划的重要依据。

水路运输、管道运输、铁路运输都是运输能力很大的运输方式，在满足国民经济对运输的大量需求方面有明显优势，特别是大宗物资的运输。

水路运输的单位运输工具载重量大，航线的通过能力基本不限制，因此其运输能力很大。1999年，我国水路运输完成货运量118 000万吨，货运周转量21 857吨公里。

管道运输由于工作状态稳定，可以连续不断地输送货物，没有空载走行问题，运输能力很大。一条口径为600mm的煤浆管道年输送能力为1 500万吨。

铁路运输的运输能力主要受车站和区间的通过能力影响，其单位运输工具载重量较大，速度高，运输能力大，一条复线铁路年运输量可达亿吨。

与水路运输、管道运输、铁路相比较，道路运输与航空运输能力要小得多。

我国主要运输方式的全社会货运量和周转量、旅客周转量及其增长情况见表3-2、表3-3及表3-4。

表3-2 我国主要运输方式的全社会货运量和周转量(1980—1999年) 单位:万吨/亿吨公里

年份	水运		公路		铁路		管道		民航	
	货运量	周转量	货运量	周转量	货运量	周转量	货运量	周转量	货运量	周转量
1980	42 676	5 053	382 048	764	111 279	5 717	10 525	491	9	1.41
1985	63 322	7 729	538 062	1 903	130 709	8 126	13 650	603	20	4.15
1990	80 094	11 592	724 040	3 358	150 681	10 622	15 750	627	37	8.2
1995	113 194	17 552	940 387	4 695	168 855	12 870	15 274	590	101	22.3
1996	127 430	17 863	983 860	5 011	168 803	12 970	15 992	585	115	24.93
1997	113 406	19 235	976 536	5 272	169 734	13 097	18 002	579	125	29.1
1998	109 555	19 406	976 004	5 483	161 243	12 312	17 419	606	140	33.4
1999	118 000	21 857	989 000	5 793	157 000	12 590	16 300	580	160	35
1999增长率(%)	7.7	12.6	1.3	5.7	−2.6	2.3	−6.4	−4.3	14.2	4.8

表3-3 全国各地全社会货物周转量(2000年) 单位:亿吨公里

地区	合计	公路	水运	国家铁路	地方铁路	合资铁路
全国	44 452.3	6 129.4	23 734.2	13 336.1	43.6	522.4
北京	363.1	82.6		280.3	0.1	
天津	4 621.9	62.7	4 306.6	247.3	5.4	
河北	2 323.9	555.4	268.0	1 495.6	4.9	
山西	866.0	270.0		595.8	0.1	

续表

地区	合计	公路	水运	国家铁路	地方铁路	合资铁路
内蒙古	943.2	211.9		658.3		73.0
辽宁	1 745.5	209.4	572.4	962.4	1.3	
吉林	492.1	85.6	0.3	406.0	0.3	
黑龙江	918.2	161.9	19.5	732.5	4.2	
上海	6 286.9	56.4	6 187.0	43.6		
江苏	1 459.3	340.7	746.4	371.3	0.9	
浙江	1 199.8	280.0	732.6	167.7	0.1	19.4
安徽	1 050.9	274.7	159.3	606.8	1.3	8.8
福建	929.2	195.0	581.7	128.8		23.7
江西	645.0	147.2	35.8	459.0	0.3	2.7
山东	4 033.0	405.8	2 827.8	795.1	4.4	
河南	1 553.5	363.9	10.7	1 172.4	6.4	
湖北	1 081.1	232.7	305.3	541.1	1.3	0.7
湖南	1 066.4	297.8	143.8	624.6	0.2	
广东	3 276.9	487.2	2 249.6	211.2	2.2	326.7
广西	707.0	209.4	76.0	401.3	6.7	13.5
海南	310.0	39.1	269.0	2.0		
重庆	289.0	72.5	105.7	110.6	0.2	
四川	622.9	187.7	11.8	407.2	1.2	15.0
贵州	404.1	65.9	4.1	334.1		
云南	481.9	296.7	1.0	180.8	0.7	2.8
西藏	13.5	13.5				
陕西	573.0	143.6	0.3	418.5		10.6
甘肃	639.5	109.4	0.1	530.1		
青海	86.6	36.6		50.0		
宁夏	205.2	56.9		147.1	1.2	
新疆	457.3	177.2		254.7		25.4
不分地区	4 806.4		4 120.0			

注:不分地区合计中,包括民航、管道及中国远洋运输集团总公司海外公司完成数。

表 3-4　全国各地全社会旅客周转量(2000 年)　　单位:亿人公里

地区	合计	公路	水运	国家铁路	地方铁路	合资铁路
全国	12 261.0	6 657.4	100.5	4 414.7	4.6	113.3
北京	118.2	52.8		65.4		
天津	91.6	18.6		73.0		
河北	795.8	405.6		390.2		
山西	219.3	135.9		83.4		
内蒙古	200.1	116.3		82.5		1.3
辽宁	495.8	159.9	10.7	325.2		
吉林	206.7	76.8	0.1	129.8		
黑龙江	377.4	214.5	0.1	161.0	1.8	
上海	73.3	34.1	4.1	35.4		

续表

地区	合计	公路	水运	国家铁路	地方铁路	合资铁路
江苏	762.7	594.5	1.4	166.8		
浙江	609.8	449.5	8.9	127.6		23.8
安徽	519.0	314.1	1.7	195.9		7.2
福建	403.9	330.0	1.4	69.8		2.7
江西	418.9	171.3	1.2	246.4		
山东	549.1	323.5	3.6	221.3	1.0	
河南	759.4	353.8	0.3	404.3	1.0	
湖北	512.6	297.5	12.4	202.0		0.7
湖南	714.6	318.4	3.5	388.6		4.1
广东	937.0	685.4	9.2	187.9	0.1	54.5
广西	451.5	347.9	2.5	99.8	0.6	0.6
海南	60.5	57.7	2.6	0.1		
重庆	242.7	170.1	31.1	41.4		
四川	496.8	358.7	3.4	123.5		11.2
贵州	238.4	116.5	1.0	120.8		
云南	205.5	171.2	0.8	33.5		
西藏	4.1	4.1				
陕西	331.1	151.0	0.4	177.8		1.9
甘肃	226.0	70.6	0.2	155.2		
青海	29.7	18.2		11.5		
宁夏	52.1	31.4		20.7		
新疆	186.8	107.4		74.1		5.3
不分地区	970.5					

注:不分地区合计为民航完成数。

我国各种运输方式的线路长度如表 3-5 所示。

表 3-5 各运输方式的运输线路长度

单位:万公里

年份	公路	内河	民航	民航中的国际航线	管道	铁路	铁路中的电气化里程
1991	104.11	10.97	55.91	17.74	1.62	5.78	0.78
1992	105.67	10.97	83.66	30.30	1.59	5.81	0.84
1993	108.35	11.02	96.08	27.87	1.64	5.86	0.89
1994	111.78	10.27	104.56	35.19	1.68	5.90	0.90
1995	115.70	11.06	112.90	34.82	1.72	5.97	0.97
1996	118.58	11.08	116.65	38.63	1.93	6.49	1.01
1997	122.64	10.98	142.50	50.44	2.04	6.60	1.20
1998	127.85	11.03	150.58	50.44	2.31	6.64	1.30
1999	135.17	11.65	152.22	52.33	2.49	6.74	1.40
2000	140.27	11.93	150.29	50.84	2.47	6.87	1.49

注:铁路营业里程包括国家铁路、地方铁路、合资铁路。

3.2.5 基本建设投资

运输项目的基本建设投资是指运输设施、设备的初始建造价值,它包括运输线路、运输设施及运输附属设施设备的全部投资。

运输项目的基本建设投资，直接影响国家财政开支和建设期限，是进行运输网络规划时应考虑的重要因素。

各种运输方式和运输项目的基本建设投资，首先受其物质基础的构成和性质的影响，其次还受项目质量（如铁路有单线、复线之分，公路有等级之分）、项目所处环境（有高原、山地、平原之别）的影响。一般来讲，铁路运输的造价最高，其次是道路运输、水路运输。但在评价运输项目投资效益时，不仅要考虑运输项目投资的多少，还要考虑投资项目的效益，要从国民经济效益和企业内部财务两个角度，对运输项目的投资效益进行科学的评价。

3.2.6　环境保护

运输业发展的同时会给环境带来污染，是运输的负效应。因此在进行运输规划投资决策时，必须考虑环境的保护问题。运输造成的环境污染主要有以下3个方面。

1. 水污染

主要是由于船舶在作业及特殊事故中泄漏造成，如生活垃圾、装卸作业的撒漏及设备废弃物的排放等。

2. 大气污染

主要由内燃机废气的排放造成，是各种运输方式都存在的污染。

3. 噪声污染

运输项目在施工和运营过程中发动机运转、排气、机械摩擦撞击等都会产生噪声，它也是各种运输方式都存在的污染。

各种运输方式对环境污染的程度是由其技术基础决定的。管道运输在各种运输方式中对环境的污染最小，其次是铁路运输和水路运输。为了减少对环境的污染，一方面国家要制定相应的法规和排放标准进行控制，另一方面在进行运输规划和运输项目决策时也要考虑环境保护问题，通过对运输结构的优化减少对环境的污染。

3.3　综合运输体系

3.3.1　综合运输体系概述

1. 运输体系

所谓综合运输体系是在充分发挥和利用各种运输方式的优势和运输能力的基础上，形成一个技术先进、网络布局合理、运输结构优化的交通运输体系。对综合运输应从以下两方面来理解。

1）运输体系的组成要素具有多样性

综合运输体系是由现有的各种运输方式共同组成的，每一种运输方式都是社会生产力发展到一定阶段的产物，有着不同的技术经济特征，能适应不同的自然地理环境和运输需求。只有多样化的运输服务方式，才能满足社会经济发展对运输多样化的需求。

2）运输体系的整体性

现有五种运输方式中，每一种运输方式都有其优势和劣势。在综合运输体系内各种运输方式应协调配合，通过联合实现优势互补，才能发挥出更强的效能。综合运输体系是通过各种运输方式之间的联合，形成综合的运输能力来满足社会经济发展对运输的需求的。

2. 综合运输体系的必然性

综观运输业发展的历史，大体可以分为四个阶段：水路运输阶段，铁路运输阶段，航空、管道、道路运输发展阶段和综合运输阶段。在这一发展过程中人们充分认识到各种运输方式之间应该是分工协作、协调发展的关系。片面地发展某一运输方式或运输方式之间的盲目竞争，对运输业的发展和整个国民经济的发展都是不利的。各种运输方式之间应实行分工与协作，发展综合运输。综合运输体系的建立有其客观的必然性。

1）建立综合运输体系是运输业客观发展的必然

各种运输方式都有其技术经济特点，适用于不同的情况。依靠单一的运输方式不能满足社会需求，也不利于各种运输方式的发展，如铁路短途运输对铁路运输的发展就是不利的。盲目的竞争会给各种运输方式带来损失，国外铁路运输的发展历史就是一个很好的例子。此外，大运量的运输方式发展也需要小运量的运输方式为其集散客货，没有铁路运输和道路运输的集散，船舶的吨位不可能做得如此之大。没有协作对运输业的发展是极其不利的，因此运输方式之间必须分工协作，综合发展。

2）建立综合运输体系符合经济原则

通过建立综合运输体系，各种运输方式实现优势互补，能促进运输业的发展，为社会提供质优价廉的运输服务，对提高运输业和整个社会的经济效益都具有十分重要的意义。

3）我国的国情是地域广阔，经济发展不平衡

在发展的过程中，运输是一个薄弱环节，是制约我国经济发展的瓶颈环节，综合运输体系的建立对缓解我国运力紧张的状况有很重要的作用。

3.3.2 建立综合运输体系应遵循的原则

综合运输体系的建立是一个十分复杂、庞大的系统工程，需要解决的问题很多，实际工作应遵循以下原则。

1. 交通运输业的发展要满足国民经济发展对运输的要求

交通运输业是国民经济的重要组成部分，应与国民经济其他部门保持合理的比例关系，满足国民经济发展对运输的需求。因此，在建立综合运输体系时要做好对运输需求的预测，并根据预测结果合理安排，使运输布局与工农业生产布局、人口分布和商业、外贸布局等相适应，做好近期和长期规划，使运输业的发展与国民经济的发展相适应。

2. 综合利用各种运输方式

各种运输方式要统筹兼顾、协调发展，包括各种运输线路、枢纽和运输工具在运输能力上要协调发展，在时间上也要协调配合，形成综合运输能力。

3. 因地制宜、有效地利用自然资源

交通运输线路的走向和技术标准的选择都受自然地理因素的影响。此外，运输线网要占用土地、山川、河流、湖泊、海域等自然资源，特别是土地资源。我国土地资源很紧张，在满足运输需要的前提下应做到节约用地，少占或不占农田，因此在交通运输网布局时，要根据各地区经济发展水平、经济结构特点及自然地理条件，因地制宜地发展各种运输方式。

4. 经济合理原则

综合运输体系的建立，应以较低的消耗来满足国民经济对运输的需求并取得最大社会经济效益为原则。综合运输体系规划方案的评价应从投资、运营成本、运送速度、运输质量等多方面进行。

3.3.3 综合运输体系的建立

1. 发展联合运输是建立综合运输体系的基础

联合运输是综合性的运输组织形式，其内容主要包括：两种以上运输工具或两种以上运输的衔接或一种运输方式多家经营和多种运输方式联合经营的组织衔接以及产、供、运、销的运输协作。

联合运输的特点表现在一个“联”字上，组织两种以上运输方式的运输协作，实现运输方式的优势互补和运输过程各环节的紧密衔接，从而提高运输效率、降低运输成本、加速物资的周转、方便货主和提高旅客、运输服务质量。

联合运输的工作的重点也在“联”字上，如何组织好客货源，组织好各种运输方式的衔接和运输过程的衔接是实现联合运输的关键。因此，联合运输的工作重点应放在运输的结合部、“点”(客货源集散点、各种运输方式的衔接点、中转换乘点)的建设上。一方面要加强“点”的物质装备的建设，更重要的是要加强联合运输的组织管理，做好各方面的协调组织工作和信息管理工作，才能使联合运输“联”得起来。

联合运输按不同的标志可以划分为不同的种类。按区域可以分为：国内联运、国际联运；按运输对象可以划分为：货物联运、旅客联运；按不同运输方式的组合状态可以划分为：公铁联运、铁水联运、铁公水联运、公水联运、公空联运和水水联运(江、海、河之间联运)。

联合运输的发展对促进运输业的发展和满足社会对运输需求方面都有积极作用。具体表现在以下 5 个方面。

1) 提高服务质量，更好地满足社会需求

客、货位移的实现往往需要使用多种运输方式，通过干、支线的衔接才能完成。通过联合运输可以使运输全过程一贯到底，不管经过几种运输方式和几个中转环节都可以实现一次托运、一次起票、一次结算、一票到底，简化运输手续，为旅客、货主提供便捷省时的运输服务；可以集零为整,小批量、零星货物的运输问题(例如集装箱运输中“一箱多批”的情况),做好干支线的衔接;可以为货主提供综合性的运输服务。从货物包装、装箱、接取,到运达货物的送货上门,提高运输服务质量,满足货主对运输的各种需求。

2)促进各种运输方式的联合和协调发展

通过联合运输的组织协调,可以使运输活动按最佳的运输方式和径路进行,合理组织各种运输方式的衔接配合,使各种运输方式之间实现协作和优势互补,充分发挥运输系统的整体优势,提高运输业的整体经济效益。

3)有利于挖掘运输潜力,提高运输效率

以铁水干线联合运输为例,铁路运输组织直达列车和成组运输,水路运输组织专用船舶定线、定班运输,港口定专用码头进行装卸,彼此之间加强信息沟通,使车、港、船紧密衔接,把全程运输组成统一的作业体系,可以显著提高运输效率。

4)促进交通运输业管理水平的提高

组织联合运输比较单一运输方式运输过程的组织在处理问题的复杂程度和难度上要大得多。其中最难解决的问题有两个,其一是联合运输要求各种运输方式之间在商务和运输规章、运输协议等方面规范统一,我国由于历史原因,条块分割,各种运输方式各行其是,给联合运输的协调工作带来很大的困难;其二是联合运输中各种法律关系还没有健全的法律法规做相对的调整。对联合运输发展中提出的问题国家很重视,并着手解决。这些问题的解决是联合运输发展中遇到问题,同时也综合运输体系建立中会遇到的问题。随着这些问题的解决,整个行业的管理水平会有一个较大的提高。

5)促进综合运输体系的形成

联合运输的工作重点是各种运输方式之间的衔接。各种运输方式的衔接点多在城市、港口和车站,是交通运输的枢纽。一大批以城市、港站为依托建立起来的联运企业,对运输枢纽的建设具有积极作用。目前,联运企业实现了全国内的横向联合,这对综合运输体系“点”系统的建立,打下了良好和基础,对综合运输体系的建立具有促进作用,

2. 加强交通运输通道的建设是综合运输体系建设的中心

交通运输通道是综合运输体系中“线”系统的骨干。通过交通运输通道的建设,可以建立起整个综合运输体系的框架。交通运输通道的建设应作为综合运输体系建设的中心,纳入国家运输发展规划。

3. 综合运输网的建设

交通运输系统的空间分布呈典型的网络结构,由运输线路和交通运输枢纽(港、站,在这里称之为点)两种基本要素组成。从一点出发,沿运输线路到达另一点为一运输径路。两点之间可以有一条以上的运输径路。一条径路可以由多条线路组成,旅客和货物即是在点之间沿运输径路完成位移的。

运输线路在这里是指具有一定运输能力的各种运输方式的线路(如铁路线、航线、公路)及运行其中的运输工具(铁路列车、船舶、汽车)的总和。每一种运输方式由于技术经济特点的不同,其运输线路的特性也不同,主要表现在运输能力、运送速度、运输成本和服务质量的差异上。

交通运输枢纽是指运输线路的交会处,完成客货流的集散、转运作业,由固定设施和移动

设施组成的一个整体，具体指港口、车站、机场等。交通运输枢纽是综合运输网络的重要组成部分，它决定着运输网络相邻线路的运输特点，对优化综合运输网络有着重要意义。

交通运输枢纽的功能主要有以下几个方面。

(1) 转运功能：运输枢纽将与其连接的运输线路连接起来，完成各线路之间旅客、货物的中转、换乘、换装作业。是运输干线与干线、干线与支线结合部，更是各种运输方式的衔接点，对发展联合运输有重要作用，是交通运输网的纽带。

(2) 集散功能：为所在地的旅客、货物提供各种运输服务，组织所在地的客货流。

(3) 服务功能：为过往的旅客、货物提供运输服务，组织所在地的客货流。

(4) 经济联系功能：交通运输枢纽大多与城市共生，对城市的形成和发展有着很大作用。它是一个城市实现内外联系的桥梁与脉络，是城市整体的一个重要组成部分。

交通运输枢纽按运输方式的组合状态可以分为单一运输方式的枢纽(主要为一种运输方式服务，如铁路的编组站和仅有集散作业的铁路车站、港口)和综合交通运输枢纽(由多种运输方式的线路汇集的运输枢纽)两种。综合交通运输枢纽是综合运输网中最关键的点，是组织各种运输方式联合运输的基础。

综合运输网络的建设就是要搞好运输网络的布局，实现网络的优化。重点要做好下述3方面工作。

1) 加强运输枢纽的建设

运输枢纽的建设，在做好布局的前提下，应本着满足综合运输网对运输枢纽生产能力的需要，做好内部设施、设备的配套和协调，提高作业效率，组织好各种运输方式的衔接，促进联合运输发展的原则，重点做好自身的建设。

(1) 内部生产能力的配套。为完成基本作业，运输枢纽内要配备大量装卸机械和基础设施，为到达、发送和通过的各种运输工具服务。因此其内部的各种运输、设施及各作业环节的生产能力要协调，种类要齐全。

(2) 做好枢纽内的平面布局。良好的平面布局，对运输枢纽提高作业效率、方便各种运输工具的衔接和提高服务质量都有重要作用。

(3) 加强内部管理系统的建设和通信系统的建设。组织管理工作对枢纽的生产组织、协调具有重要作用，是发挥其硬件效力的重要保证。此外，运输枢纽还是各种信息的汇集处，应建立起相应的信息管理系统和信息传输系统，是发挥其纽带作用的必要条件。

2) 做好综合运输网络内点与线的协调

综合运输网内的运输枢纽与运输线路之间在输送能力上要协调一致。为保证运输网络的畅通，一般要求运输枢纽的输送能力略大于运输线路的输送能力，即运输枢纽要能保证有足够的生产力能满足各种运输工具对装卸、换装、集散作业在数量上，时间上的要求。特别是运输枢纽在衔接不同运输方式组织联合运输时对这种协调性的要求就更高。

我国当前总的情况是，运输点、线能力不够协调，铁路运输编组能力低于线路能力，煤炭海运到达港的能力低于发送港的能力，影响线路能力的发挥。因此，发展综合运输网，不仅要考虑运输线路的客货流量，而且要考虑主要港、站及枢纽的客货运到发量，使点线能力协调起来。

3) 综合运输网络内部线与线的协调

运输线路之间具有相关性，旅客和货主可以在实现位移的多条路径之间，根据对运输线路的时间性、经济性、方便性的评价，选择运输方案。也就是说，客货流可以在线路与线路之间进行流动。因此，综合运输网络内部线与线的协调就是要做好线与线之间运输流量的平衡协调，使各运输线路都能发挥出应有的效力。

要处理好新线建设与旧线改造的关系。我国交通运输业一方面是线路少,运输工具不足,因此扩大运输能力要靠新建,外延发展。另一方面,运输技术装备也比较落后,对现在技术设备进行技术改造,实行内涵扩大再生产,挖掘运输潜力也能较大幅度地提高运输能力,以适应当前运输的需要。因此,这两方面要结合起来进行,不能偏废。

随着科学技术的进步和社会需求的变化,各种运输方式的技术装备和组织工作不断更新,其技术经济性能和使用范围也在不断变化。而通过建立综合运输体系,充分发挥各种运输方式的优势,扬长避短,最大限度地节约运输建设投资和运输费用的规律是不会变的。

我国经济管理体制的不断改革与调整,为各种运输方式相互协调,建立合理的运输体系,创造了有利条件。改革开放政策和扩大市场调节机制,为各种运输方式的加速发展又增添了新的动力。

总之,我国的交通运输业应以铁路为骨干,公路为基础,充分发挥水运(包括内河、沿海和远洋航运)的作用,积极发挥航空运输、适当发展管道运输、建设全国统一的综合交通运输体系。

3.4 城市交通运输

作为人类社会经济活动主要载体的城市,如何更好地成为带动所在区域走向现代化的火车头,已成为我国许多城市的决策者们和普通居民关注的一个热点问题。虽然城市不同,其存在的问题、面临的任务和追求的目标亦不相同,但对于城市交通运输,人们却不得不给予足够的重视。

据专家预计,在未来几十年内,以小汽车为背景的城市交通问题将有一个大发展,并成为城市问题的第一号难题。如果不从政策、投资、建设、管理和规划上认真加以解决,必将影响城市在新世纪的可持续发展,甚至危及城市的现代化进程。

3.4.1 我国城市交通的发展历程

新中国成立以来,特别是改革开放以来,我国的城市交通建设取得了长足的发展,交通需求量始终大大高于交通的供应量。我国城市交通状况历经孕育、生成、发展、高涨4个时期。

1. 孕育期

孕育期主要指1980年以前的新中国成立初期与“文革”期间。那时的交通在中国主要是市际的交通,几乎对城市交通没有概念。虽然这期间也有一段较好的发展期(1954—1965),全国城市道路长度和面积都分别有较大的增加,而同期的汽车增长却比较缓慢,道路容量大于交通量,因而城市交通比较畅通,车速稳定,但紧接而来的“非常岁月”,城市道路建设发展缓慢,而同期的城市机动车保有量却增长迅速。许多城市青年响应号召,纷纷奔赴乡村边疆插队落户,因而没有给城市交通带来过分的紧张。但这也给他们日后大规模返城时,人口剧增而相应的城市道路与交通工具供应不足埋下了隐患。

2. 生长期

20 世纪 80 年代初，随着四化建设和经济改革的开始，交通需求剧增和交通设施供应水平低下的矛盾日渐突出，从而揭开了我国城市交通紧张的序幕。到 80 年代中期，伴随着改革开放的深入，城市进入大规模建设时期，城市化的进程明显加快，但这时的城市交通与 80 年代以前相比并无多大区别，依然是公共汽车、自行车和步行，只是自行车的数量迅速增加，成为城市交通出行的主要交通工具，一度公交"乘车难"程度达到了高峰。因此，从理论上讲，这一阶段可视之为我国城市交通发展史上交通问题的生成期。在这之前，无论是政府官员或普通居民，都还对城市交通缺乏足够直观而清醒的认识，到这时人们终于意识到，城市交通问题不再是一个遥远的概念，而是与每个人息息相关的切身现实。各大城市纷纷出台加强公共交通的政策法令。城市规划管理机构开始设立，城市交通管理日渐得到重视。

3. 发展期

20 世纪 80 年代后期到 90 年代初，出租汽车、单位自备车和摩托车都在大幅度增加，城市道路开始出现交通拥挤，机动车交通量迅速增加。在一些中小城市，摩托车出现了爆炸性的增长。与此同时，城市政府开始进行大规模的道路投资，全国城市道路建设的投资超过了新中国成立以来道路建设投资的总和，城市高等级的道路建设达到了空前的规模。1993 年的统计数据表明，城市道路面积比 1978 年增加 2.9 倍，公交车辆和线路长度分别增加 2.4 倍和 2.8 倍。尽管如此，因城市车辆增长速度大大快于道路建设速度，交通拥挤开始在大城市出现，人们开始意识到公共交通的重要性，城市交通投资和城市交通规划逐步受到重视。

4. 高涨期

20 世纪 90 年代中期，随着国家汽车产业政策的颁布，与小汽车生产、流通相关的重大举措亦相继出台，"小汽车进入家庭"被确定为国家扶持汽车工业发展的战略安排，国产汽车的生产开始转向小汽车，小汽车的销售价格大幅度下降。小汽车拥有量逐年增加，且增长速度越来越快，平均增长率达到 16.8%。城市私人汽车大量出现，如北京市私人汽车平均增长率为 24.5%。在一些经济发达地区的城市，交通阻塞加剧，空气污染严重，交通出行困难，甚至公交运行速度在部分城市中心区下降到与步行同步的地步，交通问题成为许多城市的头号问题。据专家预计，按目前小汽车发展的势头，到 2010 年全国城市小汽车保有量将达到 1 400 万辆，其中大城市达到 1 000 万辆。到那时，如果在道路、交通管理方面没有突破性的解决办法，所有大城市交通都会遇到瘫痪的麻烦，并且这种城市规划交通日益紧张的趋势，到 2030 年将达到顶峰。因此，从目前到 2030 年，将是我国城市交通问题的高涨期或日城市危机的爆发期。按交通预测，2010 年以后，城市居民出行的交通量将达到 2 500 亿人次，如果没有大容量轨道交通作支柱，大城市的交通问题是无法解决的。

3.4.2　当前我国城市交通面临的主要问题

当前我国城市交通主要面临以下 6 大问题。

1. 交通流量增长迅速,道路设施建设滞后

改革开放以来,特别是进入20世纪90年代,我国高速度的经济增长刺激了城市交通的大发展。从1985年到1995年,机动车的年增长率达到12%～14%,个别城市甚至达到30%。据估计,北京市机动车增长率为15%,小汽车增长率达到42%。大连市民用机动车近15年增长9倍。上海市中心区交通量的年平均增长率为8%左右。

与此同时,各大城市虽加大了城市道路基础设施的投资力度,基础设施能力有了很大的提高,但道路建设仍然滞后于日益增长的交通需求。1980年全国城市道路总长2.95万公里,1995年达到13.03万公里,万人拥有的道路长度由3.3公里上升7.0公里,人均面积由2.8平方米上升到7.3平方米,到1996年又上升到7.5平方米。但北京、上海分别仅为5.6和4.5平方米。尽管如此,与国外城市相比,反映道路拥有水平的人均长度和面积指标仍然偏低。不仅低于发达国家同类城市的20平方米,也低于中等发达国家的10平方米水平。特大城市道路年增长率为2%～9%,而机动车增长率普遍在15%以上。

随着车辆的增加,特别是大城市的市中心区、交通要道车速不断下降。据有关方面的统计,市中心区公共交通在高峰期的平均车速50年代为30～35公里/小时,70年代为20～25公里/小时,80年代为14～20公里/小时。进入90年代,有些大城市只有10～15公里/小时,而且车速平均每年下降1～2公里/小时。

2. 公共交通发展缓慢,个体交通增长过猛

由于道路拥挤,常规公共交通运营速度下降,公共交通服务水平和承担的客运比例也不断下降。这使部分公交乘客转向其他交通方式,导致大部分城市的出行以自行车为主,交通结构个体化的趋势越来越明显。一方面各种车辆大幅度增长,另一方面公共交通增长却相对慢得多。1978年到1993年全国机动车数由186万辆增加到2 490万辆,15年增加了12.44倍,差不多同期北京市的机动车也增加了10.5倍,其中私人汽车从无到有,从1987年的3 490辆增加到1995年的60 000辆,8年增加16倍,年平均增长率42.5%。而同期公共汽车由2.58万辆仅增加到10.85万辆,增加3.2倍。目前,我国大中城市公交出行的比例只占出行总量的17.2%和10.11%。因公交出行比例相对减少,个体交通工具出行量大增,造成道路利用率进一步降低,城市交通拥堵加剧,如此形成恶性循环。至1994年底,我国大城市自行车出行比例大体保持在50%左右。有些特大城市已超过60%。我国拥有4亿辆自行车,其中1.8亿集中在城市,年增长率继续保持在10%左右;摩托车同样在发展,特别是在沿海发达地区和部分内地城市增长迅速,有的达到50%～100%的年增长率。

3. 路网布局不尽合理,停车设施普遍不足

我国许多城市的道路系统是历史遗留下来的,年代久远,当时只能考虑到步行、骑马或坐马车,故路面狭窄曲折,线形毫无统一标准,也未经规划,线网的连续性、连通性与可达性差,甚至不成环不成网,瓶颈断头亦经常出现,通行能力与交通流量的需求很不适应,线路分布不尽合理。如上海市缺少环向路,东西流量少而线路多,南北流量大而线路少。在路网密度方面,中心区交通流量大,路网密度理应大些;市区边缘流量小,路网密度可适当小些,但现在不少城市中心路网密度反而较市区其他地区低。如上海、南京、天津就是这样。上海市中心区道路面积人均约2平方米,南京、天津市中心区人均约3平方米。

旧账未了，又添新忧。近年在许多城市，由于对停车场重视不够，一些大型的公共建筑、商业中心没有规划相应的停车设施。据对北京市的初步估计，现有社会停车场不足1 000处，停车泊位充其量8万个。而在交通流量最为集中的市区内线，仅可提供不足2万个泊位，缺额至少达5万个。深圳注册车辆24.3万辆，另有异地注册在深圳的车辆11万辆，而仅有停车泊位3万多个，停车设施严重短缺。这样，迫使车辆大量占用人行道和车行道，加大了道路承载负担，进一步导致了交通拥堵。

4. 公共交通结构单一，混合交通效率低下

城市公共交通一般性包括常规的公共交通电汽车、出租车、小公共汽车及城市铁路（市郊铁路或城市高速铁路）、地铁和地面或高架的轻轨等快速轨道系统。目前，我国绝大多数城市的公共结构过于单一，除少数城市有地铁（北京、天津、上海、广州4个城市先后建成5条地铁线，总长88.75公里），绝大多数城市居民出行都是依靠公共电汽车、自行车和步行。这种单一的地面交通，同世界上许多大城市的地上高架路、地下铁路、地面交通所组成的多方式、多层次立体交通系统相比，差距甚大。

在这样一个单一的平面路网中，大量的自行车流与人流，对公交车的行驶干扰极大，使机动车的速度降低，延误增加，加重了交通拥挤和乘车困难。如遇高峰时间与节假日情况更为严重。客流量增大，车辆难以准时开出，车辆到站间隔拉长，候车时间相应延长，等车人聚集增多。一时，上车无序争先恐后，上不去；车上亦人满为患，挤不出。特别是在交叉口或咽喉要道，车辆与行人必经之处，常常排很长队才能通过，性急者耐不住硬闯红灯现象频频发生；自行车见空就钻，违章、违反交通法规之事屡见不鲜。司机稍有不慎，或引起秩序大乱或酿成车祸。

5. 交通污染恶化环境，交通阻塞损失巨大

城市交通污染环境的方式主要为机动车排放废气、灰尘及机动车制动和运行带来的交通噪声。城市中的车辆排放出大量的一氧化碳、碳氢化物、氮氧化物及各种微小颗粒物，严重破坏了大城市的环境，是导致城市环境日益恶化的主要污染源。继成都市1990年初出现光化学烟雾事件后，1995年上海市也首次出现光化学烟雾，这主要是由小汽车大量排出氮氧化物、碳氢化物等废气所致。1998年北京、天津市发生连续几天的大雾，就是直接或间接来自汽车尾气的排放。机动车尾气也是空气有毒物对健康损害最大的污染源，据美国国家环保局的研究，美国每年大气污染导致的癌症有60%与流动污染源有关。

对城市环境造成严重破坏的另一个重要因素是机动车的噪声。据环保监测部门调查，由汽车所产生的交通噪声占70%以上。根据目前机动车的排放水平和未来城市交通增长趋势，如果我国不采取强有力的控制措施，在不远的将来，城市交通将造成越来越严重的污染。

此外，交通阻塞造成车辆频繁启动和加速，也加大了废气污染和噪声污染。当然，交通阻塞带来的后果远不止这些。美国学者的研究表明：美国交通阻塞每年造成的经济损失达1 000亿美元。我国仅以北京市公交车乘客的时间损失为例，每年的经济损失就高达792亿元，更不用说还有机动车出行的时间损失，以及由此导致的燃料费用损失、环境污染引起的经济损失了。

6. 交通管理水平低下，交通事故居高不下

由于历史原因，我国城市中交通控制管理和交通安全的现代化设施极少。在发达国家，非常重视城市中的交通管理及交通安全设施，如交通标志、交通标线、交通信号、护栏、人行道等。以北京和东京为例，北京交叉路口的交通信号机只是东京的 3%。北京和东京都有一个交通管理中心，但北京交管中心控制的交叉路口数仅是东京的 3%，交通标志数是东京的 7%，人行横道数是东京的 4.8%。北京的情形尚且如此，其他城市的差距则可以想见。南京市近年大力发展交通科技，更新交通管理设施，创出了现代化城市交通管理的新模式。与全国大多数城市相比，南京在交通管理上算是做得较好的，但也只能基本做到车少堵塞，人少违章，事故下降。可见，城市规划交通管理非一日之功。由于管理设施的不足与管理水平的低下，交通事故率一直居高不下。据统计，1985 年北京市的交通死亡人数在 500 人左右，到 1996 年，交通死亡人数超过 780 人的城市就有广州、北京、长春、杭州、上海，其中广州高达 1 100 多人。全国每万台机动车死亡率达到 20.4 人，而日本东京万车交通事故死亡率仅 1.9 人，美国和澳大利亚为 2.6 人。

3.4.3 城市交通发展方向

1. 尽快建立一个交通一体化管理机构

城市交通问题涉及面广、综合性强、协调性大，国外许多大城市都相继成立了市一级的类似“交通委员会”的权威性机构，统管全市的交通规划、建设、运营和管理，以便能够把握城市全局，进行综合决策和目标控制。但中国城市交通的体制和机构设置从中央到地方却缺乏综合协调的机制，而是设置若干平行单位分管城市交通的不同方面：建设部门管理城市交通的规划和建设，公安部门负责对道路上的交通流进行管理，真正的交通部门却只管城外交通，而对城市交通基本不管。这样不仅会造成内容重叠，任务重复，工作效率低下，也易形成谁都不管的“空白区”(如城郊接合部的交通)，无形中加重了交通矛盾。其实，随着城市化进程的加快，城乡一体化将成为社会发展的必然趋势。因此，为了打破行政界限的束缚，使国家和城市在交通方面的规划、建设、管理和交通政策一体化，设置更高一级的交通一体化管理机构已成为当务之急。

2. 切实制定好城市交通发展战略规划

城市交通发展战略规划是对城市交通系统发展建设的长远性和全局性的谋划。它要求站在战略的高度，以系统工程的观点，在比较广阔的地域空间上和长久的时间内(一般至少在 20 年以上，甚至可考虑 40～50 年)，在城市与区域社会经济发展战略和空间布局发展战略的背景下对城市交通系统的发展做出总体部署。

城市交通发展战略规划关注的是整个城市交通网络的布局、密度、建设水平、交通结构及与之相配套的交通政策、投资方向等，可以说，在规划中哪怕是微小的一点失误，都将会给日后的城市建设和管理带来巨大的损失。按目前我国城市交通的发展速度，城市交通将成为新世纪初期中国城市面临的最大问题，如果到目前为止，还没有对城市进行一个行之有效的规划，那么，我们在新世纪初期将面临更为严重的困难。

由于战略规划着眼于未来，而未来既是可知的，又是多变的，而且有些因素难以直接预见，长期预测要非常准确很困难。因此，在进行城市交通发展总体战略规划时，无论对其总需求的预测，还是用地的规划和设施的布置都必须留有一定的余地，保留足够的弹性，而且在规划实施中要及时研究、反思和发现出现的新问题，通过滚动的规划体制来尽量避免规划的失误。

3. 大力实施公共交通的优先发展

优先发展公共交通是当今世界各国解决城市交通的共识。许多国家在经历了痛苦的曲折后，才明确了选择优先发展公共交通的策略。即使是私人交通极其发达的美国，也非常强调公共交通的重要性，每万人公共汽车拥有量是中国的2倍。作为一项缓解城市交通的战略选择，“公交优先”的做法是，通过增修、延伸地铁和有轨电车线，优化公交配置，实行自行化管理，开通公交车专用道，以提高公交车的通行能力和正点率，从而吸引更多的市民选择公交车出行，相对降低市区私人交通工具的流量。公交发展了，乘车方便了，买车的人就会减少，反过来又会缓解日益加剧的城市交通压力。

目前我国公共客运实施在城市日常出行中所占比例不足40%，远远低于国外大都市70%的水平。一些城市如北京、上海已开通多条公交专用车道，局部缓解了交通状况，但现有水平上的“公交优先”离城市交通根本好转还很遥远。

4. 加快轨道交通建设的步伐

我国城市交通的现状表明，要从根本上解决城市交通问题，依靠轨道交通是一种必然选择。然而，由于轨道交通投资大，建设周期长，技术要求高，使许多城市规划望而却步。其实，轨道交通可以采用多种形式，不仅要发展地铁，还要发展地面轻轨和高架铁路。根据测算，建高架轻轨不仅造价低，一般只及地铁的1/3，而且建造的速度也快得多。日本东京的地面高架环线，长40公里，每天载客量高达350万～400万人次。我国一些大城市，在特别繁忙的地段也可建几条高架铁路，用比较少的投资，以尽快疏导城市交通。

迄今为止，我国已在4个城市共建成总长88.75公里的5条地铁，在建的有深圳1号线、上海2号线等，另外，南京、武汉、青岛等一些城市已做了地铁建设的部分工程。与世界各国相比，我国的发展是慢的。伦敦和纽约的地铁线路都在400公里以上，东京和巴黎的地铁线路长200～300公里。德国凡市区人口超过100万的城市，在考虑交通问题时，都将修建地铁作为解决市区交通问题的最切实的方法和主要措施。国家计委决定从1999年起批准条件成熟的城市启动轨道交通项目建设，并会同有关部门提出了城市轨道交通建设实施意见。北京、上海、广州等大城市已将加快大容量轨道交通建设提到议事日程上。

5. 实施交通需求管理

交通供给与需求是一对错综复杂的矛盾，有一种非常流行的观点认为，我国城市交通道路设施的增长速度远远跟不上机动车的增长。实际上道路与机动车之间在数量上并不存在比例关系，车辆增长与交通量的增长也并非线性关系。交通需求总是倾向于超过交通供给。国内的交通实践证明，要创造良好的交通环境，仅仅通过大量的工程建设投资是不够的，要适应动态的交通需求，在持续地进行交通建设的同时，还必须通过管理来调节和发挥已有设施的潜在能力。因此，应实施发达国家城市常用的交通需求管理。

交通需求管理的内容主要包括通过实施时差出勤等对策，在时间上分散交通要求；通过向驾驶员提供道路交通情报和拥挤、事故状况，促进交通需求在空间上分散化；通过提高公共交通的服务水平促进人们利用大量、快速的公共交通，实施各种综合对策；通过城市规划、交通规划等对交通发生源进行调整。在这些方面，西方发达国家不断挖掘潜力，利用各种先进技术和通信设施来调控车辆运行，减轻交通压力。近年来，国内对交通需求管理日益重视，需求管理的技术也开始进入应用，我们应多做这方面的研究，用科学的管理方法来缓和城市中心的交通紧张状况。

第4章 运输市场

4.1 运输市场的特征

4.1.1 运输市场概念

运输市场除具有一般市场的共性外,也有其自身的特殊性。

在商品经济条件下,运输劳务同样作为一种商品。目前对运输市场概念的解释主要有以下3种。

1. 运输市场是运输劳务交换的场所或领域

由于运输活动过程既代表了运输产品的供给过程,又表现为运输产品的消费过程,因而两者在时空上具有明显的重合性。但这种重合性,并不意味着我们可以简单地将运输市场概念等同于运输劳务的供给与消费的地点。运输市场与运输生产或消费地点在概念上是有一定区别的。如果将运输市场定义为"运输劳务交换的场所或领域",那么,运输市场的概念可以理解为促使实现旅客或货物空间位移的场所或领域,如运输交易所、货物承托的场所、旅客售票所或车站等。当然,随着运输业的不断发展,运输服务质量的不断提高,以及客货源的分散性,运输交易活动的很大部分已很难局限于某一确定不变的地点,而是深入到运输活动的经营区域所有可能到达的场所,从而使运输市场表现为一种内部纵横交叉、分布密集的市场领域。

运输市场作为一个"领域",从空间上来说,也只是无限性与有限性的统一。所谓无限性,是指运输活动不断突破已有的区域而向更加广阔的区域发展,如铁路营运里程的不断延伸,跨国航线的开辟,公路运输的跨省经营等。随着运输设施建设的加快,运输工具技术性能的提高,各种运输方式协作化的进一步加强及运输管理的现代化等,使得运输市场活动区域的扩大成为一种必然趋势,这也是社会化分工及社会化大生产的客观要求,人为地搞行政区域分割是违背市场发展客观规律要求的。所谓有限性,是指运输客货源状况、运输工具技术性能所限,在一定时期和一定条件下运输活动区域又总是有限的,如局限在某个经济区域或行政区域内某条线路上或航道上等。

2. 运输市场是运输劳务交换关系的总和

运输市场是运输劳务交换关系的总和,可以理解为运输市场是指进行运输劳务交换所反映的各种经济关系和经济活动现象,或者说,运输市场是指在一定的历史时期、一定的社会经济范围内,进行运输劳务交换所反映出的各种经济关系和经济现象。它不仅指进行运输劳务交易活动的有形场所或领域，而且包括了交易双方及与交易双方联系密切的有关单位和组织之间的经济联系；不仅包括了直接的运输经济活动，而且包括了间接参与的运输经济活动；不仅是自成体系、静止的、被动地作为市场细分的一种，而且是与国民经济大市场和其他市场广泛联系的、处于动态之中的、对运输经济活动具有较大反作用的体系。

运输交易活动中，运输劳务的供给者与需求者之间的联系是复杂多变的，它不仅涉及运输供求双方的经济利益联系，而且涉及运输供求之间的各种非经济的社会联系。运输交易活动的变化，不仅关系到运输供求双方经济利益的重新分配，关系到利益间的冲突与协调，而且也关系到与运输供求联系密切的市场行为调节者的经济利益关系。在当前实行的社会主义市场经济条件下，要求通过市场对社会资源起基础性优化配置作用，政府经济管理职能将转化为宏观间接调控为基本运行框架。政府必然对运输市场采取一定的调节手段，这种调节手段的有效发挥，源于运输对发展国民经济先行的基础上，同时也是为了保证国家的利益。当运输政策、制度、运输产业结构及各类运输市场所涉及的经济参数（如税率、费率、利率、运价等）发生变化或给予适当调整和修订时，必然会影响国家、地区、运输劳务供给者与需求者等多方面的经济利益。如果再深入一步分析，则由于交通运输所涉及的行业领域的分散性和广泛的社会联系，这种利益关系的影响同样会涉及国民经济的方方面面和经济、政治、文化生活的各个领域。

根据运输市场这样的一种解释，从经济学角度来分析，首先要把运输市场作为一种经济关系，体现出运输市场中各行为主体的经济联系，从而把握运输市场的本质，这是进一步研究运输市场体系的基础。另外从组织运输市场营销角度来分析，应该看到，运输交易活动过程中所反映出来的经济活动现象有许多，如运输市场调查与预测、货源客源的组织、运输交易方式的选择等，这些经济现象都是伴随着运输劳务交换必然发生的，或者说是构成了运输劳务交换过程中的具体物质内容。如果没有市场调查与预测，就不可能正确了解运输市场，运输劳务交换就处于盲目化状态；没有货源客源的组织，运输劳务交换就无法实现；没有合理的运输价格就会使运输市场缺乏一个合理的补偿尺度，会发生非等价的运输劳务交换等。运输市场经济活动现象越复杂，对运输市场管理的要求也就越高。

3. 运输市场是指运输劳务现实的和潜在的需求者的集合

这是站在运输劳务供给者角度，以运输需求为研究对象来理解的。对于不同的运输经营单位而言，把现在和未来一段时间有运输劳务需求的用户及与运输活动密切相关的其他服务（如装卸搬运服务、储存服务等）的单位（集体或个体）看作该经营单位的市场，即以对运输市场的此种理解为前提。同样，这种理解也作为组织运输市场营销活动和进行市场营销管理，提高企业市场竞争能力的概念基础。

从这一观点出发，不管对于货物运输市场、旅客运输市场，还是对于与其有关的运输辅助服务市场等，一般都认为运输市场规模大小取决于三个方面的因素，即运输需求单位数、运输劳务的购买力和运输劳务的需求趋向。这三个因素本身又具有更深层次的内涵。研究运输市场规模，必须在对每个因素进行分析的基础上，综合三方面因素对市场影响的合力所在，以指导运输市场结构的调整与优化。

以上三种关于运输市场概念的解释，并不是完全对立的，相互之间有一定的互补性。它们之间差异之处在于各自解释的出发点、侧重点及对运输市场理解的广度有所不同。第一种解释只是从阐述运输市场劳务交换的场所和领域角度考虑，属狭义理解，比较具体、形象；第二种解释从商品交换活动所产生的各种经济关系和经济活动现象入手，把握了市场的本质内容，属广义理解;第三种解释则是站在运输经营单位促进市场营销活动的角度,以运输需求者为研究对象,同样属狭义理解。

4.1.2 运输市场特征

运输市场是整个市场体系的一个重要组成部分。由于运输生产过程、运输需求过程及运输产品的特殊性,运输市场除具有一般市场共性外,也具有区别于其他产品市场的特殊性。运输市场的特征可概括为以下5个方面。

1. 运输产品的生产、交换、消费的同步性

在其他的商品市场上,产品的生产、交换和消费都是相互独立存在的,商品的购买、出售、消费构成一个整体循环过程,并分为三个阶段。而运输市场则不同,其产品经营者同时也是产品生产者,其生产过程同时又是消费过程,这就形成了生产、交换和消费同步进行的特征。当然,运输产品的交换过程也包括信息收集、组织货源、安排运力、进行运费结算及运输服务等过程,但这些只是运输生产过程和运输产品交换过程的组成部分。

2. 运输市场的非固定性

运输市场没有有形产品,也不像其他工农业产品市场那样有固定的场所和区域来出售商品。工农业产品市场可以在固定场所一手交钱一手交货,即时完成商品交换过程,而运输市场很难使运输交换过程在固定的场所完全实现。运输活动在开始提供时只是一种"承诺",即以客票、货票或运输合同等作为契约保证,随着运输生产过程的进行,通过一定时间和空间的延伸,在运输生产过程结束时,才将客、货位移的实现所带来的运输劳务全部提供给运输需求者。整个市场交换行为,并不局限一时一地,具有较强的广泛性、连续性和区域性。如公路运输市场是由站点和线路在很大的范围内组成的,其生产和交换实质上是在线路上流动完成的。虽然公路客货运输过程中有起讫站点,并且在站点装卸货物和上下旅客,但这只是全部交换活动的一部分,而离开了线路,就不能实现运输劳务交换,所以公路运输市场具有显著的非固定性。

3. 运输需求的多样性

运输活动以运输劳务的形式服务予社会,服务于运输需求的各个单位、组织或个人。由于运输需求者的经济条件、需求习惯、需求趋向等多方面存在比较大的差异,必然会对运输劳务或运输活动过程提出各种不同的要求,从而使运输需求呈现出多样性特点,其主要表现在以下5个方面。

(1) 时间性要求:按时或迅速使旅客或货物运达目的地。

(2) 方便性要求:要求乘车方便,托运货物、提取货物容易方便,各种旅行标志易于识别,购票方便,运输服务周到热情等。

(3) 经济性要求:要求运输需求在满足需要情况下,便宜经济。

(4) 舒适性要求:对旅客运输而言,一般会要求乘用车辆舒适。

(5) 安全性要求:要求运输过程中必须首先满足旅客或货物的安全移动。

运输需求的多样性还表现在各种运输方式之间的选择上,以及在对运输工具、服务方式、手段等多种选择上。

4. 运输供给的分散性

适应运输需求的多样性以及我国交通运输在管理上存在的各种运输方式基本上各自为政，缺乏大交通的系统规划和指导等多种原因的影响，使运输单位之间离散系数比较大，缺乏系统的整体规划与协调，存在不平等的竞争关系，以及存在各种运输方式的不同运输企业，具有不同的经济成分和经济结构等。其主要表现在以下3个方面。

(1) 多种运输方式向社会各方面提供运输劳务，并且各种运输方式之间的劳动分工与联系主要依据各自的运输条件(如运输工具、道路、地理条件和气候条件等)、运输需求单位的有向选择以及国家的运输经济政策和非经济性的运输行政管理规则等因素的共同作用而形成。但各种运输方式基本上各自为政的现实，在运输劳务的供应上具有很大的盲目性。本位利益容易诱发各种运输方式的运输企业之间、管理部门之间的相互攻击，形成"公说公有理，婆说婆有理"的分散格局。

(2) 存在多种经济成分和多种经营形式的运输经营单位，既存在国有大中型运输企业，又有全民所有制、集体所有制的小型企业和私营企业及个体运输等；既存在专门从事公路运输的企业，又有贯穿于社会生产全过程的产运销联营企业和专门从事某项运输活动的运输企业或单位，如粮食、化工，钢材、外贸、大件等运输活动；既有国内企业，又有中外合资企业；既存在营业性运输，又存在非营业性运输；既存在区域运输，又存在专线运输等，构成了运输经济活动的多成分性和复杂性。它们之间虽存在有关业务上的可能联结，但这种关联的程度是比较小的，至少在以前一段时间和目前是这样，缺乏行业的统筹安排和大交通的系统规划，形成运力分配的不均衡，盲目消极竞争较为严重，从而制约了国民经济、地区经济的发展。这也是目前强调运输市场的宏观调控、增强运输市场的调节机能和加强我国综合运输体系建设的一个重要原因。

(3) 在不同的运输供应单位内部，同样存在运力供应的分散性。即由于企业内部所拥有的运输工具的不同、服务方式的不同、受经营区路网的限制等，便形成运输劳务的不同供给形式。

5. 运输供求的不均衡性

市场管理的主要目的之一在于谋求市场供求的均衡发展，价值规律的作用在一定程度上促使市场供求的均衡发展和供求双方矛盾的调和。

运输市场是一种特殊的市场。由于运输需求的多样性、运输供给的分散性及运输业的"超前发展"和先行地位，以及现有的运输市场管理办法、措施和手段的限制等决定了运输市场在供求上的不均衡性，况且运输的"超前发展"和先行地位也要求运输能力应该有一定的储备(经常储备和临时储备)以适应经济发展中的不断变化的需求。完全做到运输市场的均衡是不可能的。但可以依靠运输市场调节机能的有效发挥，凭借敏感的价值规律自动反馈和调节系统，使运输市场在供求上力求趋向平衡或使不平衡的差值限制在一定的可行范围之内。运输市场在供求上的不均衡性主要表现在以下4点。

(1) 首先表现在目前交通运输薄弱环节上，即交通运输依然未能完全满足国民经济和社会发展的需要。从总体上看，运输需求远远大于运输供给。

(2) 各种运输方式之间在供求关系上存在比较大的差别。

(3) 在公路运输市场中，存在着争抢热线、干线，而不跑支线、农村班线的现象，在节假日、旅行旺季,也会出现运输供应不足的情况。造成这种情况的原因主要是货流和客流的分布特点所引起的。如货流在方向上、时间上、干线与支线上的不均衡性,必然会增加货物运输在方向上、时间上和干支线上均衡运输的难度。

(4) 运输市场是不断发展和变化的,运输市场的特点也在随时间的变化而变化。不同的历史时代,在不同的历史环境下,运输市场也有其不同的特点。

4.2 运输市场的结构

运输市场体系作为一个开放的、运动着的庞大系统,本身的构造既存在着横向结构系统,又存在着纵向结构体系。其结构内部所拥有的相互联系、相互贯通、相互依存、相互制约的复杂的经济关系,是运输市场体系形成的基础。

4.2.1 运输市场构成要素

一般情况下,存在运输供给方和运输需求方,有可供交换的运输劳务,有供需双方都可以接受的运输价格及其他条件,就可以形成现实的而不是观念上的运输市场。

1. 运输市场主体

所谓运输市场主体,是指运输市场行为的发出者或单位,或者说,运输市场主体是指监护运输劳务进入市场并发生市场交换关系的当事人。无论有形商品还是无形商品,都不会产生自动的交换关系,而商品的流动无一不体现着当事人的意愿。这种意愿的体现反映了以经济利益为基础的权利关系,当事人之间的意愿交换,体现为合法经济权利的相互让渡关系。运输市场主体的存在是构成运输市场的基本要素。

由于社会经济的不断发展,运输市场规模的扩大,使运输市场主体之间相互依赖和相互联系的程度不断增加。运输市场主体可分为运输供给主体、运输需求主体和运输中介服务主体三大部分。

运输供给主体是指提供运输劳务的单位(或当事人),如汽车运输企业、船舶运输企业、铁路公司、航空公司及个体运输专业户等。

运输需求主体是指旅客或货主。运输需求主体参与市场活动的主要目的有两个:一是通过运输劳务获得其效用的满足,如旅行活动、探亲访友、实现货物的时空效用等;二是在考虑运输效用满足的同时,追求经济性,即用较少的代价获得运输效用的满足。在市场经济条件下,运输需求主体的上述行为目标是同时并存的,缺乏其中任何一个,其行为将是不正常的。

运输中介服务主体是指介于运输供给主体和运输需求主体之间并为之服务的运输市场中间组织,如货代公司、船代公司、客运中心、配载中心、运输交易所等。国内目前的联运企业也类似于中间商组织。运输市场中间商组织往往具有双重身份,即有时以运输需求者身份出现,有时又以运输供给者身份出现。作为独立的市场经济组织,运输中间商依靠服务于供需双方来参与运输市场活动并同样以追求自身经济利益为目标。

运输市场主体之间的相互联系及相互影响如图4-1所示。

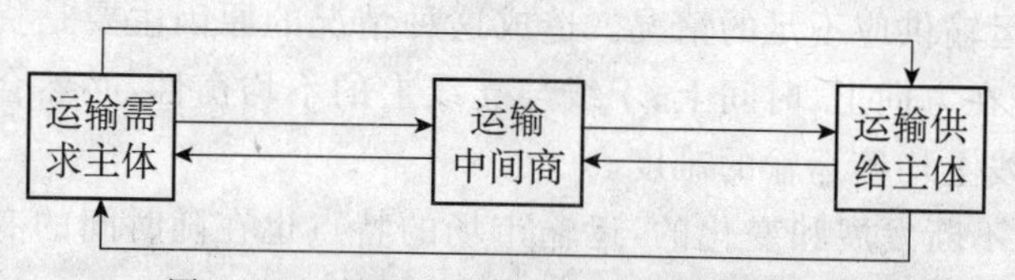

图 4-1 运输市场主体之间的联系与影响

由于运输劳务在各种运输方式之间存在有一定的替代性,尤其是在运网布局合理、齐全和较为发达的情况下,运输劳务的替代性就非常强,这一方面意味着运输市场竞争在各种运输方式之间表现得比较激烈,同时也意味着运输供给主体之间,运输中间商之间的相互影响和相互依赖的复杂关系。按照这一思路,运输市场主体结构也存在一定的层次划分,具体见图 4-2。

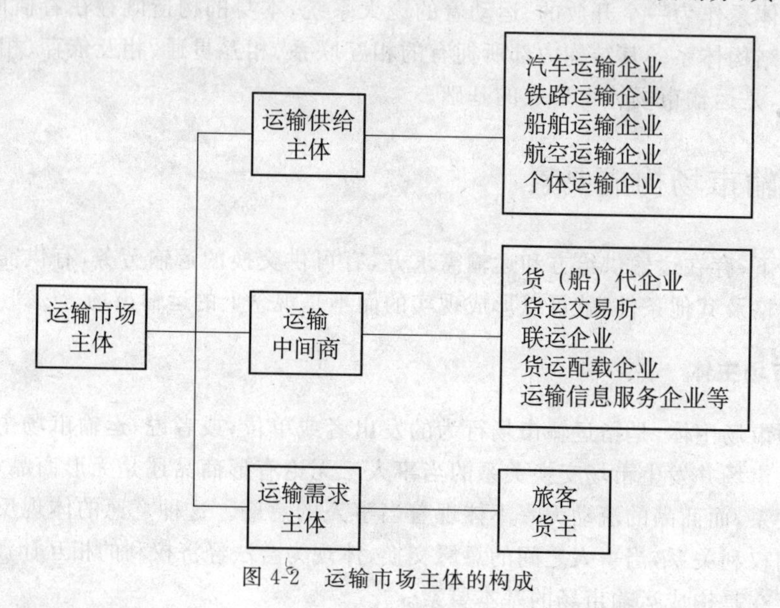

图 4-2 运输市场主体的构成

2. 运输市场客体

所谓运输市场客体,是指运输市场主体之间发生经济关系的媒介物。或者说,运输市场客体是指运输市场主体之间发生交换关系的载体。因为运输市场主体之间的经济关系是通过运输市场客体运动表现出来,所以运输市场交易双方意愿的承担者(即运输劳务)成为市场经济关系的媒介体。

由于不同运输方式所提供的运输劳务在质量特性方面的差异,我们可以把运输劳务划分为铁路运输劳务、内河水运劳务、远洋运输劳务、汽车运输劳务、航空运输劳务等。它们之间相互影响、相互替代的特征,使它们紧密联系在一起,从而构成运输市场客体结构的主要内容。

运输劳务是运输供给与运输需求相互结合的产物。没有运输供需的结合,也就没有运输劳务。我们通常将运输市场划分为铁路运输市场、公路运输市场、航空运输市场、水路运输市场或旅客运输市场、货物运输市场、运输服务市场等,都是基于在对运输市场客体结构的不同理解的基础上而划分的。从此意义上讲,运输市场客体具有较为广泛的内容。

3. 运输市场交易时间

所谓运输市场交易时间,是指运输市场主体支配运输市场客体运动的时间量度。由于市场主体支配市场客体的物质运动过程与其价值运动过程的不完全相重合，而存在有一定程度上的时间差，也使运输交易因为时间差的存在而具有一定的风险性，此种运输交易即为远期运输交易。常见有合同运输、远期租船（飞机、汽车）市场等。其基本特性是"成交在先，交割在后"。间隔的时间差使运输交易的风险性增加。

相对远期运输交易而言的是运输市场的即期交易。由于运输需求对时效性的要求都较强，尤其是旅客运输，因此运输交易在时间上常表现为即时（期）性，即"一手交钱，一手拿货"的当即性。常见的有旅客运输中的即时购票上车（船、飞机），货物运输中的即时运输、即期租船（汽车、飞机）、即时包车（船、飞机）等。就货物运输而言，汽车运输具有机动、灵活、载货批量小、方便等特点，运输交易的即时性表现更强些。相比之下，铁路运输、海上运输由于一次载货批量大，货物有一定的聚集期，因而在交易时间上的远期性更强些。就总体情况而言，运输交易在时间上的不同表现是与运输供应状况、运输需求偏好、市场交易机构的完善程度等因素直接相关的。

4. 运输市场空间结构

运输市场空间是指运输市场主体支配运输市场客体运动的空间地域范围。运输市场空间结构则是指运输市场因素在地域空间上的分布和关联状态。不同的运输方式，由于受到运输基础设施、运输工具的技术性能的不同影响，而呈现出不同的空间分布结构。铁路运输、航空运输、海上班轮运输、内河运输往往呈线型分布状态，公路汽车运输往往呈面上分布状态。同样由于受到经济区划、行政区划、国界区划的不同影响，运输市场在空间上构成可分为地方行政性运输市场、地方经济性运输市场、国内运输市场和国际运输市场。运输市场空间反映了市场主体支配市场客体空间运动的外延性，其外延性大小取决于相关空间范围运输市场管理部门或政府对运输业开放的程度。随着国内开放政策的不断实施，将有利于不断打破地方封锁和部门分割，地方性运输市场将不断向国内统一的运输市场过渡。另外，随着国际交往和国际贸易的不断发展，我国运输企业参与国际运输市场竞争也不可避免，尤其是国际航运市场、国际空运市场、汽车出入境运输市场及大陆桥运输市场等。

4.2.2 运输市场分类

根据研究目的的不同，运输市场可分为以下6类。

1. 运输基本市场和运输相关市场

运输市场按服务对象和性质划分为运输基本市场和运输相关市场。

运输基本市场是以运输旅客、货物为服务对象，并直接向旅客、货主提供运输劳务为主要形态的市场。

运输相关市场是指与运输基本市场相互影响、相互作用、相互依存而不能单独存在的市场。它可划分为直接相关市场和间接相关市场。直接相关市场包括运输车辆租赁市场、租船市场、包车（船、机）市场、运输信息服务市场、装卸和搬运市场、货物储存保管市场等。间接相关市场包括运输设施建筑市场、运输设备买卖市场、运输设备维修市场等。间接相关市场的服务对象不是旅客和货主，而是运输经营单位，从市场形态上不完全属于运输劳务市场，而分别属于建设市场、工业品市场、技术市场和其他性质的服务市场。从此意义上讲，我们所研究的运输市场主要包括运输基本市场和运输直接相关市场两大类。

2. 客运市场和货运市场

运输市场按运输对象划分为客运市场和货运市场。

客运市场按范围可划分为城间和城乡客运市场、城市客运市场、旅游客运市场、国际客运市场等；按经营组织方式可分为班车(线、轮)客运市场、包车客运市场、城乡公交客运市场等。

就道路客运市场来看，其经营形式有定线定站式、不定线不定站式和定线不定站式三种基本形式。

定线定站式，即营业线路固定、旅(乘)客上下车地区固定，在运输干线上为大量旅(乘)客服务的运输经营形式，可采用大型车辆，其乘用经济性明显，是道路客运的主要营运形式。缺点是乘车方便性差，在其沿线各停车站与乘客出发地或目的地之间，需要转乘或步行。

不定线不定站式，主要指出租车运输形式，其营业线路与旅(乘)客上、下车地点均不固定。其特点是可以较充分满足人们"门到门"的运输需求，并且可以作为其他经营形式的辅助形式和延伸。其缺点是乘用费用较高。

定线不定站式，即营运线路固定，但旅(乘)客上下车地点不固定，是一种小型辅助客运形式。此种形式的乘车经济性、舒适性及方便性介于前两种营运形式之间。其主要功能是对定线定站式的补充与延伸，方便旅(乘)客。

货运市场按货类不同可划分为液体(油、气)货运市场、干散货运市场、件杂货运市场和特种货运市场等；按经营组织方式不同可划分为零担货运市场、集装箱货运市场、快件货运市场等。

3. 国内运输市场和国际运输市场

运输市场按运输范围和区域划分为国内运输市场和国际运输市场。对不同的运输方式而言，由于其运输经济运距的限制，其运行范围也就受到影响。如航运由远洋运输市场、近洋运输市场、沿海运输市场和内河运输市场等组成。就汽车货物运输而言，也可以划分为省、市内货运市场，区(如西北、西南、中原等)运输市场，国内运输市场及出入境口岸运输市场等。由于公路汽车运输的特殊性，以及世界贸易组织(WTO)并未就公路运输市场开放的国际化达成一致意见，因此公路运输市场的对外开放往往受到各国政府不同程度的限制，增加了国际公路运输市场形成的难度。目前，我国政府对公路汽车运输的国际化问题往往通过与其他相邻国家政府签署汽车运输双边(或多边)协定来加以解决。从而形成我国公路运输市场走向国际化的第一步。所以，公路运输市场从空间范围上来划分，一般不列示国际公路运输市场，而只提口岸运输市场或涉外运输市场。

4. 竞争性运输市场和垄断性运输市场

有市场必然有市场竞争。市场竞争的态势和程度受许多因素的影响。一般来讲，市场上的买者和卖者数量越多，竞争程度越激烈；交易者的数量越少，竞争的程度越小；参加交易的商品或劳务的差异越小，竞争程度越大；商品或运输劳务的差异越大，则竞争的程度越小。

根据经济学的分析，按照市场竞争态势和程度的不同，运输市场可划分为竞争性市场(完全竞争的运输市场、不完全竞争的运输市场)和垄断性市场(寡头垄断的运输市场和完全垄断的运输市场)。

5. 运输买方市场和运输卖方市场

运输市场按运输市场供求状况划分为运输买方市场和运输卖方市场。

运输买方市场的基本特征如下。

(1) 在这种运输市场上，运输供给大于运输需求。

(2) 由于运输市场供大于求，所以运输供给方竞争激烈。

(3) 由于竞争不外乎有两种途径，即价格竞争和非价格竞争，其中非价格竞争以质量竞争为核心，所以运输供给方激烈的竞争，必然对运输需求方(又称买方)有利，运输供给方竞争的结果使运输需求方受益。

(4) 运输买方市场又称为运输需求者主权市场。

与运输买方市场相对应的是运输卖方市场，其基本特征如下。

(1) 运输市场呈供小于求状态。

(2) 运输需求方竞争激烈。

(3) 市场对运输供给方(即卖方)有利。

(4) 也称为运输供给者主权市场，即运输交易方式、交易价格和其他运输交易条件受运输供给者影响较大。

由于运输买方市场是一个有竞争的市场，有利于运输资源的优化配置，有利于运输专业化水平和运输社会化程度的提高，因此建立适度的运输买方市场就成为国家完善运输市场的一项战略取向。

4.2.3 运输市场体系

运输市场体系是相互联系的各类运输市场的有机统一体。从运输服务的微观角度出发，它是由客运市场和货运市场为主要内容的运输基本市场所组成。从运输服务的宏观角度出发，它包括运输基本市场及与运输基本市场相关的并促使运输基本市场运行和完善的其他直接相关市场，如运输信息服务市场、车船租赁市场、装卸搬运市场、货物仓储市场、车船修理市场等。

在整个运输市场体系中，运输基本市场和运输直接相关市场是运输市场体系的支柱。而其他间接相关市场，如车(船、机)买卖市场、运输设施建设市场、运输工具技术服务市场等则是为基本市场服务的专业性市场。整个市场之间相互制约、相互依赖、相互作用和相互促进，从而带动整个运输业的运行和发展。

运输市场体系见图4-3。

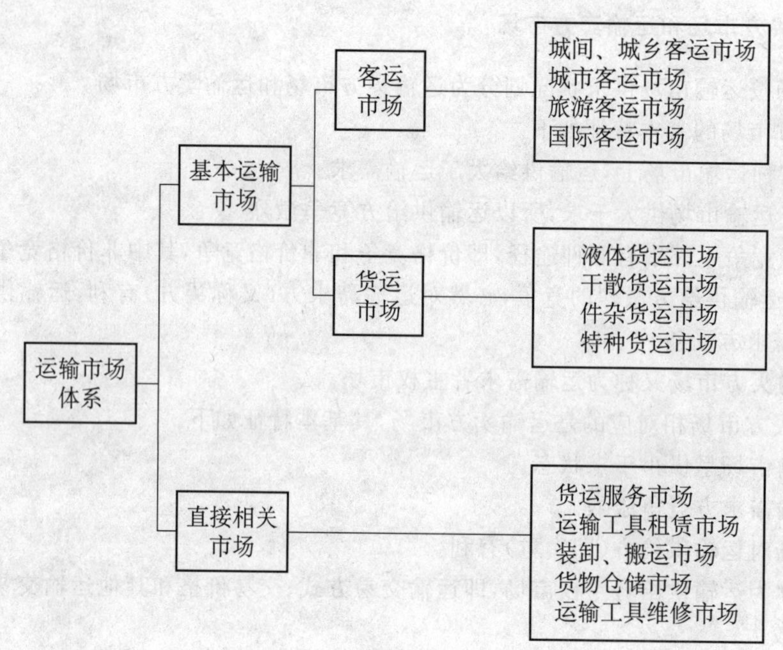

图 4-3 运输市场体系构成

4.3 运输市场的理想形态

4.3.1 运输市场的理想形态所需必要条件

运输市场的理想形态，就是纯竞争性，也即无差别竞争。运输市场的理想形态应具备以下条件。

(1) 市场中同类运输服务的质量完全相同，并且供给量充分。

(2) 市场中同类运输服务经营(供给)者众多，任何经营者也不能因自身的需要或仅改变运输供给量而给运输市场以可观程度的影响。

(3) 市场中运输服务的供求双方完全掌握其市场信息，特别是有关运输服务质量完整识别的信息。

(4) 市场中同类运输服务连续供给，并且价格相同。

一般来说，农产品市场近似于这种纯竞争性市场。

而在运输市场中，道路运输市场中的普通货物运输市场和城市出租汽车运输市场较接近纯竞争性市场。

由于道路运输企业基本上都开展了以单车承包为主要内容的分散经营方式，公路运输市场呈现出单车经营“满天飞”的状况，使之呈现出完全竞争市场的基本形态。再如国际航运市场中的即期租船市场也与完全竞争市场相类似。一般城市出租汽车的运价由主管部门统一规定，市场中同类运输服务质量近于相同，并且其供给量比较充分、供给者数量也较多。只是出租汽车运输实行进入运输市场许可制，假设取消了这种限制，则城市出租汽车运输市场即接近这种比较理想的无差别竞争的运输市场形态。

在纯竞争市场上，众多消费者的需求和众多生产者的供给相互作用决定了市场上的均衡价格。但是，对于单个生产者来说，市场上的价格是既定的，虽然完全竞争市场上的市场需求曲线是向右下方倾斜的，但理想生产者面对的需求曲线则可以被看作是一条水平直线。也就是说，由于单个生产者的供给量对于市场是微不足道的，它不论是处于市场之中，还是准备进入市场，也不论它生产多少商品，它都必须以市场上已定的价格使生产者的总收益与产量成正比例变动，平均收益等于产品的市场价格，边际收益也等于平均收益。或者说，在市场价格不变条件下，生产者的平均收益和边际收益不随产量变动而变动，并且总是等于市场价格。因此，纯竞争市场上生产者面对的需求曲线与平均收益曲线、边际收益曲线是完全重合的。生产者将根据自己的成本同收益的比较做出生产决策。

生产者的决策目标受决策目标实现时间上的可行性的限制。在短期内，生产者来不及调整机器设备、厂房等固定生产要素投入，只能按产量选择变动生产要素的投入，其短期均衡情况如图4-4所示。

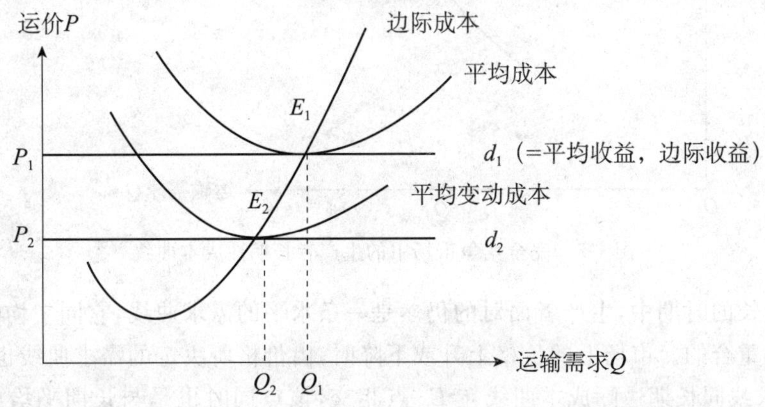

图4-4　完全竞争市场中的生产者短期性的成本曲线

在图4-4中，分别有三条成本曲线（边际成本、平均成本和平均变动成本），在两种价格上标出两条需求。在市场上，生产者要获取最大利润须遵循边际成本等于边际收益的原则，但实现了边际成本等于边际收益并不能保证生产者一定能获得利润，它只是能保证生产者在赢利时一定获最大利润，而在亏损时一定只产生最小亏损。生产者最终是获利还是亏损还要看市场上价格的高低。

生产者一方面要按边际成本等于边际收益原则选择最佳产量，另一方面还要根据市场上价格高低决定是进入还是退出市场。如图4-4所示，在完全竞争市场上，价格所规定的水平的需求同时也是边际收益和平均收益曲线。在价格变动时，这条水平的直线会上移或下移，它与边际成本的交点会沿着边际成本曲线上升或下降。当价格为 P_1 时，需求曲线与边际成本曲线在 E_1 点相交，在这时，等于边际收益，同时，平均收益也等于平均成本。平均收益等于平均成本意味着生产者的利润刚好为零。如果价格高于 P_1，平均收益将大于平均成本，生产者可以获得利润；如果价格低于 P_1，平均收益将小于平均成本，生产者将亏损。所以 E_1 点被称为生产者的收支相抵点。当价格下降到 P_2 时，需求曲线与边际成本曲线在 E_2 点相交，在这时，平均收益等于平均变动成本。在价格低于 P_1（但高于 P_2）时，平均收益已不能补偿平均成本，但只要价格还在 P_2 以上，平均收益就还能补偿平均变动成本，以及部分不变成本，生产者虽然已发生亏损，但还可以继续生产。但如果价格下降到 P_2 以下，生产者平均收益将小于平均变动成本，继续生产，不仅变动成本无法补偿，还要损失不变成本，生产越多亏损就越大，不生产比生产要好。因此，E_2 点是生产者生产与不生产的临界点，通常也被称为停止营业点。从图 4-4 中也可以看出，完全竞争市场上，生产者在短期中的供给就是平均变动成本以上的那段边际成本曲线。

在一个较长的时期内，完全竞争市场中的生产者可以对全部生产要素进行调整，这种调整可以表现为生产者进入或退出这一行业，也可以表现为生产者调整生产规模。因而，在长期中，生产者的所有生产要素都是可以变动的，成本不再分不变成本和变动成本，只分为长期边际成本和长期平均成本。其意义如图 4-5 所示。

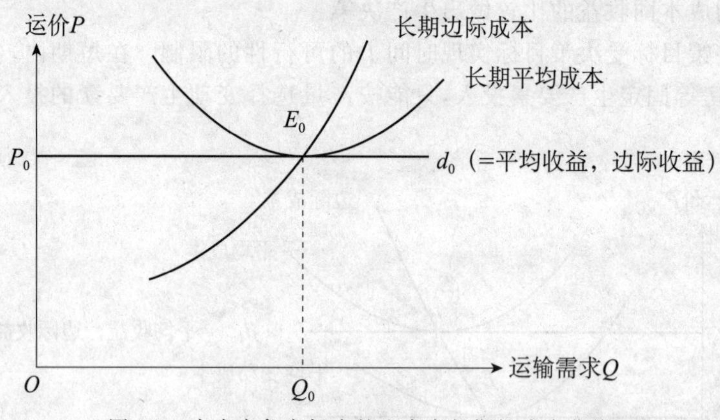

图 4-5　完全竞争市场中的生产者长期性成本曲线

在相对较长的时期中，生产者面对的仍然是一条水平的需求曲线，它同平均收益曲线和边际收益曲线是重合的。市场上的价格上升或下降时，由价格所决定的需求曲线也上升和下降。图 4-5 中，需求线同长期边际成本曲线在 E_0 点相交，该点同时也是与长期平均成本曲线最低点相交之点。在 E_0 点上，生产者的平均收益等于平均成本、边际收益等于边际成本，生产者的收益实现了最大化，并且正处于无利润也无亏损的均衡状态。如果价格在 P_0 之上，该行业内的单个生产者可以获得利润，从而会使生产者扩大生产规模，或吸引新生产者加入，这个过程一直到价格下降到 P_0 为止。如果价格在 P_0 之下，生产者处于亏损状态，不得不缩小生产规模或退出该行业，这个过程一直到价格上升到 P_0 时为止。

在实际当中，由于受到运输劳务供求的异质性和供给量不充分及运输供给信息不充分的制约，运输市场难以充分具备上述条件，因而实际当中运输市场从整体上讲，不存在完全竞争的情况。

4.3.2　运输服务质与量的供求制约对运输市场理想状态的影响

在运输市场中，运输劳务的同质性与有形产品有着不同的含义。即使类型相同的运输劳务其质量也可能不同，例如有售票员和无售票员的公共汽车、安装无线电话与否的出租汽车、直达快车与全程逐站停靠运行的电车、集装箱车辆（船）和普通车辆（船）等的运输服务质量就是不相同的。

运输服务质量可以用安全、准确、迅速、舒适、方便、经济等方面的指标为评价基础。对于运输需求者的要求而言,因其利用运输服务的基本目的不尽相同,使其对于运输服务的评价也是各不一样的。

在上述指标类型中,特别是迅速性,对于运输服务来说,是重要的指标。它包括货物的装卸与换装时间、运送时间;旅客的上下车时间、换乘与运送时间等。尽量缩短运输过程所需时间是所有运输需求者的共同要求。

同时,在现代化高度发达的社会中,对于运输劳务迅速性的要求普遍在提升,这一点是不能忽视的。对于舒适性的要求,仅限于客运劳务方面,运输距离越长,对舒适性的要求就越高。

因此,在运输市场中,作为无形商品的即时性劳务,一般不存在同质性。无论对运输供给者或运输需求者,均普遍存在运输劳务异质性的实际表现,所以完全竞争在运输市场中也难以找到(发生)。

关于运输劳务供给量问题,由于运输劳务的即时性特点,使之不能贮存转移,这就要求运输供给者应具有能满足最大需要量的运输能力,但这在运输需求的低峰阶段往往又会出现运输能力过剩的情况。因而,运输供给者所提供的运输供给量,对于运输高峰期间的运输需要而言常显不足。而且对某地区的总体需要量而言,即使运输劳务供给量是充分的,但对于该地区限定的某一时间或地点的需要量来说,运输供给明显不足的情况也是时有发生的。

因此,就完全竞争的条件而言,在运输市场中多数情况下因运输劳务供给不同质和运输供给量不充分,使其不具备充分条件。这也说明,运输市场中不具有完全竞争的实际。

4.3.3 运输劳务信息供给的充分程度对运输市场理想状态的影响

一般就运输需求者而言,对运输服务质量、功能及特点最为熟知的方法就是实际利用它一次,亲身了解运输劳务这种即时性商品。这样,在日积月累的经验中即可得到有关某类型运输劳务的较充分的信息。

在科学技术高度发达的现代社会不仅运输手段向多样化发展而且运输供给者数量也迅速增加,使运输需求者在选择运输劳务供给者方面常缺乏信息。

本来基于运输劳务的即时性特点,应尽可能快地提供有关运输供求的信息。由于运输劳务不能贮存和转移,不像有形商品那样摆在柜台上供需求者了解、接待,各运输公司的广告、站牌、行车时刻表等方面的信息宣传,可以在某种程度上减少有关运输供给信息的不完全性,但由于运输工作条件复杂,使运输供给发生临时性的或较短时间的变化,使运输需求者一时措手不及的情况也是时有发生的。另外,运输供给与需求在时间方面互不平衡的矛盾使运输需求者越加感到信息不足。

由此可见,运输劳务信息供给的不充分性也使得运输市场无法达到其理想状态。

4.3.4 外部干预对运输市场理想状态的影响

由于运输市场中运输供求的异质性和供给量常常不充分以及运输供给信息不充分的实际情况,使运输市场不存在完全竞争。但为合理分配社会资源,可由政府施以某种外界干预,使运输市场尽可能地接近完全竞争条件(如城市运输中的出租汽车运输市场和普通货物道路运输市场,就有一定程度的近似性)。政府制定相应的干预政策主要有以下4个方面。

1. 控制运输质量

运输质量控制内容很广泛,重点是运输安全,包括一般质量控制和特殊质量控制。前者如车速限制、安全限制等,适用于公共运输和自用运输;后者主要包括运输工具的结构标准、运输经营规程和标准等。

2. 控制运输数量

控制运输数量,即控制运输劳务的供给数量。控制方式一般通过许可证制度。

3. 控制运输组织与体制

控制组织机构的目的,基本在于合理安排运输单位组织规模,以求获得较好的社会效益和尽可能高的运输效率。

控制运输体制,即控制运输经济体制,包括合理安排各种经济所有制的结构形式和相互关系、管理组织结构及运输经济管理制度等。

4. 控制社会资源分配

控制社会资源分配,主要是指政府运用财政权力如何对运输及交通服务利用者征税以及如何利用财政力量对运输供给者提供资产及营运补助。

控制社会资源分配,以求尽可能合理,这也是实施前三项控制干预的基本目的。

当然,外部干预只能在一定程度上使运输市场接近完全竞争条件,但并不能使之达到完全竞争的条件。

4.4 运输市场的独占与竞争形态

由于实际当中,运输市场不存在完全竞争和完全垄断,所以现实中运输市场的基本形态主要表现为不完全竞争、寡头垄断两种形态。

4.4.1 不完全竞争的运输市场

不完全竞争的市场形态介于完全竞争性市场与寡头垄断市场形态之间。主要表现为运输劳务供给者数量多,各运输供给的运输劳务有一定异质性,各运输供给者也都有一定数量的相对稳定的用户。运输劳务的差异使运输劳务供应者具有一定的垄断性,而运输劳务的相互可替代性又使其供应者必须与其他供应者进行竞争。

例如载货汽车运输、内河航运及出租汽车运输等一般处在不完全竞争之下,在政府允许范围内各企业基本可以自由进入或退出该类型运输市场,只要有利润获取,又不需大量投资即可进入市场,如无利润也可退出该类运输劳务市场。

运输劳务供应者,依据其一定的垄断性可以影响商品的价格;同时,由于替代品的存在,运输劳务供应者影响价格的能力又显得不足。所以,不完全竞争市场上的生产者同垄断市场上的生产者一样,面对的是一条向下倾斜的需求曲线,不过,与垄断市场上的需求曲线相比较为平缓。

在不完全竞争市场上,生产者的短期均衡的决定与垄断市场上的生产者类似。生产者遵循边际成本等于边际收益的原则,并按需求曲线上相应的点决定市场均衡价格。不完全竞争市场上的生产者由于不同的需求状况,也会存在赢利、收支相抵和亏损三种均衡状态。在长期中,不完全竞争市场上的生产者可以根据需求的变化,遵循长期边际收益等于边际成本的原则决定生产数量。同时,生产者进入或退出该行业并不存在障碍。因而竞争会使需求曲线恰好与长期成本曲线相切,这意味着,在长期中,生产者的平均收益等于平均成本,生产者处于收支正好相抵的状态。

4.4.2　寡头垄断的运输市场

在实际运输市场中,处于寡头垄断的形态比较多。寡头垄断的运输市场是指由少数运输企业或单位控制的市场。这类市场的特点是少数运输企业垄断一个市场,它们向运输市场提供相同的或具有一定差别的运力,控制着运输市场的绝大部分运量。所以,整个市场的运价,被这些企业所垄断。当然,这些企业之间同样存在竞争。目前,铁路运输市场、国际航空运输市场和国际航运市场(定期船市场)与这类市场相类似。

在这种市场中进行竞争的企业数量不多,无论其中哪个企业调整经营政策(如改变产品或服务的价格)都将对其他竞争对手产生不容忽视的影响,而引起对手的反应。

根据需要原理,在寡头垄断形态支配的市场中,如果其中一个企业提高了产品价格,作为竞争对手的其他少数企业唯恐失去用户,通常应保持原价不变。这样,独自提价的企业的产品需要量将显著减少;反之,如果其中一个企业自行降低产品价格,其他竞争企业为保持自身的用户一般也随之降低同类产品价格。这样,各企业产品的销售量都增加不大,而且各企业销售量的增加额大致相同。因此,在寡头垄断形态的市场中产品需要变化趋势是以现行相对比较稳定的价格为中心呈曲线形的。

在寡头垄断市场上,生产者之间存在激烈竞争,因而生产者常要对自己面对的需求和竞争对手的反应做出一种假定,在确信其他生产者可能采取的行动的基础上,对价格和产量做出选择。每个生产者的既定策略会影响其他生产者,其他生产者采取行动后,它还要再采取相应的反应,这种相互竞争一直继续下去,直到达到某种平衡。在寡头垄断市场上生产者之间还存在着相互的勾结。对于生产者来讲,整个行业如处于垄断地位,每个生产者都会有好处。所以,追求更大利润的动机也有可能使生产者相互勾结形成垄断价格。

第5章 运 价

运价是运输部门凭以计算运输费用,取得运输收入的依据,其中生产性消费的旅客和相当一部分物资单位向运输部门支付的运输费用,最终将追加到产品的成本中去,成为计算和确定社会各种产品价格的依据。因此,运价对工农业产品的价格形成,对国民经济产、供、运、销及人民生活都有着广泛的影响。

因此,合理制定运价,发挥运价的杠杆作用,有效地体现运价所具有的各种职能,使运输业朝着建立有效、合理的综合运输体系发展,是运输经济学研究的一个重要内容。

5.1 运价的特点

运价的特点是由运输业的特征所决定的。运输业的产品不具有实物形态,同时也不能储存。运输业的这些特征决定了运输价格在形式上具有不同于工农业产品价格的特点。

5.1.1 运价率随运距延长而递减

对不同的运输距离分别规定不同的运价,是由于运输产品以复合指标即吨公里或人公里为计算单位,因而,运输距离也就成为运价结构中的一个重要因素。运价不仅要反映运输量的多少,而且应当与运输距离的远近相适应。这种按距离不同而区别的运价,一般以每吨公里或人公里若干金额来表示。

单位运输成本一般随着运输距离的增加而降低,而运价的高低一般是以运输成本为基础来制定的。所以运价按不同距离而有所区别。这主要反映在运价率随运输距离的延长而不断降低,在近距离时降低速度较快,在远距离时降低速度渐慢,超过一定距离则不再降低。但总的运输费用,则随着运距的增加而增加。其函数关系如下式所示。

$$\text{运价率}=\frac{\text{固定运输费用}}{\text{运输距离}}+\frac{\text{单位运输距离}}{\text{变动运输费用}}+\text{单位利税}$$

这种关系可用图5-1来表示。

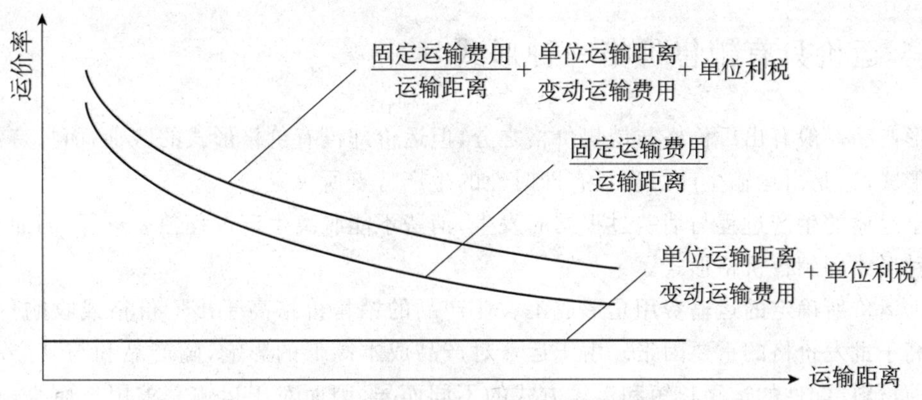

图 5-1 运价率与运输距离的关系

运价之所以具有这种特点，是由于对于被运送的对象而言，每个运次的固定费用支出是按被运送对象的运输距离分摊的，被运送对象的实际被运送距离越长，按其单位运输里程分摊的固定运输费用就越少，而且运价率的下降速度就越慢。

以铁路运价为例，旅客票价是以每人每公里的票价率为基础，按照旅客旅行的距离和不同的列车设备条件，采取递远递减的办法确定。从表 5-1 可以看出运价率与运输距离的数量变化关系。

表 5-1 铁路旅客票价辜与运输距离的关系

运输距离(人公里)	硬座普快(元)	按组中值计算的运价率(元/人公里)	平均每人公里运价率变动率(%)
1～20	2.50	0.250	—
21～30	3.50	0.140	0.733 3
31～40	3.50	0.100	0.400 0
41～60	4.50	0.090	0.066 7
61～80	5.50	0.079	0.055 0
81～90	7.00	0.082	0.020 0
91～110	8.00	0.080	0.013 3
…	…	…	…
191～200	15.00	0.077	0.003 0
…	…	…	…
701～740	49.00	0.068	—
741～780	51.00	0.067	0.002 5
…	…	…	…
1 061～1 100	68.00	0.063	—
1 101～1 150	70.00	0.062	0.002 2
…	…	…	…
1 551～1 600	93.00	0.059	—
1 601～1 660	95.00	0.058	0.001 8
…	…	…	…
3 381～3 460	165.00	0.048	—
3 461～3 540	168.00	0.048	0.000 0

表 5-1 中的“平均每人公里运价率变动率”表明，随着运距的延长，其运价率下降速度变慢，这是由于分摊到每人公里上的固定费用变小趋缓所致。其图形与图 5-1 相同。

5.1.2 运价只有销售价格一种形式

有形产品一般有出厂价格与销售价格之分,但运价却没有价格形式的区别,而只有销售价格一种形式,这是由运输生产过程具有即时性的生产特点所决定的。

由于运输的生产过程与消费过程同时发生,消费不能脱离生产过程独立进行,因而运价只能有一种形式即销售价格形式。

依据运价所确定的运输费用是形成工农业产品的销售价格高于出厂价格或收购价格,零售价格高于批发价格的重要因素。由于运费对产品成本高低的影响,随产品和与其产品形成有关的原材料、配件的运距长短和运输方式的不同而异,因而对于运输需求用户而言,采用适当的运输方式,并选择合理的运输线路,是降低运费负担从而降低产品成本的重要措施。

5.1.3 运价的种类繁多

运输需求多种多样,其运输对象性质不同、批量不同,并且使用的车型、运输距离、道路条件和运输方式均存在着程度不同的差别,所以其运价也就不同。

运价随运输对象、运输方式和运距不同而呈现多样化,这是运价区别于其他有形产品价格的重要特征。

5.1.4 运价的制定与管理

运价对国民经济的生产与流通,特别是对工农业产品最终价格的形成,有着直接广泛的影响。因此,运价规则是由国家主管部门制定的,并由其统一管理。

5.2 运价的职能与作用

5.2.1 运价的职能

1. 分配资源

经济社会不断进行着商品、劳务的生产和消费,而用于生产的人力、物力、财力等资源是有限的。消费者通常根据商品价格来决定商品的消费量,而某种商品的消费量的增减,可能导致其他商品消费量的减增,从而决定该商品生产量的增减。因此,价格具有分配资源在各类商品中的生产、消费量的职能。

对运输业来说,通过运价可决定对各个交通部门和交通设施的投资量,决定现有各种设施的利用程度。例如,某种运输方式在一定的运价水平下需求增加,就会比其他运输方式获得更多的效益,也就会导致更多的经济资源投入到该种运输方式中去。因此,运价可以调整资源在交通部门或运输方式之间的分配。

2. 收入再分配

运费的支付即收入由消费者向生产者的转移。同样的运输，出于政策调控和照顾实际情况等因素的考虑，对利用者制定不同的运价，在一定程度上意味着高价利用者对于低价利用者的补助，实质上形成收入的再分配。例如，各运输部门设立的各种学生票、月票制度，各类货物的差别运价，公共汽车较便宜的票价等均在实际上起到了对收入进行再分配的效果。

对于运输这样的服务性及福利性行业，发挥运价收入再分配的职能，能够满足特定对象的社会需求，扩大运输服务的范围。但对于其他有形产品的行业所谓价格的收入再分配职能，是指为了满足社会偏好，人们可以人为地为某些产品制定高价或低价，从而实现交换双方的收入再分配。

3. 刺激经济效益

刺激经济效益是指通过运价刺激每个运输企业改进技术，降低成本，提高劳动生产率的职能。

价格反映平均的社会劳动量，而不管个别企业的实际劳动耗费的高低。因此，无论供求是否平衡，在正常的情况下，对同类货物的运输，只能有一个价格或基准价格，每个运输企业必然要接受这把统一的社会尺子加以衡量与检验。如果企业的运输效率低，收入就会少，获取的利润就少。因此，运价刺激每个运输企业努力降低成本，增加收入，尽力使自己的个别成本低于社会成本，以便获取较高的利润，所以价格是促使企业提高经济效益的重要手段。

4. 调节供求关系

运价的调节职能即平衡运输供求的职能。

价格的调节职能对运输生产者来说，表现为供过于求而迫使价格下降时，运输生产者无法通过运价的收入得到正常的利润，就可能被迫缩小生产规模，或转而从事别的产品的生产。如果供不应求而使价格上升时，将使生产者增加生产，或使新的企业投入运输行业，使得总供给与价格按同一方向变动。运价所反映的不平衡的供求关系及价格对价值的背离，会使运输生产得到调节，资金在各运输方式或部门之间发生转移。

价格的调节职能对运输需求者来说，表现为在一定的收入条件下，由于运价的变动，消费者会不断地对运输需求的结构做出新的调整与选择，在某种运输方式的运价提高时，一般来说，需求者对该种方式的需求必然减少，运价降低时，则需求必然上升。总之，对运输的需求一般是按与运价相反的方向变动的。当然，在供不应求的情况下，即当总的运输能力不足时，即使提高运价，也不一定导致运输需求减少到运输能力以下。在这种情况下，必须增加运力，才能满足对运输的需求。

在现实的经济社会中，由于运价与各类商品价格有着十分密切的关系，它的变化对整个国民经济的影响很大，因此，几乎所有的国家的运输价格都受政府不同程度的控制，以保持运价的稳定性和统一性。也就是说，运价的基本职能在实际上并不能完全地得到发挥。

在市场经济下，为尽可能充分发挥运输价格的职能，可采取的做法是：运输生产者如果通过市场的竞争，了解到运输市场现已供过于求，或者供不应求，那么就应通过价格的手段去平衡，努力使供需关系趋于和谐，实现价格调节供求的职能。因此，给企业一定的定价权是十分必要的。当然，实行浮动运价，包括浮动的幅度、浮动的时间等都要得到有关部门批准。

5.2.2 运价的作用

运价的职能和作用是两个既有内在联系，又有区别的概念。运价的职能是价格在国民经济某一方面所具有的机能，它是价格固有的功能；运价的作用，是运价实现其职能时在国民经济运行中所产生的效果，是运价内在职能的外在表现形式。

合理的运价可对国民经济的发展起到一定的积极作用。

1. 正确制定运价，有利于促进各种运输方式之间的合理分工

运输量在各种运输方式之间的合理分配是组织合理运输的一个重要方面，它可以推动各种运输方式共同满足用户的运输需求。正确制定各种运输方式运价间的比例关系，有利于运量在各种运输方式之间的合理分配。例如，为了促使短距离运量由铁路运输转向汽车运输，可以把铁路短距离运价规定得相对高一些；为了加强路港合作，鼓励联运，可以实行水陆联运价格，规定凡经由水陆联运的货物，实行减成计费等。

2. 正确制定运价，有利于组织合理运输

为了促进运输合理化，运价实行有差别递远递减原则，并对某些主要大宗货物，根据其正常的产、销联系条件，分别规定运价按里程递减的终止里程，以资鼓励或限制。对某些不合理运输的方式，也有可能通过运价来加以制约。

3. 正确制定运价，有利于促进商品的流通

商品的流通必须通过运输来实现，但是运输费用的高低直接影响这种流通的进行。如果运价过高，就使流通费用增大，会增加商品的售价，甚至成为市场无法接受的价格，从而使流通无法进行。可见，正确地制定运价有利于促进商品的流通。

4. 正确制定运价，有利于促进生产力的合理布局

货物运费是产品价格的重要组成部分，产品生产地点距离原材料产地及销售市场的远近对产品价格中运输费用所占比重有很大影响，运输距离越长，所支付的运费就越多。因此，正确地确定同一生产系列的原料、燃料、制成品的运价比例关系，正确制定各种货物运价率随里程的变化关系，以及正确规定某些特定的运价措施，既有利于资源的开发和利用，也有利于商业和工业地点的合理布局。

正确的运价还可以使生产地接近消费地，就近建厂；同样，正确的运价还可以对某些过远运输加以一定的限制，使之成为重要的制约条件。对于新的经济区的开发或支持边远地区的建设，则可采取运价上的优惠办法，以利于生产力布局的合理化。

5. 正确制定运价，可以促进国民收入的合理分配

国民收入在国家、企业个人之间的分配与再分配，除按国家计划运行外，还通过价格这个杠杆来实现，由于运输价格是社会商品价格的有机组成部分，其高低都将直接或间接地影响国民收入的再分配。

6. 正确制定运价，有利于国民经济的发展

运输起着国民经济各个部门、地区和城乡之间经济活动的“纽带”作用，合理地制定运价可以从经济上保证这种作用的充分发挥。它还能与其他商品的价格形成合理的比例关系，有助于国民经济各部门的均衡发展。

合理的运价对整个运输业的发展起着积极的推动作用，可以在经济上刺激运输业改善经营管理，降低运输成本，提高服务质量，以利于发展国民经济，提高人民的生活水平。

5.3 运价的制定

运输业的运价主要是实行国家定价的制度，从而实现国家宏观经济控制的目的。所以，运输定价要以社会效益或社会利益及运输行业、运输企业利润最大化为定价目标。

国家定价制度，包括计划价格、基准价和浮动价格幅度、最高价和最低保护价以及价格听证等制度。

5.3.1 运价制定的理论

随着运输经济学的不断发展和完善，运价的理论和政策的研究也不断地深入，形成了许多的学说和观点，对这些理论进行研究，无疑将对我国运价体系的不断完善具有借鉴意义。

1. 运输成本理论

所谓运输成本理论，即指运价总收入必须足以支付运输业务的全部成本，成本决定运价，价格必须反映价值。否则，运输业的经营活动就无法维持，更不可能有较多的利润进行投资和扩大再生产。

当然这里所说的运输成本不是指特定的、个别的企业运输成本，而是指某个范围内的社会运输成本。

2. 运输价值理论

运输价值理论，它是根据运输对象的负担能力决定运价，也就是指运输利用者所承认的并愿意为之负担的运输价值。

运输价值理论主张运价上的差别，亦即高价商品的运价应高于低价商品，因为运价在高价商品的价格中所占比重小于在低价商品中所占的比重，高价商品的运输负担能力高于低价商品。当然这一理论未考虑运输对象所发生的直接成本。高价商品的运价可能大大高于运输成本，使运输企业获较大的利润，而低价商品的运价则可能低于运输成本。这在实际上起到了收入再分配的效果。

3. 边际成本理论

边际成本理论，主张从经济资源的最佳分配这一立场来决定运价。其论点为：根据产品价格与其边际成本一致的原则来决定运量，整个社会便会形成最佳运输量，获得最佳经济效益。

边际成本是指每变动一个单位产量所变动的成本，如果成本增加，则可称为新增成本。由于企业最关心的是找到一个能获得最大利润的运量，故对因运量变动所发生的新增成本十分重视，甚至不亚于对平均成本的重视。如果价格高于边际成本，则增加产量，产生的社会价值将高于使用资源的价值，这对整个社会是有利的，企业也能从中获得利润；如果价格低于边际成本，则减少产量，导致节约的资源价值大于减少了的产量的价值，这样，资源便可以转到其他生产上去，从而使资源得到最佳分配。因此，在由边际成本理论制定的运价指导下所决定的运输供应量，要正好和需求相一致。

以上三种理论中的运输成本理论所形成的价格是供给价格，它所表示的是运价的最低限度。而运输价值理论所形成的价格是需求价格，它所表示的是运价的最高限度。如果运输价格高于由运输价值理论所决定的价格，则运输利用者无力承担；如低于运输成本理论所决定的价格，则运输业自身无法生存。因此，实际的运价应介于两者之间。

5.3.2 我国运价的制定

运价的基础是运输产品的价值，运价的形成如果离开这个基础，就失去了科学的依据。运输产品的价值与其他商品一样，也是由生产过程中消耗的生产资料的价值(C)，劳动者为自己劳动所创造的价值(V)，以及劳动者为社会所创造的价值(M)三部分组成的，可以用公式表示为：

$$运输产品价值=C+V+M$$

运价的构成是以价值的构成为基础的，价格构成是价值构成的货币转化形态。

和价值的三个组成部分相对应，价格也由三个部分组成，即已消耗的生产资料的价值(C)的货币形态即物质消耗支出；劳动者为自己创造的价值(V)的货币形态即工资支出；劳动者为社会劳动所创造的价值(M)的货币形态即赢利。粗略地说，物质消耗和工资支出之和通称为成本，而赢利可分解为利润和税金。所以运输价值与运输价格的关系可用下式表达：

$$P=C+V+M=F+T+K$$

式中，P 为运价；F 为运输成本；K 为运输利润；T 为运输营业税金。

由于运输营业税金 T 与税率 α 和运价 P 的关系为：

$$T=P\alpha$$

所以有

$$P=\frac{F+K}{1-\alpha}$$

运价构成中的利润，是运输企业为社会劳动的价值货币表现中的一个重要组成部分。在市场经济中，由于部门与部门之间、企业与企业之间存在一定程度的竞争，从而使得资金在一定程度上可以在行业间转移，并通过竞争和调整，使得利润在各个部门之间不断趋向于平均化。显然，这种利润水平的部门之间平均化是制定运价的基础。关于利润分配的基础，在这里主要介绍 3 种观点。

1. 按社会平均工资利润率确定货物运价中的利润水平

设社会工资总额为 $\sum V$，利润总额为 $\sum M$，则社会工资利润率为：

$$W=\frac{\sum M}{\sum V}$$

工资利润率 W,反映劳动者为社会的劳动与为自己的劳动之间的比例关系。若运输部门平均工资为 V,则运价中的利润为

$$K=V\cdot W$$

从而,运价 P 可用下式表示

$$P=\frac{F+V\cdot W}{1-\alpha}$$

主张按这种方法来确定利润的基点是:全社会的利润是由活劳动创造的,因此社会利润在各个部门之间的分配,也应按活劳动消耗的多少来进行,而工资量的大小,基本反映了产品中活劳动的消耗,因而能大体上符合产品的价值。

但是,必须看到其本身的不足之处。

(1) 现行的工资结构并不能准确反映活劳动消耗的比例关系,有许多问题在短期内不可能得到解决;

(2) 这种方法不能适应现代化大生产发展的需要,因为价格中的利润水平并不反映资金占用量的大小,投资越大,越是现代化的部门因其工资总额比重较低,计算出的利润反而越小;

(3) 各个部门提高劳动生产率,节约活劳动越多,利润越小,而投资越小,手工劳动比重大的部门则处于有利地位。因此,不利于淘汰落后的工艺,以及先进技术的开发利用;

(4) 投资不以资金利润率作为选择标准,必然不利于投资的回收,从而加剧资金的紧张。

所以这种方法对投资额较大的运输业来讲,是不太适宜的。

2. 按社会平均成本来确定货物运价中的利润水平

按社会平均成本来确定货物运价中的利润,是基于企业的利润与生产成本之间存在一定的比例关系。

设社会成本总额为 $\sum F$,利润总额为 $\sum M$,则社会平均成本利润率为:

$$\beta=\frac{\sum M}{\sum F}$$

设运输部门的平均成本为 F,则运价中的利润为

$$K=F\cdot\beta$$

从而运价为

$$P=\frac{F(1+\beta)}{1-\alpha}$$

这种方法的最大优点是既反映物化劳动,又反映活劳动的消耗,确定利润也简便易行。所以,我国在制定运价时常沿用这种方法。

当然,这种方法也有其不足之处。

(1) 没有反映资金占用情况;

(2) 原材料成本高的部门其利润水平过高;

(3) 容易造成利润的重复计算。

3. 按社会平均资金利润率来确定运价中的利润水平

设社会产品占用资金总额为$\sum H$,利润总额为$\sum M$,则社会平均资金利润率为

$$\delta=\frac{\sum M}{\sum H}$$

设运输部门平均占用资金为 H,则运价中的利润为

$$K=H\cdot\delta$$

从而运价为

$$P=\frac{F+H\delta}{1-\alpha}$$

按照社会平均资金利润率制定的价格也称为生产价格,按生产价格定价,充分考虑两方面的因素,即任何生产不仅要消耗一定的物质资料,而且要占用一定的物质资料,因此可从整个国民经济效益的角度来评价生产单位的经济活动,进而为社会考虑投资方案提供了一个合理的经济标准。

以平均资金利润率确定运价,其优点是:第一,可以促使企业采用新技术,提高劳动生产率,从而使资金有机构成高的部门得到较多的利润,有利于促进技术进步;第二,有利于选择投资方向,提高投资收益。

运输部门是资金占用较多的部门,因此可按平均资金利润率来制定价格。

按社会平均资金利润率来确定运价,也有一定的局限性:第一,由于这种方法不考虑活劳动的使用效率,因而不利于劳动资源的节约和合理配置;第二,由于这种方法没有考虑平均工资水平的因素,所以将使有机构成较低部门的劳动者只能分享较少的奖励和福利基金;第三,在具体计算上存在一些难以解决的困难,例如对于同时提供多种运输劳务作业的运价,其在固定资金占用费和流动资金占用费的分摊上,难以做到公平、合理;第四,对运输业来说,各种运输方式的资金占用量差别较大。比如铁路运输,其企业固定资产范围明显不同于道路、航空、水路等运输企业,它不仅包括运输工具(机车车辆),也包括与运输工具相关的配套设施(线路、桥梁、隧道、通信信号等)。如果各种运输方式均用统一的资金利润率来确定运价,就难以使其客观合理。

5.4 国家定价与价格听证

5.4.1 国家定价

由于运输业与国民经济及人民生活各方面的联系广泛,所以运输价格一般采用国家定价的方式。

国家定价时,应考虑生产经营收入在补偿平均成本或社会成本后,能获得社会平均利润。如果价格过高,对消费者是一种损害,作为国家,其社会经济职能决定它应力求避免让消费者受到损害。国家制定的价格也不能过低,也应同时考虑运输业的生存与自身的良性循环。

由国家确定的计划价格中的平均成本,必须在全部经营范围内进行核算,例如铁路。对于

只限于某一范围的经营，如公路运输，则可由地方的国家物价部门会同运输的主管部门制定地方统一价格，其中的社会成本应在地方内核算，这样使广大的消费者在公平的前提下实现消费。

国家定价具有相对固定性的特征。但是，如果运输业内部存在着供求关系的不平衡，尽管其内部各自的运价反映了平均利润要求，但与消费者的需求评价比例不一致，这时国家就应据此调整两者的内部比价。比如提高铁路的短途运价，相对降低公路运价以引导公路对铁路的分流。

1. 铁路客运价格的制定

我国铁路客运价格一直实行全国统一水平的国家定价，1998 年 5 月《中华人民共和国价格法》(简称《价格法》)实施后改称政府定价。经国务院批准，1998 年 4 月起，允许部分铁路旅客票价向下浮动；2000 年 11 月起，允许部分铁路旅客票价以公布的《铁路旅客票价表》为基准上下浮动。

现行铁路旅客票价按旅客乘坐的列车等级和车辆类型，分为普通票价、加快票价、卧铺票价、空调票价等多种票价形式。普通旅客列车慢车 200 公里运程以内的硬座票价是旅客票价的基础，其他各种票价都是在此基础上按照一定比价关系经过加成或减成计算产生的，因此，通常将这一基础票价按每人公里元表示的票价率称为铁路旅客票价的基价率。

新中国成立以来，国家铁路票价共进行过四次较大的全面调整。第一次是 1952 年 3 月，关内外直通旅客列车开行，全路统一客运运价。第二次调价是 1955 年 6 月 1 日，铁路旅客票价提高 30%，硬席基价从人公里旧币 135 元提高到 175.5 元，折合新币 0.017 55 元。第三次全面调整客票价格的时间已经是 1989 年 8 月 5 日。由于长期没有调整旅客票价，票价明显过低。在此背景下，经国务院批准，对客运运价水平做了较大幅度的调整，硬座基价率由每人公里 0.017 55 元调整为 0.038 61 元，提价幅度 120%。第四次全面调整客运价格是在 1995 年 10 月 1 日。为了缓解铁路客运价格偏低、企业严重亏损的问题，经国务院批准，旅客票价基价率从人公里 0.038 61 元调整到 0.058 61 元，同时适当调整了不同席别的比价关系，理顺了递远递减率。这次铁路调整价贯彻了国民待遇原则，国内外旅客实行同种票价。

铁路旅客票价存在的主要问题是：客运价格形成机制不适应于社会主义市场经济和运输市场竞争的基本需要。对于旅客票价而言，政府定价的主要弊端是：我国不同地区的经济发展水平和旅客承受能力有较大差别，不同线路、不同季节的客流量及铁路运输企业的客运成本都明显具有非均衡分布的特征，而铁路客运缺乏调整票价水平的基本权力，客运票价不能及时反映运输市场供求关系，更缺乏对客流的调控能力。

国家一般通过制定投资政策来实现对运输供求矛盾的调整。国家定价一经确定不允许企业任意变动，具有较强的行政约束力，但这种行政约束力的有效性在很大程度上取决于统一计划价格的可调性。企业对国家定价的接受程度取决于价格的合理与否。当统一计划价格能够补偿并保证企业获得正常赢利时，它的行政约束力就能够实现；当统一价格远离价值时，则往往迫使企业设法摆脱其束缚。因此，国家定价既要保持相对的稳定性，也要根据实际需要适时进行调整。

2. 汽车运价的制定

为统一全国汽车运价计算办法，正确执行《价格法》和国家物价政策，促进道路运输业发展，交通部、国家发展计划委员会于1998年8月17日发布了《汽车运价规则》，并已于1998年10月1日起施行。

《汽车运价规则》是计算汽车运费的依据。凡参与营业性汽车运输活动的经营者、旅客、托运人，均应遵守该规则。

《汽车运价规则》规定的汽车运价包括：汽车货物运价、汽车旅客运价。各省、自治区、直辖市交通主管部门和价格主管部门，可根据该规则制定实施细则，该规则的价目已确定幅度的，必须在幅度内确定价格水平，未确定幅度的由各省、自治区、直辖市价格主管部门和交通主管部门自行确定。

对于政府列入市场调节价的客货运价价目，不受该规则有关基本运价加成幅度的限制。

各级主管部门在制定和调整汽车运价时，应遵循价值规律，反映运输经营成本和市场供求关系，根据不同运输条件实行差别运价，合理确定汽车运输内部的比价关系，并考虑与其他运输方式的比价关系。

3. 运价制定权限的下放

以铁路运输为例，国家计委近年逐渐放宽对铁路运价管制，并将继续深化铁路运价管理体制改革，适当下放铁路运价管理权限。按照国家计委的设想，对于货运价格，在恰当简化价格结构的基础上，根据商品市场供求关系，将货运价格逐步划分为三类管理，分别由市场调节、政府指导和政府定价；客运票价将调整改革现行计价体系，公布新的《铁路旅客票价表》。

货运方面分三类管理，一是对市场供求基本平衡或供大于求，价格主要由市场决定的商品，铁路运价将实行市场调节价；二是对煤炭等与国民经济发展关系密切，对铁路运输依赖程度较大的大宗货物，实行政府指导价；三是对国家要求实行运价优惠的支农物资、军事物资运输等，实行政府定价，执行较低的运价标准。对铁路企业运输第三类商品造成的运营亏损，通过减免税收、财政转移支付等方式予以补偿。

客运票价调整改革现行计价体系，主要是公布新的《铁路旅客票价表》，落实政府指导价和市场调节价政策，赋予铁路运输企业更大的价格管理权限，促进铁路运输企业积极利用价格杠杆，参与市场竞争，扩大市场份额，实现扭亏增盈。

铁路客货运输与国民经济发展和人民生活关系重大，具有公用事业和公益性服务的特点，在特定时间、区域和货物品类运输中处于垄断地位。根据《价格法》和《铁路法》有关规定，国家对铁路客货运输价格实行以中央政府定价为主的价格管理体制。改革开放以来，我国运输市场形势发生了很大变化，各种运输方式竞争格局初步形成，为国家逐步放松对铁路运价的管制，使铁路运输企业面向市场，积极利用价格手段参与竞争创造了条件。

国家对运价的调整，实际上往往要同时考虑供求双方的利益。为此，目前采用的方法主要是价格听证。

5.4.2 价格听证制度

1. 我国价格听证制度的产生

1993年，深圳在全国率先实行价格审价制度，政府在制定或调整与百姓生活密切相关的商品和服务价格时要征求消费者、经营者和有关专家的意见，这就是价格听证制度的雏形。截止到1998年，江苏、河南、北京、青岛等13个省市相继建立了价格听证制度。1998年5月实施的《价格法》首次将价格听证制度法制化。

为规范政府价格决策听证行为，提高政府价格决策的科学性和透明度，促进政府价格决策的民主化和规范化，我国国家发展计划委员会于2001年7月2日根据《价格法》，颁布了《政府价格决策听证暂行办法》。

政府价格决策听证，是指制定(包括调整)实行政府指导价或者政府定价的重要商品和服务价格前，由政府价格主管部门组织社会有关方面，对制定价格的必要性、可行性进行论证。听证的主要形式是听证会。

实行政府价格决策听证的项目是中央和地方定价目录中关系群众切身利益的公用事业价格、公益性服务价格和自然垄断经营的商品价格。

政府价格主管部门可以根据定价权限确定并公布听证目录。列入听证目录的商品和服务价格的制定应当实行听证。

政府价格决策听证应当遵循公正、公开、客观的原则，充分听取各方面的意见。听证过程应当接受社会监督。

听证会代表应该具有一定的广泛性、代表性，一般由经营者代表、消费者代表、政府有关部门代表以及相关的经济、技术、法律等方面的专家、学者组成。听证会代表由政府价格主管部门聘请。政府价格主管部门应当根据听证内容，合理安排听证会代表的人数及构成。听证会代表可以向申请人提出质询，对制定价格的可行性、必要性以及定价方案提出意见，查阅听证笔录和听证纪要。公开举行的听证会，公民可以向政府价格主管部门提出旁听申请，经批准后参加旁听。

2. 价格听证的申请内容

价格听证的申请人提出的书面申请应当包括以下材料。

(1) 申请单位的名称、地址、法定代表人；

(2) 申请制定价格的具体项目；

(3) 现行价格和建议制定的价格、单位调价幅度、单位调价额、调价总额；

(4) 建议制定价格的依据和理由；

(5) 建议制定的价格对相关行业及消费者的影响；

(6) 申请企业近三年经营状况、职工人数、成本变化、财务决算报表，人均产值、人均收入水平及上述指标与本地区同行业和其他地区同行业的比较等；该定价产品近三年发展状况、供求状况和今后发展趋势等情况说明；

(7) 政府价格主管部门要求提供的其他材料。

申请人应当对所提供材料的真实性负责。政府价格主管部门认为申请人提交的有关财务状况的说明材料需要评审的，应当将该说明材料提交具有合法资格的社会中介机构进行评审，由社会中介机构出具能证明材料真实性的评审报告。

听证会代表多数不同意定价方案或者对定价方案有较大分歧，难以确定时，价格决策部门应当协调申请人调整方案，或由政府价格主管部门再次组织听证。

需要提请本级人民政府或者上级价格决策部门批准的最终定价方案，凡经听证会论证的，上报时应当同时提交听证纪要和有关材料。

政府价格主管部门和听证主持人违反规定程序，徇私舞弊的，由同级人民政府或上级政府价格主管部门宣布听证无效,并报请有关机关追究其行政责任。情节严重,导致决策失误的,应当追究有关人员的法律责任。

听证程序要保证公开透明。听证会前要发布公告,将听证会所要公开听证的内容及具体事项、程序向社会公布,并公开听证代表的推选办法和产生过程。公开举行的听证会,可以邀请新闻媒体采访报道,也可以在听证会举行前后向新闻媒体公布听证会有关内容。

5.5 浮动运价

浮动运价,一般指为改善企业经营效果,根据运输市场的调节原理,在国家价格政策允许范围内确定的相对有差别的运输价格。

我国地域辽阔,自然条件、经济状况以及运输需求的波动状况很不相同,因此运价的调整不能要求各地完全一致,幅度完全相同。也就是说,在实行国家统一定价的同时,还应发挥市场的调节作用,允许运输企业在国家规定的范围内,实行浮动运价。

5.5.1 浮动运价的作用

浮动运价具有以下作用:

(1) 由于企业有了价格浮动区间,可以一开始就避免或克服因国家定价测算不准给生产者或消费者带来的损失;

(2) 当运输成本发生变动时,使其价格有相应的调整空间;

(3) 当发生运输供求变动时,使企业能适应市场价格波动;

(4) 可促使企业开展竞争,以提高经济效益和服务质量;

(5) 可为国家制定与调整运价及相关政策提供重要信息。

5.5.2 浮动运价的性质

由于运输企业没有也不可能有完全自主的定价权力,所以只能实行一定的浮动价格。如果企业确定的运价处在价格的允许浮动范围内,那么实际运价就是企业所确定的运价;如果企业确定的运价超出了浮动的范围,则以浮动价格的上限或下限为实际价格。

当然,国家应合理确定运价的浮动范围。如果浮动幅度相对于供求关系规定得太小,则价格限度必然被撑紧,各企业都将实际运价定在同一个限度上,无异于统一调价;在供过于求时,价格下限就是一个变相的统一国家定价;在供不应求时,浮动上限就是变相的统一提价。长此以往,将导致运价的基准价不复存在。

如果浮动幅度定得太大,将使其足以容纳来自不同程度的供求变化的冲击,则意味着浮动运价失去其存在的意义。

5.5.3 企业定价方法

对于大多数运输企业来说,其在国家规定的浮动运价内,常以成本为主要依据,对企业的运价加以测定。其方法主要有以下两种。

1. 成本加成定价法

成本加成定价法,就是估计运输产品的平均变动成本,加上间接费用,再加上一定百分比的利润加成作为价格。

例5-1 某运输企业计划运量的全部变动成本为100万元,平均变动成本为0.14元/吨公里,间接费用为80万元,则间接费用与全部变动成本的比率为80%,如果企业规定其成本利润率即利润加成为30%,则其运价为

$$0.14\times(1+80/100)\times(1+30\%)=0.3276\text{ 元/吨公里}$$

成本加成定价法的优点是:第一,比较简单易行,不需要估计价格与需求的复杂关系;第二,价格基本上可保证成本的补偿;第三,各企业都按一定比例加成,可减少由于价格竞争而产生的威胁;第四,会使买卖双方有公平合理的感觉,顾客也可通过加成法了解其价格的构成情况。

成本加成定价法的缺点是:第一,忽视了当前需求状况,而且它采用的成本是会计成本,而不是未来成本,因此它只是一种令人满意的方法,而不是最优方法;第二,即使它比较简单易行,但要合理分摊间接成本还是比较困难的,因为任何分配方法都不可能是公平合理的。

2. 盈亏平衡法

盈亏平衡法,就是确定企业保本运价的方法。其计算式为

$$\text{保本运价}=\frac{\text{固定成本}+(\text{预计周转量}\times\text{单位变动成本})}{\text{预计周转量}}$$

例5-2 某运输企业其未来一年内的固定成本预计为102 315元,单位变动成本为0.132元/吨公里,预计周转量为1 504 632吨公里,则保本运价测定为

$$\begin{aligned}\text{保本运价}&=\frac{\text{固定成本}+(\text{预计周转量}\times\text{单位变动成本})}{\text{预计周转量}}\\&=\frac{102\,315+(1\,504\,632\times0.132)}{1\,504\,632}\\&=0.20\text{ 元/吨公里}\end{aligned}$$

保本运价,一般在季节性供过于求时,为了保本而临时采用的运价。其实,由于固定成本与运输工作量无关,具有不可避免性,所以在季节性供过于求时造成的运价大幅下滑时,只要企业实际运价大于单位变动成本(即可小于保本运价),在短期内也是必要的和可行的。

5.6 差别运价

差别运价是指运输提供者根据市场对运输的不同需要层次,制定不同的价格。例如,对于同样重量、同样运距、同样运输条件的两种货物,其运价可有不同。

5.6.1 差别运价的意义

(1) 国家利用差别运价发挥运价的杠杆作用,以促进合理运输,促进生产力的合理布局。

(2) 可在一定程度上消除运输企业由于在不同运输条件下运输所产生的苦乐不均现象，使运价大体符合价值，促进运力的合理分布，缓解边远地区运力的供求矛盾，提高企业经济效益和社会效益。

(3) 按质论价，可以鼓励先进，保护消费者利益，同时有利于调整供求关系，可以照顾到各种类型的消费需要，使运输消费者按自己的需要来确定对不同质量的运输劳务需求，从而有利于供求的平衡。

5.6.2 实行差别运价的条件

(1) 能把各种不同的运输对象区别开来。比如，能按运输对象对运输工具的不同要求对运输对象分类，以便对不同的运输对象实行不同的价格。

(2) 各种不同运输对象的价格需求弹性不同。例如，对贵重商品和廉价商品可以实行差别运价，因为两者对运输的价格需求弹性不同，前者小，后者大。

5.6.3 按运距不同的差别运价

为了运输的合理化，国家在运距方面实行差别运价。运价率与运距之间的关系可有 3 种情况。

1. 递远递减

为鼓励运输需求者充分合理利用运输工具，相对减少运输供应者的固定费用支出时，可对远距离运输采取鼓励政策，即随着运距的增加，其运价率则相对下降，使其与成本性态相一致。运价率与运距的关系如图 5-2 所示。

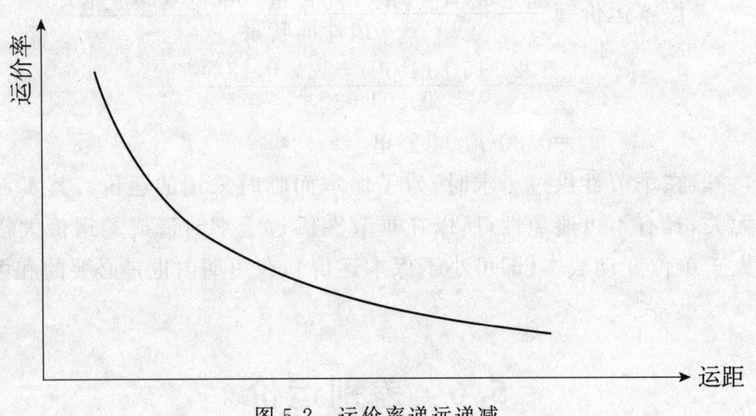

图 5-2 运价率递远递减

2. 有限递远递减

运价率在合理的运距内采用递远递减，而在合理运距外保持一定的水平不变，其目的是不鼓励过远运输。其几何意义如图 5-3 所示。

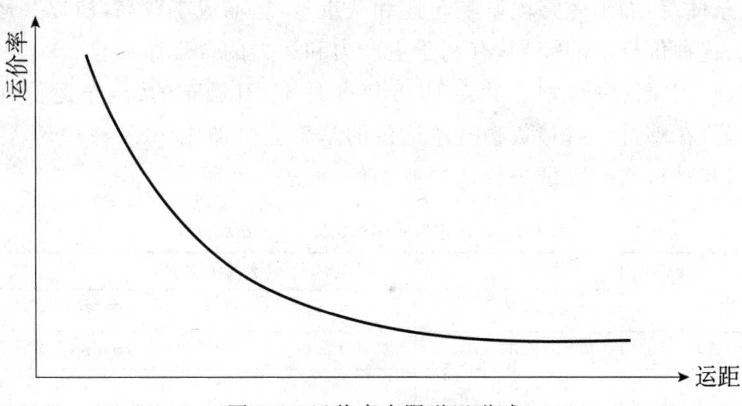

图 5-3 运价率有限递远递减

3. 过远递增

运价率在合理运距内递远递减，但在合理运距外反而递远递增，其目的是对于那些过远运输对象加以严格限制，以促使货物流通的合理化或使其转而选用其他运输方式进行运输。其几何意义如图5-4所示。

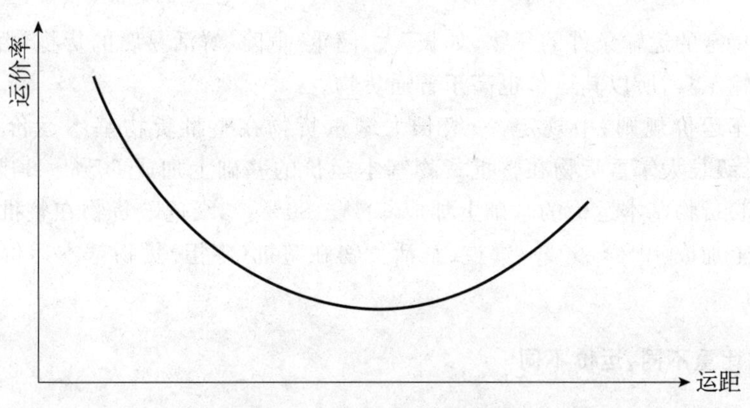

图 5-4 运价率过远递增

按运距实行差别运价，可以用来合理分配各种运输方式的运量。例如，为发挥水运长途运输安全的优势，鼓励货主充分利用水运，其运价形式可递远递减；为发挥公路短途的门到门运输的优势，限制其长途运输，在一定的距离以后，可采用递远递增的运价。

5.6.4 按运输对象不同的差别运价

这种差别运价把运输对象分为若干类，在其运距和运量相同的情况下，对每类规定不同的运价。

1. 不同的地理条件实行不同的运价

根据经济区域、自然条件、地理条件的不同，虽然运量和运距相同，但运价有所不同。例如，地区不同，货物生产和销售的集中程度与分布状况不同，因而会影响实载率，所以运价也不同。此外，地理条件差，如山区路段影响车速和载重量，运输成本较高，所以其运价和平原地区也应有所区别。这种价格上的差异，有利于生产力和运力的合理布局。

例如，交通部、国家发展计划委员会1998年8月17日颁布的《汽车运价规则》中规定，非等级公路货物运价在整批(零担)货物基本运价的基础上可加成10%～20%。又如，某年某市道路运输对山路和难行路的运价进行适当的加价，如表5-2所示。

表5-2 ××市道路运输山路、难行路加价表

货种 / 项目	普通货物(元/吨公里)			特种货物(元/吨公里)
	一等	二等	三等	
山区难行一等	0.05	0.06	0.07	0.08
山区难行二等	0.07	0.08	0.09	0.10

2. 货物的价值不同，实行的运价不同

对于贵重货物的运输，需要特定的运输服务，使得其成本较之一般货物明显升高。因此，贵重货物的运价将比一般货物的运价偏高。

3. 货物性质及运输条件不同，运价不同

对于需要特定的运输条件的货物，如长、大、超重、危险、鲜活易腐的货物，由于需要特殊的运输条件和运输工具，所以其运价也高于普通货物。

例如，《汽车运价规则》中规定，一级长大笨重货物在整批货物基本运价的基础上加成40%～60%，二级长大笨重货物在整批货物基本运价的基础上加成60%～80%；一级危险货物在整批(零担)货物基本运价的基础上加成60%～80%，二级危险货物在整批(零担)货物基本运价的基础上加成40%～60%；贵重、鲜活货物在整批(零担)货物基本运价的基础上加成40%～60%。

4. 货物的比重不同，运价不同

比重不同，同样重量的货物所占体积不一样。因此，比重小的货物影响载重能力的利用程度，因此运价应比普通货物要高。

例如，《汽车运价规则》中规定，装运整批轻泡货物(指每立方米重量不足333公斤的货物)的高度、长度、宽度，以不超过有关道路交通安全规定为限度，按车辆标记吨位计算重量；零担运输轻泡货物以货物包装最长、最宽、最高部位尺寸计算体积，按每立方米折合333公斤计算重量。

5. 运输时间不同，运价不同

在运输旺季，由于运力紧张，为了优先运输季节性强的货物或旅客，可适当提高运价，从而使与季节性无关的货物或旅客错开运输时间。当然在运输淡季，为了吸引运输需求，也可适当降低运价。

6. 对运费的负担能力不同，运价不同

对于那些对运费负担能力较低的货物，可相应降低其运输价格。例如，廉价商品的运费负

担能力较小,所以运价也较低。在旅客运输中,对学生实行半价,是因为学生的经济负担能力小。

5.6.5　按运输批量不同的差别运价

当一次运输货物的数量达到一定的数目时,可适当降低其运价。实行这种差别定价的目的是可促使货主或客户成为长期的客户,便于把握运输的供需关系,并且可补其偿运输零担而多付出的费用。

我国现行的整批、零担运价等属于按运输批量不同的差别价格。

第 6 章 交通运输政策

交通运输政策,是为了指导、影响交通运输经济活动所规定并付诸实施的准则和措施。交通运输政策是加强和改善宏观调控,调整和优化产业结构,提高行业素质,进行资源合理优化配置,促进各种交通运输方式协调发展的重要手段,是用法规管理全行业、用政策引导全行业、用信息服务全行业的重要依据。

6.1 交通运输政策的运转与实施目标

6.1.1 交通运输政策的运转

交通运输政策的运转,指完成包括其准备、制订、执行及总结四个基本工作环节在内的一次循环过程。

1. 准备

准备是制订政策前的调研工作过程,包括确定交通运输经济的现状及其与目标状态的差距,为决策者反馈信息和提出问题。

作为一种工作过程,交通运输政策调研的提出、进行及其完成结果,一般要受下述 3 种因素的影响。

(1) 政策调研活动发生的客观环境,被调研对象的历史现状和发展趋势。这是引起政策调研活动的客观因素。

(2) 调研者的专业知识与技能、职业、政治觉悟、文化水平及调研者集团的智力结构等。这是影响调研工作效果的主观因素。

(3) 领导者的决策能力和水平。这是政策调研工作过程的行政指挥与制约因素。

因此,要搞好制订交通运输经济政策的准备工作,必须把握上述 3 方面的有机联系及变化规律,从而找出科学的政策调研工作方法和途径。

2. 制订

制订是在充分调研的基础上具体设计和选定政策方案的工作过程。对此,须注意掌握好下述基本原则。

(1) 注意政策的时控性,要尽可能地在多种方案中选择优化合理、适合现阶段经济社会环境的政策方案。

(2) 注意有关政策的相关性,尤其要充分做好相关经济政策的协调配套工作。

(3) 注意该项政策的社会心理效应，包括执行该项交通运输经济政策可能带来的社会问题和政策实施对象与群众的承受能力。

(4) 注意经济性政策的超前研究，尤其要做好社会经济政策变革因素影响的研究工作，如目前科学技术革命和经济体制改革所引起的生产集约化趋势以及再生产结构中其他方面的变革因素的影响。

(5) 注意对政策制订工作过程实行统一的系统管理，如组织统一、设计统一、程序统一等，尤其要注意改革某些相关部门各自为政制订政策的不合理现象。

3. 执行

执行是政策的下达、实施的管理工作过程。对此，需要研究政策制订者与执行对象的关系，分析执行对象的素质、心理和行为特征，以及研究政策实施行为的合理化途径等。

4. 总结

总结是政策实施效果的评估与政策调整的工作过程。政策效果的评估，包括调查该项政策实施后的交通运输经济效果和社会总体经济效果，预测政策的可能变化趋势和阻碍因素等项工作。对此，应做好以下3项工作。

(1) 制订明确的评价标准体系。

(2) 建立政策评估的数学模型，即需要形成一个科学的评估程序，掌握一系列现代经济评估手段和方法。

(3) 建立系统的政策评估组织。

政策调整，是在政策运转周期终止环节中，为继续优化实施效果所进行的完善、充实政策方案的工作过程。这既是一项交通运输政策完成一个运转周期的终止工作，也是政策总体完善过程中开始下一次运转循环的起始工作。对此，须要注意防止单凭主观意志来调整政策的工作方法，以尽可能地避免不合理的经济行为和政策效果递减现象的发生。尤其要加强研究政策调整过程中的心理变化，政策调整的形式、时机及调整的程序和方法等项工作，以不断优化交通运输政策的实施效果。

6.1.2　交通运输政策的实施目标

交通运输政策作为国家经济政策的一个重要组成部分，应当按照经济政策的总体目标即提高整个社会生产与人民生活水平、合理分配社会资源进行制定。对此，世界各国均依据各自社会结构与经济状况，分别制订各自不同的具体交通运输政策。例如，对铁路运输而言，在发展中国家，为进一步发展铁路运输，既需要采取保护政策，又需要同时采取补助或扶持的政策；而在一些发达国家则多采取扶持政策。

制定交通运输政策的目标主要是为了维护正常的交通秩序、协调交通运输系统的工作及保证交通运输安全等。

1. 维护正常交通运输秩序

任何一种活动，只要参与者众多，就必须要有规定的秩序才能正常进行。交通运输服务的供给和消费，是一种具有广泛公共性的经济活动。不仅有多种运输方式、多种经营方式、多种经济成分及数量众多的交通运输经营者，而且还有类型繁杂和众多的运输对象。

既然交通运输服务是一种经济活动，就会有经济利益发生。无论是交通运输服务的供给者还是需求者，无论任何一种运输方式、经营及用户单位或个人，都有各自的利益。这些不同利益取向，将使其相互之间在一定程度上、一定时间和供求范围内有着各种矛盾和制约。

为了社会总体利益的基本需要，包括既保证各运输方式和经营单位正常进行运输服务工作，尽可能有效利用其运输能力、合理发挥其优势，又保证运输需求者总体的基本经济利益，必须要有一个正常的交通运输秩序。

例如，首先必须对交通运输经营权利和基本运价水平要有一个原则性规定，如像经营许可证制度、基本运价制度、税费征收制度以及经营范围限制、有关业务单证和票据统管制定，决不允许无政府主义的随意经营、漫天要价、坑害社会公众利益的非法活动。这些都是为了适应上述需要而在政策上实施的限制和规定。

2. 协调交通运输工作

在考虑维持上述交通运输正常秩序的同时，为了提高整个运输系统的运转效率，提高运输服务质量，还必须考虑各运输方式协调地进行系统性的、有组织的运输服务供给。

为保证社会总体经济效益，同时兼顾不同运输供给方的效益，必须发挥各自优势，才能提高交通运输系统总体的运转效率。

例如，在城市电车、公共汽车、出租汽车运输与铁路、航空、水路运输等运输工具运行时刻表上，应进行统一规划、统一制定，使其合理衔接，以便利乘客转乘，并尽可能减少转乘等待时间，提高整个城市公共客运系统的运转效率。否则即使某种或几种运转工具的运输效率虽高，但乘客转乘等待时间较长，也会显著降低总体运输效果。因此，有必要对各运输方式统一采取计划运营的交通运输政策，以保证各运输方式在合理分工的同时，又使其相互间合理衔接，合理调节，提高整个运输体系的运转效率。

交通运输协调工作内容主要有：合理地确定各运输方式的服务分工及比价关系，设置各运输方式的共同终点站，组织不同运输工具的共同使用和联合直达运输以及设立直达运价等。

3. 保证交通运输安全

交通运输安全，包括运输安全与交通安全。

运输安全是运输对象的安全，即从起运点起至目的地，对货物要保持其完好无损、数量无差错、质量无变异；对乘客要保证其乘车安全，不得发生任何危及其人身与财物安全的责任事故。

交通安全是运输工具运转行驶时，要保证有关行人、交通工具及沿线设施的安全。

由于近代运输工具重量大、速度快，而且其运转过程中产生的振动、噪声、废气等，使驾驶人员长期在高温和有害健康的作业环境下工作，经常处于高度集中和精神紧张状态之下。因此，发生事故的可能性较大，而一旦发生事故，就容易造成重大人身伤亡和财产损失。仅以水路运输为例，2000 年，全国发生水上交通事故 585 件，死亡 550 人，沉船 234 艘，直接经济损失达 13 596.31 万元；近年来我国船舶溢油污染损害巨大，损失十分严重，每起重大事故造成的直接经济损失都在几百万或数千万元以上，而且对水域环境造成严重破坏。

交通运输安全政策所涉及的内容可以概括为以下 3 个方面。

(1) 有关交通运输工具本身，如限定道路运输车辆的结构、装载量、定员及行驶速度等有关安全标准;限定铁路运输车辆的结构、装载量、路轨、信号设备、桥梁、隧道性能的各种安全规定。

(2) 有关驾驶人员驾驶工作规则,如交通路口信号控制、行驶速度限制、通行规则等细则规定。

(3) 有关运输对象载运工作规则,指为了保证所运货物、乘客的安全所订的有关规定,如限定货运损失率、商务事故发生频率等。

有的国家还规定了将交叉路口立体化和建造桥梁的审批权限,以确保交通运输安全。

6.2　交通运输政策的类型

由国家或地方政府制定的交通运输政策,按其性质可分为直接介入性的、实施监督性的、经营保护与扶持性的和综合性的运输政策等四种类型。

6.2.1　直接介入性政策

直接介入性政策,指各级政府通过专项税费征收或以直接经营企业方式介入交通运输市场的有关政策。

1. 征收社会性费用

社会性费用包括因交通运输环境污染所发生的外部不经济费用和建设大型交通运输设施的回收费用。

外部不经济费用是因交通运输活动引起而又发生在交通运输系统外的费用。主要包括因交通噪声、振动、废气、灰尘及事故等引起的损失费用和为其不良影响所必须支付的防治费用。如喷气式飞机机场附近及高速公路沿途防止噪声费用、因船舶的排油投弃使海域渔业损失所需支付的损失费用等。为建设大型交通运输设施的回收费用,如建设运输线路、车站、港口及机场桥梁等大型设施,还有如拆除市内有轨电车轨道、建设无轨电车或公共汽车线路时,需铺装路面提供给车辆行驶和行人步行等。因这种建设投入使用,给交通运输产业带来较大利益的情况下,政府应采取相应措施予以征收有关税费(如过桥费、过路费、公用设施附加费等),回收部分费用。

2. 政府直接经营性介入

这是由政府直接经营具有某种独占性运输企业形式,介入运输市场。其资金来源主要依靠财政税收或专项费用支持,是一种直接性的介入政策。

由政府直接经营企业的主要特点是资本雄厚,可以组织大规模企业和普遍性经营。我国的民用空运、远洋海运及铁路运输主要由各级政府直接经营,汽车运输和内海航运大多数为私营。在国外,发达国家的海运与空运业私营较多,部分为国家经营;发展中国家的海运与空运则多为国营。以民航为例,民航是资金密集性企业。中型以上飞机尚不能国产化,引进外国先进机型,宽体客机一架上亿美元,一架中型客机也需上亿元人民币。此外,在机场基础设施建设、飞机维修等方面所需资金数额巨大,民营企业难以问津。

由于现代大型运输企业的建设需要巨额投资，民营较为困难，只能由政府财政出资经营。表 6-1 为全国交通系统固定资产按资金来源划分的投资情况。

表 6-1　我国交通系统固定资产投资及资金来源　　单位：亿元

年份	合计	国家投资	国内贷款	利用外资	自筹及其他资金
1990	180.53	22.63	29.15	8.98	119.77
1991	215.64	23.65	43.09	9.54	139.36
1992	360.23	23.71	69.30	18.55	248.67
1993	604.65	24.26	93.48	36.13	447.78
1994	791.43	19.27	137.45	46.83	587.88
1995	1 124.78	20.17	167.81	77.63	859.17
1996	1 287.25	13.92	201.99	99.26	972.08
1997	1 530.43	16.35	220.59	105.14	1 188.35
1998	2 460.40	180.00	824.30	125.83	1 330.27
1999	2460.52	140.56	834.08	85.74	1400.14

为了发展处于边远和经济较为落后、地理条件较差地区的社会经济、文化，普遍提高人民的生活水平，政府有必要在这些地区直接经营运输业。

6.2.2　监督性政策

监督性政策是指对交通运输业实施的间接性介入政策。主要包括限制独占、运输业统管及交通运输安全与劳动保护政策。

1. 限制独占

由于独占性经营一般规模较大、数量多，其运量在总运量构成中所占比重较大，其经营方针和运价水平不仅影响其他运输方式的发展而且对国家和区域经济也有着重要影响。

历史经验表明，完全独占弊病很多，容易产生不顾大局而偏顾自身利益的现象，尤其是发达国家中的私人垄断经营性运输企业更为明显。对此，政府应采取适应政策，对其经营上的不良倾向予以限制。美国在 19 世纪初为扶持铁路发展曾对之施以很多优惠，如免费进口钢轨、免费或以优惠价供给土地等。但到了 19 世纪末，为防止铁路运输垄断，美国政府又拨巨款 85 亿美元疏通河道，发展水路运输，以后在 20 世纪 50 年代又投资 1 000 亿美元修建 6.8 万公里高速公路以发展汽车运输。

各国由于社会制度、经济体制不同，各种运输方式的独占情况也不一样。而在一个国家内各地区的情况，则由于经济发展及历史地理不一，其运输许许多多的独占情况也有差异。如铁路运输，在我国具有广泛的独占性，几乎全部由国家经营，它对国家的经济发展有着重大的影响。因此，对于这种类型运输业的经营方针和运价，国家均予严格管理。它的运价过高或过低，均影响整个国民经济的发展和其他运输方式的合理发展。

我国的汽车运输业，以前几乎完全由国营运输企业实行独占性经营。改革开放后，我国对公路运输产业结构和产业政策进行了重大调整，打破长期以来公路运输独自经营的传统，实行国营、集体、个体一起上，逐步形成多层次、多渠道、多种经营方式的新型运输结构，促进了公路运输的发展。我国近年来，公路部门营运车辆与私人汽车拥有量的变化情况如表 6-2 所示。

表 6-2　我国公路部门客运车辆与私人汽车拥有量变化情况

项目　　年份	1995	1996	1997	1998
公路部门营运车辆(万辆)	27.49	28.81	29.89	31.88
私人汽车拥有量(万辆)	249.96	289.67	358.36	423.65

2. 运输业统管

运输业统管政策的主导思想，是根据实际运输需要和有利于国民经济健康发展的原则建设运输业，以保持交通运输服务的供求平衡、不浪费社会资源和保持正常的交通运输秩序。

运输业统管的内容较多，主要有运输经营许可统管、基本运价统管、运输组织协调与指挥等。

运输经营许可统管，是为了保持运输供求平衡和服务水平，需要审查运价供给者的经营能力及经营范围，对超过或不符合社会经济建设需要的运输经营要加以限制。例如在人口较多、经济发达的地区与城市，如果允许随意运输经营，必然会引起重复投资，不合理竞争和运输业的过量发展，致使社会资源的严重浪费。所以，要制定相应政策加以限制，如统一设置运输网点、实行营运许可证制度。

运价政策，是运输业统管政策的重要内容，对促进社会经济发展和保持正常的运输工作秩序均起着重要作用。因此，各国对国内运输业几乎都重视采用运价的批准制度，由各级政府统管。如我国汽车运价就是由各级政府主管部门会同物价部门统一管理的。

运输组织协调与调度，一方面包括运输系统内各运输方式、经营形式间运输业务分工及协调关系，制定相应政策实行统一管理；另一方面是在特殊情况(如发生战争、紧急救灾等)时，将国内或地区内全部运输工具由政府统一调度管理，以服从社会总体需要。

3. 运输安全与劳动保护

随着运输工具总体数量的不断增多，产生交通运输事故的可能性也在增大，其破坏程度不可忽视。为了保护人身安全、保护社会财产不受损害，除运输业自身要在有关管理和技术方面采取有力措施予以保障外，各级政府部门还应制定有关运输安全的政策，实行统一监督与管理。

交通运输业是一个从业人员众多的行业，其劳动过程的特殊性，要求在谋求和保护运输业劳动者的应得利益与合理的劳动条件方面制定相应的政策，即运输劳动保护政策。

运输业劳动与其他行业劳动的基本区别在于，它兼有移动性和运输生产的即时性。由于运输业劳动者在固定性场所的作业劳动不同，它是处在特殊困难的劳动环境中，不断受到噪声、振动、摇动、废气乃至高温、高压的影响。又由于运输生产与消费具有规律性的移动，特别在运输高峰季节或运输高峰期，运输劳动者还必须随之进行连续长时间的作业劳动。他们的休息、饮食等都是无规律的，这样就使得运输劳动者在较长时间内处于身体上和精神上高度疲劳的状态，偶发事件的可能性较大；同时，长时间的精神高度紧张和不断地移动、振动，又易导致劳动者内脏损伤。因此有必要制定相应政策，对运输业劳动者的录用、培训、工作安排、福利待遇及劳动条件等给予特殊关照。

6.2.3　保护与扶持政策

1. 运输保护政策

运输保护政策的目的在于保护和发展本国和本地区的运输业权益。

在运输业发展初期或运输欠发达的情况下，由于这时整个国家或地区的科学技术与经济发达程度较低，致使运输业的自然发展难以产生预期效果。此时，政府有必要介入，对特定的运输手段实行各种保护，如目前发展中国家为了发展本国海运业，大多给予本国海运业以特权利益，而对外国船只实行差别待遇；有的国家将本国船只港湾使用费和海关生产率降低或者规定 50%以上数量的输出货物由本国船舶运输等。我国有的省内允许对边远山区公路运输实行政策性亏损以及对省际、市际、县际实施公路客运平衡性业务协调等也是一种地区性运输保护性政策等。

即使在运输业发达的国家也对本国运输业采取诸如此类的保护政策。另外，各国都实行的在领海内各航线禁止外国船只航运等也是一种保护性政策。

2. 扶持政策

扶持性政策，原则上是以运输市场的运输产品价值规律为前提实行的，因此也有较强的保护性。例如，对于能合理经营但资金不足而致经营困难的运输企业实行低息长期贷款，或财政补贴、减免税费等；对于必须建设的大型运输企业（如铁路、轻轨铁路、民航、地铁等）因地方资金不足而采取国家与地方财政联合投资；对某些地区运输建设采取政府与民间联合投资；在国际运输竞争激烈的情况下，对本国的运输业予以必要的财政补贴（如美国对本国海运业提供了船舶建造的财政补贴及远航差额补助）；对公共运输业提供利润补偿，即对于运价水平低于运输产品价值的公共运输业，实行必要的财政补贴或减免税费征收等，如国内各大中城市公共客运企业实行财政补贴及减免税费征收政策。

6.2.4 综合运输政策

综合运输政策是指为各种运输方式总体合理发展的系统性政策。

现代各种运输方式因其形成历史、运输功能及经济特征等各不相同，各国曾先后制定了相应的针对某种运输方式的运输政策。如铁路运输政策、水路运输政策、汽车运输政策、航空运输政策等，这些政策大多缺乏相互关联性，甚至有碍于交通运输业的合理发展。因此，作为以提高国民经济为目标的国家经济政策重要组成之一的交通运输政策，必须谋求各种运输方式都能合理发展，即谋求整个交通运输系统的健康发展，消除上述各种阻碍因素，这就有必要首先制定综合性的交通运输政策，以便在原则上统管各项运输政策。

制定综合性运输政策，需要综合考虑全社会范围内的有关因素，考虑与整个国民经济的关系，考虑有关经济政策（如工业政策、物资流通政策、地区开发政策等）结合进行。

在铁路运输发展阶段，以其高度独占性经营为前提的铁路运输政策，在当时是合理的，但在当今，因汽车运输与航空运输高度发达，使其某些运输功能优于铁路，因而显著地制约了铁路运输的经营，使货物运输工作大量转向汽车运输，在一些工业发达国家，其汽车运输无论就其完成的货运量或货物周转量都远远超过了铁路运输。在这种情况下，如果依然坚持铁路运输完全独占性经营的运输政策，就会阻碍汽车运输的发展。因此，制定综合性运输政策应以合理配置各种运输方式充分发挥其效能，最大限度减少社会资源浪费为目标进行。然而，以怎样的实际方法达到这个目的，在技术上是相当复杂、困难的。对此，平等竞争与机会均等应作为制定相关政策的原则。因此，在制定综合运输政策时应考虑以下 5 点。

1. 运输费用负担问题

汽车运输、航空运输和海上运输不完全负担运输线路及终点站费用，而铁路运输则完全负担上述费用。

2. 发挥各运输方式的功能特长

汽车运输以中短途、集散货物运输为主；铁路运输则以长途、大宗货物运输为主；水运则以远洋、近海、沿江大宗廉价货物运输为主；航空运输则以时效性强、贵重货物运输为主。

3. 自用运输与公用运输的分工

就我国而言，当前社会单位及个人的自用汽车远远超过公用运输汽车，如何合理处理两者之间的关系，明确两者之间的分工，是一个比较复杂的问题。例如自用汽车与公用运输汽车之间是否存在一个合理的比例关系，如果存在这种关系，那么如何来确定；再如，对于公用运输应否给予政策上的扶持或优惠，以发挥其长。

4. 协调运输价格

根据各运输方式的功能特点，合理制定相应运输价格，以便相对于各运输方式的功能特点，扬长避短。

5. 社会效益

包括社会经济效益与环境污染问题。如城市及其周围地区因交通公害造成的环境破坏，通勤与通学难，以及随之引起的社会资源浪费与国民经济负担增加等。

6.3 交通运输产业发展扶持政策

交通运输建设项目，具有工程量大，建设周期长的特点。建设一条铁路新线，从勘测设计、施工建设、完成配套工程到投产营运，一般需要 5～8 年；港口泊位的建设周期，一般需要 3～5 年。而经济资源的开发，大型项目的建设也要以运输为前提条件。因此，对交通运输基础设施的建设，在速度上要比工农业生产建设超前一步。加速交通运输业的发展，对于促进社会生产、流通、分配和消费，全面提高经济和社会效益将发挥巨大作用。为此，对运输业的发展应采取扶持政策。

为了扶持运输业，必须制订一系列的经济政策，包括投资、金融、价格、税收及物资供应等政策，加快其发展。

6.3.1 增加对交通建设的投资，改革投资体制，多渠道筹集建设资金

(1) 交通建设投资数额大、建设周期长，需要中央和地方政府集中必要的资金加以重点扶持。在我国资金有限的情况下，对于运输业内部的每个行业，要在发展中动态地选择自己的重点，才能发挥最大的效益。

(2) 改革投资体制,实行分级建设和分级管理的投资体制。进行交通建设要调动各方面的积极性,特别是地方政府的积极性。对运输业固定资产投资应进行合理分工,划分中央、地方、企业的投资范围。对运输业固定资产投资可考虑按下述原则建设和管理的范围。

① 具有全国意义的铁路干线和某些国防铁路线、主要内河干线航道、公路国道、沿海和内河主要港口泊位的水工建筑、大型机场的新建和改建工程,由中央投资建设或由中央与地方合资建设,并主要由中央企业经营和管理,或下放到地方经营管理。

② 主要铁路支线和联络线、地方铁路、主要公路干线、特大型公路隧道和桥梁、地区性的内河航道、港口和机场,有的由中央和地方合资建设,有的主要由地方投资建设,中央给予适当补助,并由地方企业经营和管理。

③ 主要为地方服务的民用机场、一般地方铁路支线、联络线及公路中的省道和县道、内河支流和小型河海港口,则由地方投资建设和管理。

④ 工矿企业专用的铁路支线、港口码头、泊位和道路等运输、装卸设施,由工矿企业自建、自管、自用。

⑤ 铁路机车、车辆、民航飞机、运输船舶、客货运输汽车、港口的仓储装卸设备、各种货物中转站,应由经营者自行投资,必要时由国家银行低息贷款扶持。

(3)多渠道筹集交通建设资金。

① 开征燃油附加税。这是贯彻受益者负担的原则,筹集交通建设资金最为有效的办法。例如美国和西欧各国都开征燃料附加税,用于既有公路的养护和新建公路的投资。我国开征燃油附加税已通过了立法,应尽快实施。开征燃油附加税后,还应适当增开其他税种,如汽车牌照税、轮胎税、润滑油税等,逐步取代现行的养路费。

② 对新建或改建的高标准公路和桥梁合理收取过路费或过桥费,以维持路、桥的还贷和维修养护开支。

③ 适当提高运输企业固定资产的折旧费。

④ 放宽政策,吸收外国政府、外商、价格体系,以及港澳各界对交通运输基础建设上的投资、贷款或合资经营。同时,应大力开展租赁业务,向国外租用急需的运输工具,包括飞机、汽车、船舶等,吸收国外投资,除国家统借统还的以外,应允许地方和企业自借自还。

6.3.2 改革不合理的运输价格体系

我国不合理的运输结构与各种运输方式的不合理比价有很大关系。而且运输价格水平与整个物价水平差距偏大,不利于运输业的发展。以铁路运输价格为例,全国铁路的统一运价是1955年由国家制定的,一直实行的是低运价政策。近年来虽经几次调整,但其价格较其他运输方式仍明显偏低;民航运价也不尽合理,国家对其运价做出的规定,明显偏离其实际运价,机票打折现象十分普遍;公路运价对于竞争十分激烈的运输市场难以起到制约作用。

为使各种运输方式在同等条件下进行竞争,搞活运输市场,在国家制定运价的基础上,应允许各种运输方式在一定范围内上下浮动运价。对于某些可以放开运价的运输方式或地域,应放开运价限制。

6.3.3　改革管理体制，建立宏观管理机构

为了形成我国的综合运输体系，协调各种运输方式的发展，使运输业这个战略产业沿着正确的途径加快发展，有必要对现行管理体制进行改革，关键是要改变五种运输方式由四个部门分管的现状，建立宏观管理机构，加强对整个运输业的管理。其主要职能是：研究制订交通运输的发展战略，统筹全行业的规划和建设；研究制订有关方针、运输政策和技术政策；负责有关交通运输立法工作；组织各种运输方式之间的协作；为发展全国交通运输服务，并起监督作用。各省、自治区、直辖市也相应设立宏观管理运输的机构，研究制定本地区交通运输的发展战略、规划和方针、政策，做好监督和服务工作。

以深圳为例，深圳从建立特区开始，就积极探索行政管理体制改革。经过反复理顺关系，转变职能和精简机构，目前已初步形成运作比较有序、行为比较规范、机构比较精干的行政管理体系。伴随着深圳市行政体制改革的进程，交通运输管理体制经历了三次较大的调整后，形成了目前的大交通综合管理体制模式。

其基本做法是：在政府职能设置上，变运输方式分散单项管理为多种运输方式统筹协调管理，即将水、陆、空、铁、邮电通信的管理逐步统一起来，发挥各种运输方式的优势，协调运作，取得较大的社会效益；在机构设置上，朝着实行“一城一交”的方向改革，避免条条分割、政出多门、多头管理、各自为政；在行政管理上，变管直属企业为行业管理，交通主管部门主要是制定和实施行业总体规划，制定地方行业法规制度，执行国家法律，依法行政，运用拍卖、招投标等市场经济手段分配社会资源。

从 1998 年 8 月至 1999 年 1 月，为解决交通运输管理体制中出现的问题，深圳市运输局会同深圳市体改办、编制办和深圳市政研室进行了两次深入的调研，耗资 80 万元。通过调研明确了完善的综合运输管理体制的基本原理：统一的原则，决策与执行职能相分离的原则、精简的原则、高效的原则、循序渐进的原则，明确了建设专业分局的设想：局机关为全系统决策机构，主要负责全行业政策法规的制定；监督有关政策法规的执行；进行宏观调控和协调服务等。公路和港务纳入交通行政主管部门管理范围，市局下设五个专业分局：客运管理分局主要负责全市客运和相关业务的管理；货运管理分局主要负责全市货运和相关业务的管理；服务管理分局主要负责全市客货运输的管理；稽查分局主要负责全市属运输局管理范围内的业务稽查和违章处理，协助客运、货运管理分局进行车辆年审、涉外运输及交通口岸管理工作；出租小汽车管理分局由原市营运汽车管理中心更名改建，主要职能不作调整。

6.4　水路运输产业政策

6.4.1　港口建设和管理政策

1. 加强港口布局规划管理. 促进港口协调发展

按照统一规划、合理分工、大中小结合和专业化配套的原则，从经济、社会发展的全局出

发，与国土规划、生产力布局和自然条件密切结合，进一步完善港口总体布局规划，调整码头布局结构，提高码头泊位的专业化程度，以适应货类、货种结构和流量、流向变化的要求。

以国家交通行政主管部门为主，会同相关部门编制全国岸线使用规划，岸线使用坚持深水深用、浅水浅用的原则，合理使用，综合开发。建立港口岸线使用许可证制度，确保岸线有效利用。各级政府交通主管部门应严格执行经批准的港口总体布局规划和岸线使用规划，促进港口协调发展。

2. 调整港口结构，拓展港口功能

加强主枢纽港的建设，相应发展地区性重要港口，适度建设中小型港口。发展大型矿石、原油码头，以及滚装、液化石油气、液化天然气码头，适度发展旅游客运码头，限制新建杂货码头；重点建设集装箱干线港，完善集装箱集疏运系统。

加快港口配套设施建设，促进港口向多功能方向发展。重点加快大型港口集装箱中转站和货物分拨中心建设，使之成为多式联运的枢纽。

3. 加大港口技术改造力度，发挥现有设施能力

坚持新建和技术改造并举的港口发展方针，遵循港口功能与城市功能协调发展的原则，以货源和船型变化为依据，加大技术改造力度，提高港口通过能力，提高对新货种、新工艺及船舶大型化的适应能力。

重点鼓励：港口大型集装箱码头以及大型原油、矿石专业化泊位改造；多用途、散杂货和件杂货泊位专业化改造；老港区技术改造和功能调整；集装箱管理系统、信息网络系统和自动化装卸系统的改造；矿石、煤炭等大宗散货泊位自动控制及信息管理系统的改造；中小通用型泊位和内河港口的技术改造，提高专业化水平和装卸效率。

4. 支持内河主要港口建设，加速内河港口发展

根据流域经济发展需要，确定内河的重点发展港口，调整内河港口结构，对内河重点港口建设实行倾斜政策，加大资金投入。鼓励建设企业专用码头。鼓励集装箱支线港口建设，重点是长江和珠江三角洲地区集装箱港口的建设。

5. 推进技术进步，实现港口现代化

加快信息技术、网络技术和电子商务在港口建设和经营管理中的应用，进一步建立和完善港口管理信息系统，提高港口管理水平，实现港口管理现代化。

开发大型深水港设计建设技术、深水防波堤建设技术、码头结构防护与施工技术、水工建筑物耐久性及检测维修技术、水下软基加固技术等筑港新技术。

鼓励采用新工艺、新技术、新设备，以提高装卸效率、保障安全和降低货损为目标，不断提高港口装卸工艺系统的水平。鼓励研制大型、高效集装箱及大宗散货装卸机械，提高港口装卸效率；鼓励开发港口生产作业优化与自动控制技术；鼓励开发信箱码头智能信息系统技术；加速港口机械设备的技术改造和更新换代，重视港口机械设备的现代化管理、养护和维修，积极推广港口机械设备的状态监测和故障诊断技术，提高设备的完好率和利用率。

6.4.2　海洋运输政策

海洋运输政策的总体目标在于,建立具有较强国际竞争力的远洋运输系统,建立与其他运输方式发展相互协调和衔接的沿海运输系统,把航运大国建成航运强国,基本适应国民经济、对外贸易和国家安全的需要。

1. 以市场需求为导向,加快运力结构调整,加速船型结构调整,优化船队构成

(1) 通过制定船龄标准、船舶技术规范,加强航运企业资质管理,严格执行准入制度,实现对海洋船舶运力的结构调整。

(2) 加快发展集装箱运力,增加矿石、原油及其制成品、液化气、化学品、粮食等船舶运力。

(3) 沿海船舶运力结构调整,以提高质量为主,总量调控为辅。近期行政宏观调控和市场调节手段相结合,逐步过渡到市场调节为主。重点是继续加快件杂货运输集装箱化的进程,鼓励内支线集装箱运输;推进煤、油、粮、矿等货物专业化运输系统建设,有计划地支持LPG(Liquified Petroleum Gas,液化石油气),LNG(Liquified Natural Gas,液化天然气)运力的发展。

(4) 海洋船队的船型结构要适应国内外运输货物的变化,在不断提高运输经济效益的前提下,实行大中小型和专业化与多用途相结合方针,继续推动海洋运输船舶向大型化、专业化方向发展。大力发展大型集装箱船、LPG船、LNG船、滚装船以及大型散货运输船和专用化学品船。

(5) 建立结构合理、具有国际竞争力的国际集装箱运输船队。远洋干线集装箱船队应向大型全集装箱方向调整,近洋和沿海航线集装箱船队应向中小型方向调整。

(6) 建立国际海运大型现代化油轮船队,提高油运运力调控能力,远洋航线鼓励发展20万～30万吨级原油运输船。

(7) 散货船队在维持现有规模的基础上,重点发展大型专业化的散货运输船舶,远洋航线鼓励发展10万～20万吨级散货运输船。沿海散货船队发展与航道整治规划相适应。

(8) 建立运力调控专项基金,用经济手段调控运力。中央和地方每年分别从交通费改税的返还部分或其他资金中集中一部分资金,用于运力。

(9) 鼓励技术落后的船舶主动市场,对拆解船舶给予一定的补贴。

(10) 允许中国籍船舶有计划、有步骤地进入国内运输市场。

(11) 多渠道发布运力供需平衡信息,利用航运交易所、电子网站、新闻媒体等渠道定期发布年度航运发展报告和年度市场预测报告,引导运力的合理调整。

(12) 海洋运输政府主管部门主要通过技术标准和船龄法制化来实施调整,提高购置二手船的技术标准和船龄标准;按照不同的船舶类型,对船舶确定合理的船龄,超过规定船龄的船舶强制退役。

(13) 鼓励航运企业与科研、设计单位密切合作,采用节能高效新船型及标准化船型。

2. 调整客运发展方向,适应客运市场需求

随着我国经济的发展,居民收入水平的不断提高,将引起居民用于旅游、娱乐、休闲等方面的消费提高,这无疑会提高客运旅游业的需求量,旅客将优先选择豪华型客船和旅游客船。同时旅客也要求水路客运船舶运输服务的完善,陆岛客滚快速运输及旅客联运将会有很大的市场潜力。

为此，相应的政策措施主要有以下3点。

(1) 积极推动海上客运向高速化、旅游化和区域化方向发展，积极发展陆岛客滚运输，加强与公路、铁路、旅游部门的合作，开展旅客联运。

(2) 提高客船安全性，并向快速、舒适、经济型方向发展。海上客运由单一运输功能向运输、旅游、娱乐、休闲、商务等多功能转化。鼓励采用大型豪华游船开辟远洋和环球旅游。

(3) 对现有沿海常规客船增加娱乐、观光、购物、文化等设施；在渤海湾、杭州湾、珠江口、海南及北部湾地区发展陆岛客滚快速运输和旅游客运业务；从远期来看，可以开辟到欧洲、美洲和非洲的旅游航线，必要时可以开辟环球旅游航线。

3. 加强行业管理，规范航运市场

目前我国海洋运输管理体制还不适应市场经济发展的要求，各部门、地区之间仍然存在着各自为政、条块分割的现象，割裂了行业管理和航运市场的统一性、完整性，运政、港政、港监、船检等部门管理交叉，政出多门，未能形成合力，管理难以到位；海洋运输企业内部组织不尽合理，不能适应市场经济发展和现代运输方式的需要，达不到规模效益的要求。一些航运企业互相争抢货源，有的无证经营，超载运输，一些企业片面追求赢利，忽视安全，给安全生产带来隐患，重大恶性安全事故时有发生。

对此应采取以下政策与措施。

(1) 对从事国际航运的船公司要建立明确的技术经济标准和条件，在班轮运输、船舶代理、多式联运及外国船公司在华设立经营机构等方面，逐步建立和完善与国际惯例基本接轨的管理制度。

(2) 加强对沿海航运市场的监督管理，重点是强化市场的准入和退出管理，以及企业经营行为的监督管理。市场准入管理模式由"审批制"逐步向"登记制"过渡。

(3) 加强对运输经纪人和运输中介机构的管理，进一步完善航运交易所，规范交易行为，并与国际接轨。充分发挥行业协会等中介组织在市场准入、市场监督、质量管理等行业管理中的协调、监督和服务功能。

(4) 推进价格改革，建立沿海运输价格公开制度。旅客运输和船舶运输辅助业实行市场调节价，放开水运客货运输价格，形成市场调节的价格机制。

4. 引导企业转变经营机制，提高企业活力

我国加入世界贸易组织以后，海洋运输企业将面临国外企业在国内市场上的激烈竞争，我国海洋运输企业不仅要在国际航运市场上占有一席之地，而且要继续巩固国内航运市场的主导地位，就必须要转变企业的经营机制，增强企业活力，必须要拓展经营范围，发展现代物流业。

相应的政策与措施有如下两方面。

(1) 继续推进国有大中型海洋运输企业建立现代企业制度，转变经营机制，提高企业活力。增强国有企业在行业发展中的控制力和主导能力。远洋运输企业推行经营主体规模化，提高我国远洋运输业在国际航运市场的竞争力。沿海运输企业推行经营主体多元化，鼓励其参与国际航运市场的服务与竞争。

(2) 引导海洋运输企业，特别是大型海洋运输企业参与和发展现代物流业，由承运人向物流经营人方向转化。鼓励海洋运输企业与货主建立供应链联盟，加强供应链管理。

5. 促进海洋运输市场稳定、有序地对外开放，提高企业竞争能力

目前我国加入世贸组织后，一方面要履行承诺，遵守WTO的规则，继续实行稳步、有序的对外开放政策；另一方面，应对WTO进行全面的了解和正确的估价，要合理利用GATS(General Agreement on Trade in Services，服务贸易总协定)对我有利的规则，对规则允许的领域进行适度保护。

相应的政策与措施有下述3点。

(1) 继续实行稳步、有序的海洋运输市场对外开放政策，坚持对外开放与维护民族航运利益互相促进的方针。

(2) 进一步扩大外商在我国国际海洋运输市场的经营范围，开放集装箱班轮运输和船代等运输服务业市场。逐步减少和取消外国船公司在华商业存在的限制和地域限制。

(3) 建立我国进口物资运输权保障机制，清理和规范现有的开放领域，提高航运市场开放的质量和水平，保护国内外航运企业的合法权益。班轮运输航线经营权逐步由审批制向登记制转变。对国内海洋运输企业和运输服务企业实行资质管理，对管理水平低、安全无保障的航运企业进行整顿。

6. 依托技术创新，提高海洋运输业整体技术水平

加快信息技术在海洋运输业的应用，重视船岸间通信网络建设，建立海洋运输信息网，扩大EDI(Electronic Data Interchange，电子数据交换)技术的应用，发展电子商务系统。开发船舶智能运输系统技术，重点突破船舶差分全球定位系统定位和导航技术、船舶集成驾驶系统技术和船舶管理信息系统等，实现智能化运输和现代化海运管理，提高海洋运输业的整体技术水平。

6.5 公路运输产业政策

6.5.1 运输站场建设和管理政策

道路运输站场是公益性交通基础设施，是道路运输网络的节点，是道路运输经营主体与旅客、货主发生运输交易活动的场所，是培育和发展道路运输市场的载体。政府交通主管部门如何根据国家整体发展目标的需要，制订出具有适用性、整体性、持续性、前瞻性、可操作性和动态性等特点的道路运输站场建设和管理政策，对于满足社会经济发展对道路客货运输的质量和数量要求，提高运输服务品质，确保道路运输市场健康、有序地发展，加快我国道路运输产业的步伐，提高道路交通产业整体素质和社会经济效益，实现道路运输基础设施布局与结构合理化具有重大的现实意义和深远的历史意义。

道路运输站场建设政策应以有效利用道路运输站场资源，实现“货畅其流，人便于行”，促进社会经济的发展，提高全社会经济效益为目标，以全国公路网的布局规划为基础，培育和发展运输为核心，促使道路运输市场有序、健康地发展为目的加以合理制订。为此，相应的政策与措施有下述3点。

1. 完善站场功能,促进道路运输市场发展

(1) 站场是公益性公路交通基础设施,是道路运输网络的节点,是道路运输经营主体与旅客、货主发生运输交易活动的场所,是培育和发展道路运输市场的载体。

(2) 完善道路运输站场系统,发挥站场运输组织、中转换装、装卸仓储、多式联运、通信信息、辅助服务的基本功能,实现"人便于行,货畅其流",巩固和发展道路运输站场在运输市场的基础作用,促进道路运输市场的发展。

2. 加强站场系统规划. 构建运输服务网络

(1) 按照统一规划、合理分工、大中小并举、专业化配套的原则,完善公路主枢纽的布局结构,适当调整西部地区公路和口岸站场的布局。

(2) 制订区域性道路运输枢纽布局规划和道路运输站场总体布局规划,构建区域性运输网络;制订高等级公路沿线站场布局规划,构建快速客货运输服务系统。

(3) 制订旅游客运站点布局规划,构建旅游客运服务网络。

3. 加快公路主枢纽建设,调整经营方向,强化物流服务功能

(1) 加快公路主枢纽建设,发展区域性道路运输枢纽,分层次有重点地建立网络化、信息化道路运输站场体系。合理调整站场布局结构,发展以中心城市为依托,与路网布局相协调,符合规模经济原则和专业化分工与协作要求的站场联合体,限制新建简易站场。

(2) 调整道路运输站场经营方向,站场经营要面向全社会,服务全社会。重点加快站场运营管理信息系统建设,提高站场服务水平。发挥货运站场在物流服务中的重要作用,把货运站场建成国际、国内多式联运的枢纽和适应物流业发展的现代物流中心。

(3) 合理调整站场结构,重点调整货运站场的布局结构,增加公路集装箱中转站和物流服务中心在货运站场中的占有比例。

(4) 依据客、货流的分布规律和特点,按照市场经济规律,发展以中心城市为依托,符合规模经济和专业化分工与协作要求的站场联合体,引导站场向民营化和集团化方向发展;构筑既适合我国生产力发展水平,又与货物流通体系和运输市场紧密衔接的综合物流系统。

(5) 研制物流的交易条件、技术、单证文件、法律环境和管理手段等方面国家或部颁标准;研制物流全过程实时监控和跟踪管理技术;在站场信息化和标准化研究课题的立项、产学研联合研究等方面给予重点资助与扶持。

(6) 明确站场的产权和经营主体,加强国家投资和股权及其收益的管理,提高站场资金的使用效果;对站场实施产权经营,通过资产置换、参股、拍卖等市场手段,重新配置站场资源;实行道路运输站场经营许可证制度,开展对现有站场的级别核定工作。

(7) 完善站场配套设施建设,按照市场需求配置站场装备,重点加强汽车客运站的停车场、行包装卸系统和辅助服务设施,货运站的堆场、仓储设施和货物托运与装卸系统的建设。

(8) 完善站场市场准入的监督管理,逐步加大站场经营自主权,制定站管车的相关政策。

6.5.2　道路运输政策

1. 统筹规划，协调发展道路运输系统

根据国民经济及社会发展对道路运输业在质量上多层次、优质化和不断发展的需求，制定道路运输系统发展总体规划，总体规划必须明确道路运输系统的总体目标，并以此为纲领统筹道路、枢纽和运输等各单项规划，构筑由道路运输系统发展总体规划及其配套的单项规划组成的道路运输发展规划体系，与综合运输体系相衔接，积极发展物流中心。实现道路运输系统中运输资源、基础设施、运输工具、技术人才和组织管理等诸要素的协调发展。鼓励发展口岸边贸道路运输。

2. 调整道路运输结构，提高竞争能力

调整道路运输企业结构，促进经营主体集约化、规模化经营和规范化服务，提高市场集中度，形成由优势企业集团为主导的市场格局。

调整车型结构和运力结构。以提高运输效率、降低运输成本为目标调整车型结构，遵循“人便于行，货畅其流”的原则调整运力布局；以提高安全舒适性为主调整干线客运运力，鼓励发展采用空气悬架、装置冷藏空调、底部下置行李仓等设备的长途中高档客车，发展安全性、经济性好，适合农村客运市场需要的普通客车；鼓励发展集装箱运输车辆、大吨位货车、厢式货车、冷藏车、散装货物罐车等专用车辆和绿色环保车辆，普通货车逐步向短途集散用的车型转变。

调整经营结构。以市场需求为导向，引导道路运输企业向以运输为主，运输、物流和汽车维修并举的方向拓展经营。

调整运输组织结构。提高组织化程度，改进运输生产组织，完善运输网络，运用现代经营方式和规范化的服务技术改造传统道路运输业，提高运输生产效率、服务质量和经济效益。

3. 大力发展干线运输，促进道路运输产业升级

干线运输实施分层调控，倡导以公有制为主体，多种所有制经济共同发展的原则。

干线运输发展的重点是：鼓励和支持组建区域性大型道路运输企业，在高速公路及国省干线的快速客运、集装箱、零担、危险品、快速货运、大型物件的运输和现代物流领域发挥主导作用；完善干线运输系统的基础设施配置，加强干线运输市场管理。鼓励组织化、集约化、规模化、专业化经营模式，限制单车经营户；重点发展快速运输、限时运输和支撑物流服务的运输。大力发展公共交通。

4. 提高汽车维修业技术和服务能力，保障车辆运行安全

按照有条件进入、按标准分类、动态评定资格的管理原则，大力推进汽车维修业向维修专业化、经营多样化和服务网络化方向发展，实现各种品牌车辆维修能力区域化、汽车维修求援全天候化。引导企业增加诊断检测设备和专用设备的投入，提高企业运用现代化的维修与服务手段进行维修生产活动能力。对在用汽车实施检查维修制度，防治汽车超标准排放污染。

5. 完善规章制度,加强道路运输市场管理

按照企业分级、线路分类、合理分工、规模经营的原则,积极推行道路运输企业资质管理。建立企业资质等级、车辆技术等级制度。建立健全从业人员的资格认证制度。

改革道路运输市场管理体制,规范管理行为和运输经营行为,严格执行市场进入条件,简化市场进入审批手续,加快道路运输市场化的进程,实行运输主体市场化和运输要素市场化。鼓励建立行业自律组织,抑制恶性竞争,鼓励发展合同运输、专项运输和物流服务。

6. 加快道路运输的技术进步,提升道路运输业整体素质

大力推广汽车全挂、汽车列车和集装单元化等运输新技术。利用全球定位系统及行车记录仪对运输全过程进行跟踪,以确保运输安全。鼓励发展物流技术设施。

鼓励和引导运输信息网络技术的应用。明确政府、中介机构及企业在道路运输信息化建设中的地位和作用。制定行业标准,大力发展运输信息网络技术。

鼓励开发适合我国国情的智能交通运输系统,重点加强对网络环境下的不停车收费、道路运输应急系统、出行信息服务系统、车辆调度行车路线信息系统等关键技术的研究。

6.6 铁路运输产业政策

产业政策,是确定产业在国民经济结构变化中的地位和中长期发展方向以后,所采取的在立法、财政、金融、产业组织结构、合理利用机制、行政干预等保证产业发展目标实现的相互协调的综合性政策的总称。产业政策除了必要的行政干预外. 主要强调诱导。一是通过指令性和非指令性的经济计划明确经济前景和目标;二是通过各种经济立法和经济措施,诱导各类企业将其活动纳入一定轨道,使产业政策的目标化为经济运动的内在机制。

中国铁路发展的产业政策,大致包括如下几个方面。

6.6.1 加强立法和经济调节在总体规划、方针政策方面的指导

铁路的发展要放在总的综合运输体系中考虑,应该通过全国或地方性的有关运输业发展和经营活动的有关法规,以法律方法去协调铁路以及整个运输业的发展规模和运输业的经营活动。成立国务院下属的综合性交通运输管理部门,加强对运输业的综合规划和管理。将目前铁道部所属改组为中央铁路公司,使其与国家管理职能部门脱钩。国家综合性交通运输管理部门负责铁路全行业的行政指导,以方针政策指导为主,减少行政干预,不直接经营运输企业。

6.6.2 改善投资机制,保证铁路建设所需的资金

要使我国铁路得到充分发展,避免运力不足而对经济发展产生抑制作用,最重要的问题是筹集足够的资金。必须打破只靠国家投资修路和单一、封闭式的旧办法,改善投资机制,就是要改变地方财政投资、企业自有资金和社会其他资金中可以用于扩大再生产的部分,大量涌向加工行业而忽视基础设施的状况。合理的投资应使地方财政的主要投资转向包括铁路在内的

基础设施,使企业自有资金和其他社会资金的一部分也转向基础设施。这关系铁路的发展前景,也是我国经济体制改革中财政金融体制方面的主要问题之一,需要多方面的综合治理。应考虑在财政金融上采取对铁路建设所需资金的多种优惠措施,应制定对中央铁路发展在更长时期内所采取的优惠政策,鼓励各种类地方铁路加快发展的政策,如减免税收、财政补贴,向铁路赠送或低价出售土地,赠送或低价出售科研成果等。

6.6.3　加快发展地方铁路与合资铁路

实践证明,加快我国铁路的发展,必须充分发挥多方面的积极性。在充分认识和加强中央铁路骨干地位的同时,要充分发挥地方铁路与合资铁路在中国铁路建设中的作用。新中国成立后,我国先后已建成多条由地方负责集资的铁路,它们投资省、建设周期短、因陋就简、经营灵活,对完善铁路网和活跃地方经济起了很好的作用。合资铁路是经济改革以来,铁路建设在资金筹集和经营管理方式上出现的新形式,它的集资渠道有中央铁路与地方或有关部门合资;有以地方自筹为主,铁道部补助,或用旧铁路器材、设备折价入股的;也有铁路工程部门劳务折价入股,并以临管方式经营的;还有借用外资或发行各种铁路建设证券的,等等。经营方式也开始采取各种与中央铁路联营的办法。合资铁路不像地方铁路那样主要是建设地方支线,而可以在某些干线的建设上发挥更大的作用,为改善路网的布局和结构做出重要贡献。

中央铁路、地方铁路、合资铁路是中国铁路建设的三种主要方式。要制定一系列政策和法规,大力鼓励和扶持地方铁路,特别是合资铁路,使它们获得大的发展。要尽快制定有关产权、联运、还本付息、经营管理等一整套条例,促进和保障联合。中央铁路在资金、技术、物资方面对地方铁路和合资铁路的支持,应逐年增加。

6.6.4　理顺铁路运价

从加快铁路发展的角度看,提高运价水平非常必要,因为它是保证铁路健康发展的重要条件。在建立社会主义商品经济的同时,应该建立铁路运输的新观念,即它不但是一个公共服务业,也是一个需要按赢利原则来组织运行的商品经济环节。铁路应该赢利,提高运价可以在很多方面收到好的效果,除了改善投资机制,为铁路筹集资金,还有助于理顺不尽合理的运价体系,可以促进工业布局合理化,促进洗煤和精选矿石,也有助于改进不合理的物资流通体制,减少不合理运输。

在提高铁路运价的同时,应努力形成一种比较灵活、适合运输市场具体情况的运价管理体制,积极创造条件实行分线或分区运价,并允许为吸引和抑制运量而使运价在一定幅度内浮动,如为鼓励空车方向上的运输和在运输淡季采取优惠特价等,增加运输企业的经营活力。

6.6.5　实行多种形式的铁路经营体制

铁路管理体制改革的方向,应该是努力促使铁路从生产型向经营型转变,破除认为某些生产环节的集中指挥就一定要求管理体制也必须高度集中的观念,使铁路的管理适应商品经济多层次、多元化、横向联系的要求,使生产上的集中调度指挥与经营上的追求活力有机地结合起来。除地方铁路和合资铁路独立经营核算以外,中央铁路也应根据各条铁路线和所处运输市场的具体情况，实行不同的经营管理方式。宜合则合，宜分则分，可以采用广深铁路公司的形式，形成一个比较合理、高效率的铁路产业组织结构。应给予铁路运输企业在运输生产、基建投资、人事和分配方面更大的自主权和决策权，增强它们的经营活力。

铁路网的扩大和加强应该进行充分的技术经济论证，及早做出规划，使铁路的建设和发展符合经济合理的原则。

6.6.6 扩大铁路的经营范围，致力于建立中国式的铁路财团

铁路在经营运输主业的同时，开展多种经营活动，是增加铁路在商品经济中的活力，增强铁路财力，改变铁路资金短缺状况的良策，应该作为铁路发展产业政策的一个重要部分予以确认。根据国外铁路和国内经济改革以来的经验，利用铁路的资金、技术、人力和各种有利条件，以赢利为目的，从事铁路以外的运输和运输以外的工业、商业、服务业，不但不违背铁路运输业的宗旨，而且正是增强铁路适应能力，扶持铁路，加快发展铁路的明智之举。在商品经济飞速发展和产业结构不断演进的过程中，无论铁路还是其他传统产业，仍旧维持自己单一的“纯”的原有经营方向，只能是自我捆住手脚，使自己在竞争中陷入被动。铁路企业应根据各自实地情况，采取多种形式，如独立、联合、购买股份、收购等，开展为铁路服务或与铁路衔接的其他水、陆、空运输业务；也可以铁路车站和沿线的便利，开展各种商业和服务业；还可以通过各种方式参与工业部门的活动。

6.7 管道运输产业政策

6.7.1 要把管道运输纳入国家交通运输总体部署

当前，我国的管道运输还没有被纳入国家交通运输的总体规划，而是把它作为解决石油运输的一个专业部门。国家运输计划没有将其列入在内，并且，运输行业政策的制定也没有将其考虑在内。铁路、公路、邮电、通信都有专门政策，都有法律保障，而唯独管道没有。这在某种程度上说明，管道运输这种方式还没有被社会所认可和重视。

把管道运输仅仅作为石油工业的附属企业，就把它局限在一个次要地位上。石油部门对管道也很重视，但其第一位的毕竟是勘探开发。不管国家投资或是优惠贷款、物资供应，都优先保证石油勘探和开发。而管道则处于辅助地位，这就很难想象它会得到健康发展。

6.7.2 要把管道生产建设和管理统一起来

管道的建设与管理现在处于分散状态，全国没有一个把管道建设和管理归口的部门，因此，各自为政。由于原油、天然气管道的建设管理是管道局负责，成品油管道的建设和管理是石化总公司负责，煤浆管道的研究和开发由煤炭部门负责，所以没有一个部门能拿出一个全面的管道专业产业政策和长远发展规划，这就势必造成队伍庞大、资金浪费严重。由于每家都要建队伍，而每支管道建设队伍都要几千人，设备几百台，设计、研究、管理等自成体系，造成建设

费用高，投资大。电力通信、维修约占管道建设的 30%，而要统一建设和管理，就应与原油管道统一考虑。

6.7.3　要改变现有运价政策，实行有差别的运价

对现有管道运价进行调整，应本着不同管径、不同运距、不同营运期、不同油品实行不同运价的原则进行调整。这样才能保证管道具有自我改造、自我发展的可能。

6.7.4　西北地区的管道建设对策

我国西部已成为我国石油与天然气输送管道建设的重点。

对西部地区管道的设计思想应有相应的改变。在我国的西北地区，人烟稀少，前方一人，后方要有几个后勤供应人员，为此必须加大站间距，减少泵站人数，最大限度地提高设备的可行性，减少维修工作量；但是与此同时，西北地区人员的技术素质平均低于东部，自动化程度还要与当地的技术状况相适应。

西北大部分地区缺水，对这些缺水地区建筑物应考虑为装配式的。

由于沙暴，传统的微波通信方式可能不适用于西北的某些地区，必须考虑其他通信方式，如光纤通信。

西北大部分地区无电源，必须考虑采用第二动力，如燃气轮机、柴油机等，并相应地考虑好燃料问题及余热回收问题。

在西北地区工人的劳动制度应做相应的调整。

在施工方法上也需要适合西北地区，如采用高度机械化施工，快装式设备等。

6.8　交通运输与可持续发展

6.8.1　可持续发展的含义

1987 年挪威首相布伦特兰夫人在她任主席的联合国世界环境与发展委员会的报告《我们共同的未来》中，把可持续发展定义为“既满足当代人的需要，又不对后代人满足其需要的能力构成危害的发展”，这一定义得到广泛的接受，并在 1992 年联合国环境与发展大会上取得共识。

我国有的学者对这一定义作了如下补充：可持续发展是“不断提高人群生活质量和环境承载能力的、满足当代人需求又不损害子孙后代满足其需求能力的、满足一个地区或一个国家人民需求又不损害别的地区或国家人民满足其需求能力的发展”。

美国世界观察研究所所长莱斯特·R·布朗教授则认为，可持续发展是一种具有经济含义的生态概念……一个持续社会的经济和社会体制的结构，应是自然资源和生命系统能够持续维持的结构。

“可持续发展就是能满足当代的需要，又不损及未来后代满足其需要之发展。”这是最常见

的定义。这是1987年格罗·哈莱姆·布伦特兰领导下的"布伦特兰委员会"达成的共识。"可持续发展意味着同时追求经济繁荣、环境质量和社会公正。致力于可持续发展的公司不会单方面关注财政状况,而是要三者并重。"这是世界可持续发展工商理事会(WBCSD)的定义。

可持续社会就是可以代代相传的社会,凡是有远见、灵活机智的人都不会破坏我们赖以生存的自然和社会系统。为了达到社会的可持续性,必须把社会上的人员、资金和技术有机地结合在一起,这样才能让每个人都过上丰衣足食、安全舒适的生活。为了取得自然环境的可持续发展,社会的物质和能源产量必须满足下面三个条件:利用可再生资源的速度不可超过它们再生的速度;利用不可再生资源的速度不要超过持续的可再生替代品的开发速度;污染物的排放速度不可超过环境的消化吸收能力。

6.8.2 我国21世纪初可持续发展行动纲要

1992年联合国环境与发展大会后,我国政府率先组织制定了《中国21世纪议程——中国21世纪人口、环境与发展白皮书》,作为指导我国国民经济和社会发展的纲领性文件,开始了我国可持续发展的进程。为了全面推动可持续发展战略的实施,明确21世纪初我国实施可持续发展战略的目标、基本原则、重点领域及保障措施,保证我国国民经济和社会发展第三步战略目标的顺利实现,在总结以往成就和经验的基础上,根据新的形势和可持续发展的新要求,特制定《中国21世纪初可持续发展行动纲要》(以下简称《纲要》)。

《纲要》分为四个部分:第一部分成就与问题;第二部分指导思想、目标与原则;第三部分重点领域;第四部分保障措施。

1. 成就与问题

经过10年的努力,我国在经济发展方面、社会发展方面、生态建设、环境保护和资源合理开发利用方面以及可持续发展能力建设方面,实施可持续发展取得了举世瞩目的成就。

但是,我国在实施可持续发展战略方面仍面临着许多矛盾和问题。

2. 指导思想、目标与原则

1) 指导思想

我国实施可持续发展战略的指导思想是:坚持以人为本,以人与自然和谐为主线,以经济发展为核心,以提高人民群众生活质量为根本出发点,以科技和体制创新为突破口,坚持不懈地全面推进经济社会与人口、资源和生态环境的协调,不断提高我国的综合国力和竞争力,为实现第三步战略目标奠定坚实的基础。

2) 发展目标

我国21世纪初可持续发展的总体目标是:可持续发展能力不断增强,经济结构调整取得显著成效,人口总量得到有效控制,生态环境明显改善,资源利用率显著提高,促进人与自然的和谐,推动整个社会走上生产发展、生活富裕、生态良好的文明发展道路。

合理开发和集约高效利用资源,不断提高资源承载能力,建成资源可持续利用的保障体系和重要资源战略储备安全体系。

全国大部分地区环境质量明显改善,基本遏制生态恶化的趋势,重点地区的生态功能和生物多样性得到基本恢复,二氧化硫、工业固体废物等主要污染物排放总量比前5年下降10%.

城市污水处理率达到60%以上。

3）基本原则

持续发展，重视协调的原则。以经济建设为中心，在推进经济发展的过程中，促进人与自然的和谐，重视解决人口、资源和环境问题，坚持经济、社会与生态环境的持续协调发展。

政府调控、市场调节的原则。充分发挥政府、企业、社会组织和公众四方面的积极性，政府要加大投入，强化监管，发挥主导作用，提供良好的政策环境和公共服务，充分运用市场机制，调动企业、社会组织和公众参与可持续发展。

3. 重点领域

1）经济发展

按照"在发展中调整，在调整中发展"的动态调整原则，通过调整产业结构、区域结构和城乡结构，积极参与全球经济一体化，全方位逐步推进国民经济的战略性调整，初步形成资源消耗低、环境污染少的可持续发展国民经济体系。

产业结构调整。改造提升传统流通业、运输业和邮政服务业；加快重点公路国道主干网建设，建设改造主要铁路通道。

区域发展与消除贫困。调整区域结构，减缓区域发展不平衡，通过扶贫和推进西部大开发战略，加快西部地区的水利、交通、能源、通信、广播电视和城市基础设施建设，加快发展特色经济，提高资源利用效率，减少污染物排放。

2）资源优化配置、合理利用与保护

合理使用、节约和保护资源，提高资源利用率和综合利用水平。建立重要资源安全供应体系和战略资源储备制度，最大限度地保证国民经济建设对资源的需要。

土地合理利用。贯彻执行十分珍惜、合理利用土地和切实保护耕地的基本国策，坚持实行世界上最严格的土地管理制度；加强土地资产管理，深化土地使用制度改革，大力推进土地使用权市场建设，完善地价管理制度和土地税费体系，改革征地制度；加强土地法制建设，完善土地管理法律法规，健全土地执法体制，加大土地执法力度。

改善能源结构，提高能源效率。大力发展天然气、水电、可再生能源、新能源等清洁能源，发展清洁燃料公共汽车和电动公共汽车，积极利用国外油气资源，努力降低煤炭在一次能源消费中的比重；大力发展清洁利用煤炭和热电联产集中供热技术，强化能源节约，提高能源利用效率，减少环境污染；在适宜地区大力发展沼气、节能灶、太阳能、风能等，改善农村能源结构；实施"西气东输""西电东送"等重大工程，改善能源布局。

矿产资源战略储备。建立战略矿产资源储备制度，完善相关经济政策和管理体制；建立战略矿产资源安全供应的预警系统，采用国家储备与社会储备相结合的方式，实施石油等重要矿产资源战略储备。

3）生态保护和建设

建立科学、完善的生态环境监测、管理体系，形成类型齐全、分布合理、面积适宜的自然保护区，重视城市生态环境建设。合理规划城市建设用地，建立并严格实施城市"绿线"管制制度。按现代化城市的标准，确保一定比例的公共绿地和较大面积的城市周边生态保护区域。加大城市绿化建设力度，提高城市大气环境质量。大力推动园林城市创建活动，减轻"城市热岛效应"。加强城市建设项目环境保护及市容环境管理，减少扬尘和噪声。

4）环境保护和污染防治

实施污染物排放总量控制，开展流域水质污染防治，强化重点城市大气污染防治工作，加强重点海域的环境综合整治。加强环境保护法规建设和监督执法，修改完善环境保护技术标准，大力推进清洁生产和环保产业发展。积极参与区域和全球环境合作，在改善我国环境质量的同时，为保护全球环境做出贡献。

海洋污染防治。完善全国海洋环境监测网络，强化海洋污染及生态环境监测；逐步减少陆源污染物向海排放和各种海洋生产、开发活动对海洋造成的污染，实施污染物入海总量控制制度；开展重点海域的环境综合整治，加大海岸带生态环境保护与建设力度。

城市交通管理。整合城市交通结构，优先发展公共交通，特大城市要注重发展轨道交通，建立公共交通优先的路网系统，控制城市机动车尾气污染和噪声污染。

4. 保障措施

（1）运用行政手段，提高可持续发展的综合决策水平；

（2）运用经济手段，建立有利于可持续发展的投入机制；

（3）运用科教手段，为推进可持续发展提供强有力的支撑；

（4）运用法律手段，提高实施可持续发展战略的法制化水平；

（5）运用示范手段，做好重点区域和领域的试点示范工作；

（6）加强国际合作，为可持续发展创造良好的国际环境。

6.8.3 交通运输可持续发展

1. 交通运输能源的利用与再生

1）交通运输能源种类

（1）原油。原油是液态碳氢化合物。鉴于其特殊性能和冶炼时的加工流程，原油可以制成不同的产品，其中最重要的是汽车燃油、日常燃油和润滑油。除此之外，它还可以为化工行业提供原材料。原油是世界上主要的能量来源，占全世界初级能源消费的40%。2002年世界原油产量达36亿吨，世界已探明储量为1 600亿吨，按照目前的消费水平，可以使用40年。

（2）核能。核能是由不稳定的原子核（通常是铀，少数是钚和钍）裂变产生的。在经历了20世纪70—80年代的高速增长后，建造新的核电站的速度已经放缓。每年，核能的产量相当于全世界电量产量的17%，或者是世界能源产量的7%。目前铀的已探明储量为400万吨，按照现在的消费水平，如果无法开发出类似快增殖反应堆的更高效的新技术，则可以使用50年。

（3）煤炭。煤炭主要是石炭纪以树木为主的陆地植物碳化形成的。煤炭灰烬、杂质、挥发物不同，其质量也各不相同。煤炭占世界初级能源消费的26%。目前已探明储量按照目前的消费水平，可以使用200年。

（4）电能。目前全世界18%的电能来自水力发电。中国是水力发电的四个大国之一，其他三个国家为加拿大、巴西和美国。像所有可再生能源一样，水能永不枯竭。

（5）风能。在古代，人们用风车产生的机械能碾磨谷物。如今，涡轮式风车把风能转化为可以用来发电的机械能。如今每台涡轮式风车可以发电100万瓦。2002年，全世界风能发电总量为 300 亿瓦，其中 220 亿瓦来自欧洲。像所有可再生能源一样，风能永不枯竭。

(6) 太阳能。目前，太阳辐射可以用于两个不同的系统：一是利用太阳能加热，利用太阳能接收装置直接将太阳能转化为热能；另外就是光电反应，利用太阳电池板把太阳射线转化为电能。到达地球表面的太阳能达 80 亿千瓦，其利用量正在以每年 20%的速度增长。像所有可再生能源一样，太阳能永不枯竭。

(7) 天然气。天然气是轻质烃的混合物，主要成分为甲烷，还包括乙烷、丙烷、丁烷以及二氧化碳等杂质。天然气消费占世界初级能源消费的 23%，2002 年为 2.4 万亿立方米。探明储量估计为 178 万亿立方米，按照目前的消费水平，可以使用 60 年。

煤、天然气和石油这样的化石能源无论它们的使用效率如何，诸如总有一天会枯竭。对于保证长期的可持续发展，可再生能源，例如，从植物根茎、木材和有机废物中提取的生物能、太阳能、风能、地热能及海滨的潮汐能，正在变得越来越重要。

根据我国政府提供的数据显示，我国新型的可再生能源储量丰富。截至目前，只有 10%的水能和风能得到了开发利用，而对于太阳能、地热能和潮汐能，目前在我国的利用率还不到1%。

2) 机动车燃料消耗是能源消耗控制的重点

(1) 我国当前机动车能源消耗现状。我国的石油消耗在过去 20 年里以每年 5%的速度增加。目前，快速增长的石油消耗造成的问题已经出现，短缺的石油供应与经济快速发展带来石油需求间的矛盾突出，而燃油消耗快速增加成为首要因素。权威统计显示，机动车消耗了全国石油总产量的 85%，柴油总产量的 42%。预计 2005 年石油需求将达 2.5 亿吨，到 2010 年达到 2.7 亿～3.1 亿吨。而国内年产量仅能达到 1.65 亿～2 亿吨，供需缺口为 1.05 亿～1.1 亿吨。

根据我国机动车发展的预测，如果不提高燃油经济性，我国道路交通所需要的石油将以平均 6%的速度增长，到 2030 年达到 3.63 亿吨，比 2000 年高出 5 倍。道路交通将在未来 20 年及更长的时间内，成为最大的石油消耗部门。提高燃料经济性，缓解石油消耗高速增长而造成的能源和环境压力成为不容忽视的历史课题。

(2) 国外有关机动车能源效率方面的政策。在提高燃油经济性方面，美国的强制性汽车燃油效率政策、日本的分重量级燃油经济性标准可以给我们提供有益的借鉴。

美国于 1975 年制定了强制性汽车燃油效率政策。按照该标准，到 1995 年必须达到整体平均的燃料经济性标准，即 20.6 英里/加仑。对于每一辆机动车，如果生产商没能够达到平均燃料消耗的标准，每相差 0.1 英里/加仑每辆车将被处以 5 美元的罚款。如果购买的新车严重超标，购买者也将受到处罚。除此标准外，其联邦政府还提供新车的其他燃料效率信息，《里程油耗手册》公布每一种汽车模型的燃油消耗结果，供消费者参考。新车还要求提供一个标签，内容包括由 EPA(美国环境保护署)测试的油耗指标，行驶 15 000 英里时的油耗成本，以及由其他厂商制造的同类型车的燃油经济性。强制性汽车燃油效率政策实施的结果，仅 2000 年就节约了 1.9 亿吨原油和 920 亿美元费用。

日本政府针对不同重量级汽车的燃油经济性目标，为轻型汽油、柴油载客汽车和货运汽车制定了一系列燃油经济性标准。燃油经济性目标首先确定在每个重量级中具有“最优”燃油经济性的汽车，并以其燃料经济性水平作为本重量级的燃油经济性标准，同级新车在目标年均要求达到该标准。汽油客车的目标将在 2010 年实现，柴油汽车则在 2005 年实现。如果在 2010 年和 2005 年能够分别实现目标，以日本车辆的运行工况计算，一辆日本产的轻型汽油客车能够达到 15.0 公里/升，而柴油客车达到 11.6 公里/升。如果不能达到标准国家将予以罚款。

(3) 我国提高汽车能源效率可采取的措施。根据我国的现状，为提高汽车能源效率可采取以下3项措施。

① 节能减缓石油使用。大部分拥有大量汽车的国家已经开始考虑石油消耗问题，并制定了削减石油使用的战略。如果没有可执行的石油保护措施，中国将继续处于石油短缺状态，并更多地依靠石油进口来支持它快速的经济增长。另外，如果没有政策来鼓励采用先进汽车燃油技术，中国的汽车业会在国际竞争中处于落后地位。而交通领域的节能会减缓石油使用的增长，并带来其他经济和社会方面的好处：财政上的节约将轻易达到每年170亿元；城市空气污染和温室气体排放将减少；中国汽车业和国际上的技术差距将迅速减小；清晰明确的有关向中国市场介绍节能汽车的政府政策，将迫使国际汽车制造商把最先进的汽车技术带进中国。

② 提高能效可行性。我国机动车的燃料消耗水平普遍比世界上发达国家低10%～20%。因此，只要采用目前国际上已经广泛应用的技术，中国就可以在未来5～10年内提高燃料经济性20%～30%。目前，汽车工业提出在未来10年左右与国际车辆标准接轨的目标，为达到这一目标，中国车辆技术应进一步实行跨越式发展。欧洲和日本在未来的10年中设定了燃料经济性分别继续提高36%和25%的目标，如果我国实现与世界技术的接轨，今后我国机动车燃料经济性水平提高50%左右，从技术上来说是完全可行的。

③ 减少石油消耗。道路交通所占的石油消耗份额越来越大，由此所产生的石油消耗急需减缓。减少道路交通的石油消耗应该包括每一辆机动车能源效率的提高和整个交通系统效率的改善。而提高机动车能源效率是国家能源节约战略中最重要的一项。我国机动车燃油效率平均比发达国家低20%左右，具有巨大的提高潜力。

2. 道路运输对环境的污染及相对措施

1) 空气污染

自从工业时代开始以来，空气中的二氧化碳浓度急剧增加，从根本来说，这是由于人类活动，主要是过分消耗化石能源及过度采伐林木造成的。目前全世界大约有6亿辆汽车，汽车尾气是造成空气二氧化碳浓度增加的主要原因之一。近100年里，大气中的二氧化碳浓度上升了30%，地球平均气温上升了0.3℃～0.6℃。这就是迫在眉睫的地球温暖化问题。

由于在用机动车总体技术水平相对较低，我国多数车辆污染物排放量高于发达国家的数倍，加上城市路网建设相对迟缓，造成城市交通干道车流密度逐年增加，交通拥堵严重，车辆在怠速、低速、急加速、急减速的非稳态工况的时间加长，致使污染排放加重。以北京市为例，北京市机动车排出氮氧化物(NO_x)、一氧化碳(CO)的排放分担率分别高达46%和63%。由于机动车排气属低空排放，所以对人体健康的影响就更大。北京市车公庄和前门两个紧邻大街的空气质量监测站，监测出的首要污染物常为NO_x，污染程度也大大高于其他各监测站。另据综合监测表明，北京二环路内大气中的NO_x在1986年至1998年期间呈明显增加的趋势，市区主要交通干道和十字路口空气中的CO和NO_x常年超过国家空气质量标准。

根据我国有关统计数据，在2001年进行环境监控的340个城市中，大约有1/3(34.4%)，即约117个城市，达到空气质量二级标准，这比2000年降低了2个百分点，114个城市达到三级标准，占33.5%，比2000年增长了3.6个百分点；其他没有达到三级标准的城市占32.1%，下降了2.3个百分点。

颗粒依然是我国城市的主要污染物。在47个致力于保护环境的重要城市里，有些城市二氧化硫污染日趋严重，超过设定标准的城市比例正在增加。

2）噪声污染

在273个城市中，大约一半（50.5%）推出了公路交通噪声对社区影响的监控体系，与为城市住宅设定的噪声标准相比，提供了更为舒适的生活环境，而40%的城市报告存在部分噪声污染，9.5%的城市遭受严重的噪声污染。

3）机动车污染排放控制措施

机动车污染排放控制措施主要包括下述5个方面的内容。

（1）新车排放控制。要制定出轻型车、重型车、摩托车、农用车等各种车型的分年度、逐步严格的排放标准，从源头控制新车的污染。

（2）要做好在用车排放监督管理的规划和计划。通过年检、路检、入户抽检，促使用户加强对车辆维修保养，以减少污染排放。

（3）对部分有条件治理的在用车，采取成熟有效的治理措施进行治理改造，通过治理改造使污染排放水平大幅度降低。如对车况较好的化油器车可采取安装电控补气和三元催化转化器，对部分高频使用的车改用清洁燃料，这些都是解决在用车污染行之有效的补救措施。

（4）严格执行机动车报废规定，更新和淘汰不符合标准的机动车。

（5）要制定逐步改善车用燃料品质的规划，尽快提高车用燃油品质，这也是解决机动车污染十分重要的环节。

欧洲汽车生产联合会同欧盟一起制定了一项自愿协议，目的是减少轻型客车（包括轿车）的二氧化碳排放。在协议中，所有的机动车在2008年要达到140克二氧化碳/公里的标准。协议包括以下内容：2003年实现165～170克/公里的排放目标。另外，协议在2003年进行了修改，争取提前到2012年将排放水平降低到120克/公里，这将使燃油经济性水平比1995年提高56%。

总之，解决机动车污染是一项系统工程，需要汽车和油品的生产者、使用者、维修者、管理者等相互配合做好工作。

3. 城市客运交通结构与可持续发展

要达到交通可持续发展，应促使人们对交通需求管理进行深入的思考，特别是作为交通需求重要组成部分的城市客运结构，并在交通消费观念、提高交通效率所依托的基本手段以及交通的资源环境利用等方面进行显著的变革，以期实现城市交通与经济、社会、人口、资源、环境的协调发展。

城市客运交通是城市社会经济发展重要的支撑条件，研究城市客运交通结构的出发点是基于城市的环境容量及其环境承载能力的考虑，在满足城市社会经济发展所要求的客运交通需求的前提下，通过调整城市客运交通结构，达到可持续发展所要求的目标。

在可持续发展的框架下，控制城市客运交通对环境的影响，可以采取调整客运交通结构的方法，使在选择的客运交通结构下，满足客运交通需求，且不超过城市的环境承载能力。

1）城市客运交通可持续发展动力学模型

（1）模型建立的基本思想。

为了描述城市客运交通可持续发展的机理，有必要建立其机理模型（思维模型）。

客运交通可持续发展机理模型是在系统研究城市客运交通的基础上，对与客运交通相关的资源环境系统、交通需求系统和交通运输组织管理系统的运行机理进行分析，运用系统动力学方法，在描述了其因果关系的基础上，用系统流程图的形式综合为客运交通可持续发展的机理模型。

(2) 目标分析。

目标分析是在目标的指导下进行政策模拟，以达到目标。

城市客运交通可持续发展要达到的基本目标是在经济条件允许的前提下，考虑建立一个满足社会经济发展和人民生活需要的客运交通系统。同时必须考虑交通环境容量、交通环境承载力和交通资源承载力，将交通污染降低到最低限度，提高城市环境质量。

(3) 因果关系分析。

因果关系分析就是要理解整个研究系统的结构机制、因果机制以及通过高度抽象的变量或指标描述系统的动态行为。

在本模型中根据研究目标设立了两个决策作用点：交通短缺量、交通环境承载力。

交通短缺量是交通需求和交通供给能力的差距，这个差值达到一定程度，势必影响城市的社会经济发展，设置此决策作用点是为了达到满足城市客运交通需求的目标。

交通环境承载力可以划分为交通环境污染承载力和交通环境资源承载力，对于任何区域，按照可持续发展的要求，交通的资源利用和交通的环境污染都是有一定限度的，超过限度将制约社会经济的发展。

2) 城市客运交通结构方案分析

(1) 维持现行自然增长率状况下的方案。以北京市为例，如果将维持现行自然增长率做一备选方案时，到2015年，公共电汽车、出租汽车、单位大客车、单位及私人小客车、自行车、地铁(及其他轨道交通)所承担的客运量比重分别为51.16%、4.40%、1.76%、14.33%、15.67%和13.68%。

虽然由于技术进步等各项因素，使各类汽车的排放因子降低了，但是由于汽车数量的增多，仍然使城市客运交通的污染量达不到国家的控制水准。到2015年，一氧化碳(CO)的超标率(以1995年为标准，下同)为39.30%，碳氢化合物(HC)的超标率为44.58%，氮氧化合物(NOx)的超标率为15.70%。城市客运交通污染的主要来源为出租汽车及单位或私人小轿车。尤其近年来，它们的高速发展给城市环境带来了众所周知的恶化，因此，一方面要能体现城市经济的发展，满足人们对小汽车的需求，另一方面要保护环境，增强人们的环境意识，促进公共电汽车及轨道交通的发展。

(2) 推荐的合理交通结构方案。以北京市为例，按照北京市城市环境发展要求，并满足城市经济及人们物质文化生活需要，在客运交通污染承载力的控制下，满足同样的交通需求，其城市交通可持续发展的方案如下：

首先，在前述方案的基础上，加大轨道交通承担总客运量的比重(2015年由13.68%提高到20.08%)，压低单位、私人小客车的比重(2015年由14.33%压缩至7.88%)，以保证在满足同样交通需求的前提下，使排污总量下降至控制目标(1995年的排污总量)。具体数据见表6-3和表6-4。

表 6-3　各种交通工具客运量比重变化

	运量(亿人次)			比重(%)		
	2005 年	2010 年	2015 年	2005 年	2010 年	2015 年
公共电汽车	37.3	46.16	57.48	39.2	45.94	50.33
出租汽车	4.117	4.491	4.82	4.33	4.47	4.22
单位大客车	1.938	1.977	2.017	2.04	1.97	1.77
单位、私人小客车	7.96	9.709	9.004	8.36	9.66	7.88
自行车	29.49	19.12	17.95	30.99	19.03	15.72
轨道交通	14.355	19.023	22.927	15.08	18.93	20.08
合计	95.16	100.48	114.198	100	100	100

表 6-4　各种交通工具需要车数变化　单位:辆

	2005 年	2010 年	2015 年
公共电汽车	6 544	8 084	10 050
出租汽车	68 620	74 800	80 340
单位大客车	12 110	12 360	12 610
单位、私人小客车	31 840	38 080	45 020
自行车	5 898 000	6 375 000	5 985 000
轨道交通	—	—	—

在本方案中,到 2015 年,公共电汽车、出租汽车、单位大客车、单位及私人小客车、自行车、轨道交通所承担的客运量比重分别为 50.33%、4.22%、1.77%、7.88%、15.72%和 20.08%。

在此情况下,得到的城市客运交通的污染量见表 6-5。

表 6-5　城市客运交通污染量预测　单位:万吨

	1995 年	2000 年	2005 年	2010 年	2015 年
CO	32.03	32.15	31.96	32.44	33.32
HC	5.513	5.776	6.032	6.05	5.624
NO_x	2.094	2.13	2.05	1.854	1.733

从此结果可以看出,客运交通的污染量基本上得到了控制,CO 的超标率为 4%,HC 的超标率为 2%,NO_x 的客运交通排放量已得到控制。出租汽车和单位、私人小汽车仍然是污染的主要来源,应在满足需求的前提下适度发展,自行车虽然没有污染,但自行车数量增多,必然挤占道路面积,降低车辆行驶速度,造成更大污染。

3) 实现城市交通可持续发展的措施

(1) 树立可持续发展的观念,实现城市客运交通发展指导思想的转变。城市交通直接影响城市系统整体的可持续发展,单纯强调规模与总量扩张的传统发展模式的负面影响与弊端正在产生日益严重的后果。北京也已开始感受到城市交通的环境压力,情况不容乐观。有鉴于此,从根本上实现城市客运交通发展指导思想的转变,树立城市交通可持续发展的观念是保证城市交通长期、持续、健康发展的基本思想。

(2) 客运交通结构的合理调整是实现城市交通可持续发展的关键一环。客运交通结构关系到交通需求满足的程度及方式,关系到城市交通发展系统自身的运营效率,更与资源的耗用和城市环境密切相连。促进客运交通结构的合理调整,是控制污染、改善环境的有效途径。基于北京城市交通发展的现状,加快发展城市公共交通和大容量快速轨道交通,在注意总量控制的同时，强化结构调整优化，提高公共交通在客运交通中所占的比例，是确保实现城市发展的环境目标，实现城市交通可持续发展的关键一环。

(3) 加大科技含量、实现“清洁型”交通，是城市交通可持续发展的重要基础。在城市交通领域不断加大科技进步的含量，降低单车排放水平。积极试验和推广新型低污染或零污染汽车(如电动汽车或代用燃料汽车)，实现“清洁型”城市交通，是降低城市交通环境污染、提高城市交通环境承载力的有效途径和重要的微观基础。北京具有雄厚的科技实力，拥有发展代用燃料汽车等低污染汽车的良好条件和必要的前期准备，在城市公共交通和出租车等行业率先推广使用清洁型汽车，将成为首都实施客运交通可持续发展的鲜明特色。

(4) 建立和完善法规政策体系，是实现城市客运交通结构调整与可持续发展的必要保障。实现客运结构调整和城市交通的可持续发展，要求配套的法规政策体系作为其必要的保障，概括起来可以归纳为：政策上优惠、经济上扶持、法规上强制，既要制定公共优先发展的有关政策和激励措施，对新型城市交通工具的开发给予必要的经济扶持，同时对高污染交通工具及方式的发展从法规上予以限制性强制，并对社会公众进行广泛的宣传引导，共同为实现客运交通结构的调整和可持续发展营造一个良好的社会氛围。

第 7 章　道路运输经济效益

7.1　经济效益概述

7.1.1　经济效益概念

经济效益是指经济活动中的劳动消耗与其劳动成果之比，或者说，在经济活动中，发生一定的支出与其换取的一定收入相比较的结果。

经济效益是经济活动结果的衡量标准。评估交通建设项目是否可行，分析一个方案对经济发展的影响，衡量运输企业经济活动的状况，比较物质资源消耗的节约和浪费，都需要一个标准，有一个度量的尺子，这个标准和尺子就是经济效益。

一切经济活动都是以取得直接的经济效益为目标的。社会要发展，必须使生产出来的东西超过被消耗掉的东西，也就是使产出大于投入。投入越少，产出越大，社会的进步与发展都会有越来越雄厚的物质基础。所以，经济效益是人类社会共同追求的目标。

7.1.2　经济效益的表达式

经济效益是劳动成果与劳动消耗量的比，用数学式表示即为

$$E=\frac{V}{C} \tag{7-1}$$

式中　E——某项经济活动的经济效益；

V——该项经济活动的成果；

C——该项经济活动的劳动消耗。

如果 V，C 均可用价值加以计量时，则衡量经济效果的起码标准是

$$E=\frac{V}{C}>1$$

即在经济活动中所创造的价值必须大于所投入的劳动的价值，否则，经济活动就难以循环进行。

当 V、C 的量纲相同时，经济效益也可用下式表示

$$E=V-C \tag{7-2}$$

E 与 V、C 的关系如图 7-1 所示。

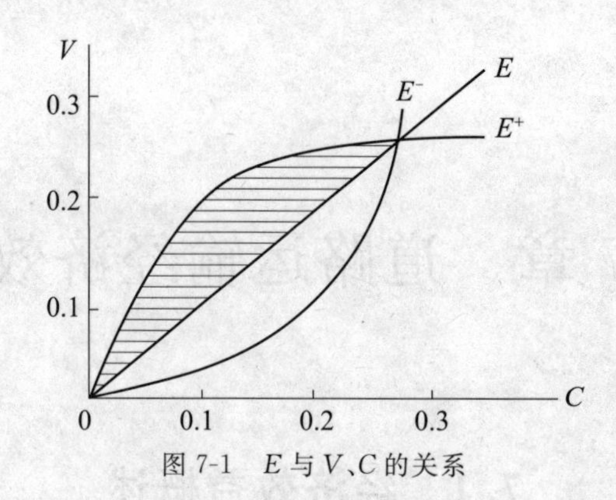

图 7-1 E 与 V、C 的关系

图 7-1 中 E 是一条得失相当的对角线，在这条线上所有的 V 都等于 C。由 E^+ 与 E 围成的阴影区为有效益区，即 $V>C$；由 E^- 与 E 围成的区域为得不偿失区，即 $V<C$。

7.1.3 经济效益表达式的含义

根据经济效益的定义，式(7-1)和式(7-2)的含义是：

(1) 经济效益的指标形式有相对指标与绝对指标两种。由式(7-1)表示的经济效益是相对指标，可以理解为相对经济效益，如社会劳动生产率、资金利税率等；由式(7-2)表示的经济效益是绝对指标，就是通常所说的绝对经济效益，如利润、税金、纯收入、国民收入等。

从严格意义上说，社会劳动生产率、全员劳动生产率、车吨(座)产量等指标具有效率指标的属性，在使用这些指标时，应与其他相关的效益指标相互联系起来，才能真实完整地反映经济活动的效益。

(2) 式(7-1)可以用实物形式表示，也可以用价值形式表示。而式(7-2)只能用价值形式表示。因为只有当劳动成果 V 可用数量表示，而且其计量单位和劳动消耗量 C 的计量单位相同时，才能计算其经济效益数值。

7.1.4 经济效益的基本评价标准

经济效益的基本评价标准是：

$$E=\frac{V}{C}\rightarrow 最大$$

$$E'=V-C\rightarrow 最大$$

从整个社会来考察生产领域的经济效益，最起码的标准是 $E'=V-C>0$，否则，社会就不能发展。这就是说，我们在生产活动中所创造的价值必须大于所耗费的劳动价值。如果社会经济效益 E 或 E' 越大，则社会生产力发展速度就越高。

7.1.5　三种不同类型的经济效益评价标准

1. 实物型

$$E=\frac{V(\text{实物})}{C(\text{实物})}\rightarrow\text{最大}$$

2. 价值型

$$E=\frac{V(\text{价值})}{C(\text{价值})}\rightarrow\text{最大}$$

即

$$E'=V(\text{价值})-C(\text{价值})\rightarrow\text{最大}$$

3. 实物价值型

$$E=\frac{V(\text{实物})}{C(\text{价值})}\rightarrow\text{最大}$$

$$\text{或 }E=\frac{V(\text{价值})}{C(\text{实物})}\rightarrow\text{最大}$$

7.1.6　绝对经济效益与相对经济效益

经济效益评价标准中的 V 与 C,可以采用两种指标计算。即采用总量指标和采用相互比较所得的效益增量指标计算。

1. 绝对经济效益——经济效益的总量指标

$$E=\frac{V}{C}\text{或 }E'=V-C$$

2. 相对经济效益指标——经济效益的增量指标

$$E=\frac{\Delta V}{\Delta C}\rightarrow\text{或 }E'=\frac{\Delta(V-C)}{\Delta C}$$

绝对经济效益指标可以正确地评价单个经济活动自身的经济效益,同时也可以用来评价多个经济活动方案的相对经济效益。

7.1.7　利润最大化原则

1. 总收益、平均收益与边际收益

总收益(TR)是指运输企业销售一定数量的运输劳务所得到的总收入,即运输企业获得的运输收入。它是运价与完成的运输工作量的乘积。

平均收益(AR)是指运输企业平均从销售的每一单位运输工作量所得到的收入——运价。

边际收益(MR)是指运输企业增加或减少一个单位运输工作量所带来的总收益的变动额。由于运输工作量与价格成反比关系变化,价格在运输工作量的增加过程中一般情况下不是一个常量而是一个变量,会随运输工作量的增加而下降。因此,边际收益一般情况呈递减规律变化,且其下降的速度比价格要快,甚至降到零,降为负值。总收益、边际收益的变化可用图7-2来描述,DD'为需求曲线,它决定随运输工作量的增加价格下降的速度。在开始时总收益随运输工作量的增加而增加,在 MR=0 时达到最大值,此后由于 MR 为负值,总收益随运输工作量的增加而下降。

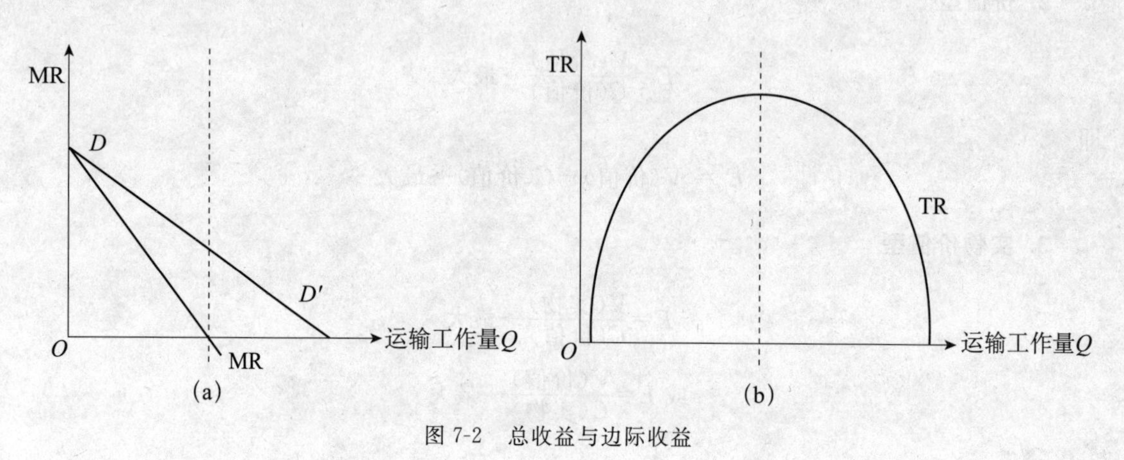

图 7-2 总收益与边际收益

2. 利润

利润(TP)是指运输企业总收益(TR)与成本(TC)之间的差额,用公式表示为:

$$TP=TR-TC$$

利润是在总收益和总成本共同作用下随运输工作量的变化而变化的。

在运输工作量很小时,成本高于收益,所以利润为负值。随着运输工作量的增加,总收益上升的幅度超过了总成本,总收益与总成本之差为正值,并且这种差值由小到大,在某一点上达到最大值。此后运输工作量继续增加,成本上升的速度高于收益上升的速度,总利润渐渐缩小而下降。这种变化可用图7-3来表示。

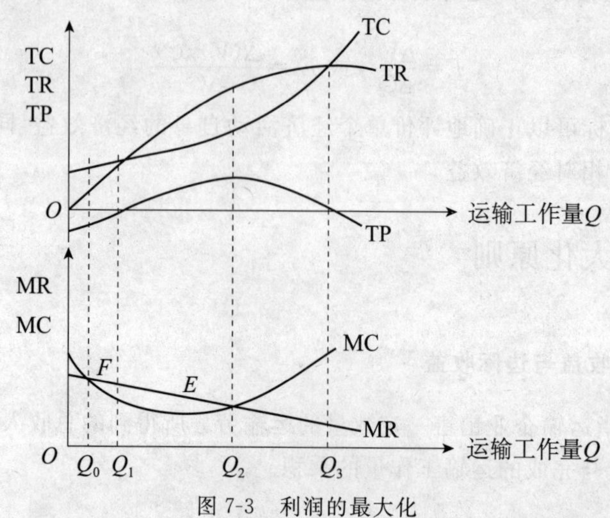

图 7-3 利润的最大化

3. 利润最大化原则

企业进行生产的目的之一是获得最大利润，一般情况下，企业实现利润最大化的原则为：在其他条件不变的情况下，企业应选择最佳的运输工作量，使其增加最后一单位运输工作量所带来的边际收益(MR)等于其所支付的边际成本(MC)。这就是利润最大化原则，可以用公式 MR＝MC 来表示。其数学证明如下。

总利润可用公式表示为：

$$TP = TR - TC$$

满足 TP 最大值的条件为：

$$\Delta TP/\Delta Q = \Delta TR/\Delta Q - \Delta TC/\Delta Q = 0$$

$$\Delta TR/\Delta Q = \Delta TC/\Delta Q$$

$$\Delta TR/\Delta Q = MR$$

$$\Delta TC/\Delta Q = MC$$

所以，当 MR＝MC 时，TR 为最大值。

如果企业生产处在 MR＞MC 的阶段，意味着每增加一单位的运输工作量所得到的收益增量大于所支付的成本增量，继续增加运输工作量会增加总利润，企业就会不断地增加运输工作量，以得到尽可能多的经济上的好处。但是随着运输工作量的增加，边际收益逐渐下降，边际成本逐渐升高，原先 MR＞MC 的状况就会随运输工作量的增加逐步转化为 MR＝MC 的状况。

当企业生产处于 MR＜MC 的阶段时，意味着企业每增加一单位运输工作量所得到的收益增量小于所付出的成本增量，会使总利润减少，企业就会减少运输工作量，以避免这种损失，随着运输工作量的减少和边际收益和边际成本的变化，企业又会回到 MR＝MC 的最佳运输工作量点上。

应当指出，当 MR＝MC 时企业不一定会获得利润，它可能赢利也可能亏损。应该这样理解利润最大化：当 MR＝MC 时，如果企业是赢利的，这时的利润一定是相对最大的利润；如果企业是亏损的，这时的亏损一定是相对最小的亏损。

7.2　道路运输企业的经济效益

由于在市场经济下，运输企业把利润最大化作为其主要目标之一，所以企业经济效益情况集中反映在增加收入、降低成本及社会效益等方面。

7.2.1　增加收入方面的效益指标

1. 资金利税率

资金利税率是企业实现的利润和税金与全部占用资金之比，这是一个综合性的经济效益指标，它反映了企业资金使用总的效益水平，表明企业投入一元钱能获得多少利润。其计算式为：

$$资金利税率 = \frac{实现利润 + 税金}{全部资金平均占用额} \times 100\%$$

式中，全部资金平均占用额＝固定资产平均净值＋流动资产平均总值

2. 人均实现利税

人均实现利税是企业在一定时期内平均每一个职工实现的利税总额，反映企业职工为国家、企业和自己创造的经济效益。其计算式为：

$$人均实现利税=\frac{实现的利润+税金}{全部职工平均人数}$$

3. 全员劳动生产率

全员劳动生产率是指企业在考察期间平均每一个职工完成的客、货换算周转量或营运收入，其计算式为：

$$全员劳动生产率=\frac{客、货车换算周转量(或营运总收入)}{全部职工平均人数}$$

4. 车吨(座)产量

车吨(座)产量是指企业在考察期平均每台营运车辆完成的客、货车换算周转量，一般按主车和挂车完成的客、货车换算周转量分别计算。其计算式为：

$$车吨(座)产量=\frac{主、挂车换算周转量合计}{主车平均总吨(座)位}$$

5. 车吨(座)利润额

车吨(座)利润额是指企业在考察期内营运车辆平均每个吨(座)位产出的利润额。其计算式为：

$$车吨(座)利润额=\frac{利润总额}{营运车辆平均吨(客)位}$$

以上5个增加收入方面的经济效益指标可直接体现劳动成果的大小，其数值越大，经济效益越好。当然，对于具有效率指标属性的指标，如全员劳动生产率、车吨(座)产量等，还应结合其他经济效益指标进行分析和运用。

7.2.2 降低成本方面的效益指标

降低成本方面的效益指标属于经济效益指标的逆指标，其数值越小效益越好。

道路运输过程所耗费的各项费用，可通过成本水平高低加以反映。

1. 货(客)车运输单位成本

货(客)车运输单位成本是指货(客)车运输总成本与其完成的换算周转量的比。其计算式为：

$$货(客)车运输单位成本[元/千吨(人)公里]=\frac{货(客)车总成本}{货(客)车换算周转量}\times 1000$$

实际当中也可根据需要计算与考核客货车综合运输单位成本。

2. 燃料消耗量

$$百吨(人)公里燃料消耗量[升/百吨(人)公里]=\frac{实际燃料消耗量}{换算周转量\div 100}$$

3. 轮胎(外胎)费用

$$千胎公里轮胎(外胎)费用(元/千胎公里)=\frac{报废外胎总成本}{报废外胎使用里程}\times 1\ 000$$

7.2.3　与社会效益相关的效益指标

运输企业的运输质量是其取得经济效益的保证,同时也与企业外部的社会效益密切相关,其中最重要的质量指标是运输安全指标。

1. 重大责任事故频率

重大责任事故频率是指主要由运输企业责任引起的重大责任事故的案次数与相应的营运车辆总行驶里程之比。计算式如下:

$$重大责任事故的频率(案次/百万车公里)=\frac{重大责任事故的案次}{同期营运车辆总行驶里程}\times 1\ 000\ 000$$

重大责任事故的伤亡人数和损失金额以及企业责任的划分,应按国家规定办理。

2. 行车肇事死亡率

行车肇事死亡率是指主要因企业或运输方责任所引起的行车肇事死亡人数与营运车辆总行驶里程之比。其计算式为:

$$行车肇事死亡率(人/百万车公里)=\frac{行车肇事死亡人数}{同期营运车辆行驶里程}\times 1\ 000\ 000$$

3. 客运正班率

客运正班率是指客车按计划班线、班次发车的实际运行班次数与计划班次数之比。

$$客运正班率=\frac{实际运行的班次数}{同期运行的班次数}\times 100\%$$

以上指标中的重大责任事故频率与行车肇事死亡率两个指标是经济效益的逆指标,其数值越接近零越好;而客运正班率指标越接近于1越好。

7.3　道路运输业的经济效益

衡量道路运输业效益的大小,不能单纯地以利润的大小为标准,而应观察其提供的运输劳务是否满足国民经济的发展和人民生活的需要。因此,在评价道路运输业的经济效益时,除考察其利润指标外,还应考察其宏观的社会经济效益。在某种意义上说,道路运输业经济的发展是提高国民经济效益和人民生活水平的基础。道路运输业的某些经济效益由于具有广泛的社会性,常常难以用货币尺度加以度量。所以在评价运输业的经济效益时,必须综合考虑。目前,评价运输宏观经济效益的方法与指标,同评价国民经济效益的方法与指标类似,还有待于完善与发展。

就目前来说,可对道路运输业的经济效益从以下3个方面加以评价。

7.3.1 运输贡献值

运输贡献值是指运输本身所创造的价值，用运输净产值来衡量，即

运输净产值＝运输总产值－物资转移值

7.3.2 运输生产效果

运输生产效果是指单位运输劳动消耗所提供的国民生产总值，即

$$运输生产效果=\frac{国民生产总值}{运输生产总值}\times 100\%$$

7.3.3 运输生产弹性系数

运输生产弹性系数是指运输增长速度与国民生产总值增长速度的比例关系，即

$$运输生产弹性系数=\frac{运输增长率}{国民生产总值增长率}\times 100\%$$

运输增长率可以用货运量与客运量计算，也可用周转量计算。社会总产值增长率和国民收入增长率都可以作计算公式中的分母，但以国民生产总值增长率较全面。根据经济发展实际，运输生产弹性系数应接近1。

7.4 运输投资经济效益

7.4.1 我国交通运输投资概况

1. 交通投资对交通发展的影响

交通运输业是国民经济和社会发展的基础产业，“发展经济，交通先行”，其正确性已为各国的实践所证实。发展交通，一靠资金，二靠技术。

新中国成立50年来，我国交通运输所经历的“基本适应国民经济发展—不适应国民经济发展—制约国民经济发展—对国民经济的制约状况明显改善”的过程，与投资的关系最为密切。因此，要彻底改变我国交通运输的落后面貌和被动局面，要分阶段逐步实现我国交通运输现代化的奋斗目标，关键是持续、稳定的资金投入。

“一五”时期，交通运输业基建投资占全国基建投资的比重为14.5%(表7-1)，当时国民经济经过3年恢复时期，大规模建设开始，交通运输投资效果较好，交通运输超前发展并有一定后备能力，交通运输基本适应国民经济发展的需要。

表 7-1　我国各个时期交通运输业基建投资占全国基建投资的比重

时期	一五	二五	三年调整	三五	四五	五五	六五	七五	八五
%	14.5	12.9	12.2	14.7	17.1	12.1	12.3	12.0	17.0

“二五”时期为12.9%，较“一五”时期有所下降，交通运输开始出现紧张状况。三年调整时期为12.2%，较“二五”时期又有下降，运力不足尤其沿海港口压船、压港、压车的现象开始出现。“三五”时期为14.7%，比重有所提高。但由于国民经济持续发展，而且建设随经济建设一道重点转移到西南地区，尤其放松了水运方面的港口建设，运力紧张，局面未能缓解，运输供求矛盾愈加突出。“四五”时期为17.1%，为各时期之最，交通投资力度加大，尤其港口建设投资大增。但由于交通建设周期较长，投资效果尚未显现，运输依然紧张，沿海地区更为严重。

“五五”时期为12.1%，比重急剧下降，结果铁路干线和沿海港口的运输能力越来越不适应国民经济发展的需要。“六五”时期，国家重新调整产业政策，决定集中力量搞好以交通为中心的重点建设，这是使整个国民经济转向主动的重要决策。但实际上这一时期交通基建投资比重基本未变，交通运输出现全面紧张。“七五”时期比重不但未能提高，反而还低于前几个五年计划，交通运输成为国民经济发展的“瓶颈”产业。

20世纪90年代以后，交通投资力度明显加大，“八五”时期基建投资达4 006亿元。为前40年总和的2.2倍，为“七五”时期的4.5倍，占全国基建投资比重达17.0%，较“七五”时期有大幅提高，接近“四五”时期的水平。“九五”时期力度更大，国家实施包括加强基础设施投资在内的扩张性宏观经济政策来刺激经济增长，尤其加强了干线公路和干线铁路的建设，交通运输局部制约的状况虽仍存在，但运力全面紧张的局面已明显缓解。

新中国成立以来我国交通运输发展相对滞后的问题之所以长期存在，根本原因在于认识偏差。投资不足，交通运输业投资占全国总投资的比重过低，远不及世界银行建议发展中国家的20%～28%的最低限度，更不及发达国家经济快速发展时期30%以上的比重，发展中国家一般也在20%以上。

2. 交通投资结构分析

投资问题主要涉及两个方面：资金来源；使用方向。

从资金来源看，改革开放以前，我国交通投资建设基本上由国家拨款，国家投资占80%以上，仅有少量的自筹资金。筹资渠道单一，资金短缺严重。80年代以后，国家投资大部分转为“拨改贷”，并积极引进外资，鼓励地方自筹。从资金来源的绝对金额看，在交通系统固定资产投资中，1985年自筹资金超过国家投资，1986年国内贷款超过国家投资，1993年利用外资超过国家投资，投资主体逐步走向多元化；从资金来源的构成比例看，1999年交通系统固定资产中，国家投资占5.7%，国内贷款达33.9%，利用外资占3.5%，自筹及其他资金达56.9%，基本上形成了“国家投资、地方筹资、社会融资、引进外资”的融资格局，全社会、各部门、各行业、各地区大办交通的积极性已越来越高。

应当说，国内贷款和地方自筹资金在我国交通系统固定资产投资的资金来源中所占比重是比较高的，融资渠道的拓展成效是比较明显的，而且还有望进一步拓展。但是，对于公路、港口和航道等交通基础设施，其作为社会基础设施的重要组成部分，在我国实现工业化的相当长时期内，国家应成为其投资的主体，应逐步建立起以国家拨款为主，多渠道、多层次、多元化的投资、融资体制，以保障交通运输可持续发展并适应国民经济发展要求所需的长期、稳定和充足的资金来源，而且投资增长速度应该高于国民经济增长速度。国外发达国家经济快速发展的工业化时期莫不如此。

从使用方向看，新中国成立50年来，我国交通系统固定资产累计投资12 128亿元，其中公路10 023亿元，水运1 844亿元，分别占82.6%和15.2%(表7-2)，水运远低于公路，结果导致水运发展相对滞后。我国水运发展中最薄弱的环节是航道，其次是港口。新中国成立以来，我国水运发展的事实是重船舶、轻航道和港口等基础设施，结果导致船舶运力增长相对过快，基础设施建设相对滞后，水运内部比例结构失衡。其中最主要的原因固然在于体制方面，航道和港口是社会公益性基础设施，其建设投资大、周期长、回收不充分，绝非某个部门所能承受，企业一般不愿或无力参与；但与投资分配比例也有很大关系，在上述1 844亿元的水运投资中，航道占236亿元，港口占936亿元，船舶占422亿元，历年航道投资最少、资金缺口最大，港航基础设施与船舶投资之比是2.8∶1，而欧美水运发达国家在大规模航道建设已经完成后的20世纪70—90年代一般为4∶1，以前更高。我国水运投资分配不合理，结果导致内河航道大多处于自然状态，技术等级低，通过能力小，航道条件只能说有所改善或初步改善，限制了船舶大型化的发展需要；港口泊位深水少，枢纽港公用码头超负荷运行。因此，在增大投资力度、拓宽融资渠道的同时，改善交通投资内部结构也将是我国政府在相当长时期内实行宏观调控的重点。

表7-2　1949—1999年交通系统固定资产投资的使用方向分布

	合计	公路						水运						其他
		小计	路桥	车站	汽车	工业	其他	小计	航道	港口	船舶	工业	其他	
绝对数(亿元)	12 128	10 023	9 250	163	316	45	249	1 844	236	936	422	38	212	261
构成(%)	100.0	82.5	76.3	1.3	2.6	0.4	1.9	15.2	1.9	7.7	3.5	0.3	1.8	2.2

从行政区划分布看，我国交通固定投资明显地偏向东部地区，东部地区交通投资所占全国比重达60%(表7-3)，明显地高于面积、人口和国内生产总值等方面所占全国比重，而中部地区和西部地区则基本相反(仅西部地区交通投资比重高于国内生产总值比重)。东部地区是我国经济相对发达的地区，交通运输与国民经济之间具有相对良好的互动循环。

表7-3　我国东中西部主要指标占全国比重比较　　单位：%

	面积	1998年人口	1 998年国内生产总值	1949—1999年交通系统固定资产投资
东部地区	14	41	58	60
中部地区	29	36	28	22
西部地区	57	23	14	16

我国政府历来重视中西部贫困地区的经济发展，在“八七”扶贫攻坚计划中明确提出“变救灾性扶贫为开发性扶贫”，重点加强贫困地区基础设施建设，以改善贫困地区的生产和生活条件，振兴地区经济，交通战线也积极投入其中。十多年来，交通系统扶贫资金投入逐年增加并重点投向中西部地区，新建改建贫困地区县、乡、村公路近30万公里，交通条件的改善为老少边穷地区产品和劳务的商品化创造了条件。

7.4.2　投资决策种类

投资是指企业投入财力，以期在未来一定时期内获取报酬或更多收益的活动。投资决策就是评价各种投资项目的可行性和最优性的决策。

投资按其重要性和效用期的长短,可分为两大类,即长期投资和短期投资。长期投资是指投入大量资金、获取报酬或收益的持续期间超过一年以上、能在较长时间内影响投资人经营获利能力的投资。

运输投资属于长期投资性质,具有投资效用期长、投资数额大、风险大的特征。其投资决策一旦做出,其结果不可逆转。因此,要求投资者要高度重视投资效益,审时度势,做出明确的和正确的投资决策。

长期投资决策主要有三种:接受与否决策;互斥选择决策;资本定量决策。

1. 接受与否决策

如果一个方案可行,企业就投资;如果该方案不可行,企业就不投资。一般来说,凡是超过一定报酬率或资本成本报酬率的方案都是可行的,是可以接受的,否则就不可行,就应拒绝。应用这些标准,所有独立性方案都是可以考虑独自接受的。独立性方案,是不与其他方案竞争的方案,即他的被接受不排除其他方案被接受的可能。在接受与否方案中,满足最小投资标准的所有独立方案都是可以履行的。

2. 互斥方案决策

互斥方案是与其他方案竞争的方案,即他的被接受将排斥其他方案被接受。这种选择是相互排斥的,而且只有一个方案被接受。可以说这是一种非独立的接受与否决策,或者说是在几个非独立方案可行性决策的基础上进行选优决策,例如某企业想购买一台新设备,有三种牌子可供选择,这三种牌子的设备分别有不同的原始成本和营运成本,则它们就是三个互斥方案,只能选择其中一种。如果三种设备在接受与否决策中都被拒绝,也就是不可行,企业就不应该购买新设备。若在投资与否决策条件下,有不止一种设备被接受,互斥方案决策就需要选优,进行最佳决策以排除其他方案。

3. 资本定量决策

在企业资本无限的情况下,只要所有的独立投资方案是可行的,企业就可以进行投资。但现实中,大多数企业都会为有限的资金所困扰。因此,企业必须把这些资金进行适当有效的配给,进行资本定量决策。资本定量涉及一组投资方案的选择。要实施资本定量,就要根据某些预定的标准如现值指数等对投资方案进行排列,具有最高现值指数的方案排列于第一位,具有最低且可接受的现值指数的方案排列在最后。只有可行的方案才可供选择。

运输的投资效益可分为企业投资效益和运输业投资效益。企业投资效益一般反映在运输工具投资的经济效益上,而运输业投资效益则要同时反映在运输基础设施和运输工具的投资效益上,并且包括社会对运输业的满意程度。无论评价哪一种投资效益,首先都必须进行调查研究,收集足够的数据和资料,做好运量预测,因为运量预测是运输项目经济评价的基础。

7.4.3 投资决策分析

1. 投资项目的概率分析

概率是事物不确定性的一种表现形式。在现实经济生活中,不确定性是普遍存在的,确定性只是不确定性的一种简化形式。因此,在投资方案的经济评价中,如果将所涉及的有关变量都理解为一个唯一的定值,显然过于简单化。对其在一定范围内的可能分布进行概率分析,将会更加接近客观实际。

例 7-1 某运输企业拟向某联营企业投资 1 000 万元,联营期为 10 年,现有以下方案可供选择。

方案一 预测每年可使企业增加净收益为:前五年乐观估计为 240 万元,概率为 0.6,悲观的估计为 160 元,概率为 0.4;后五年乐观的估计为 200 万元,概率为 0.7,悲观的估计为 150 万元,概率为 0.3。

方案二 预测每年可使企业增加的净收益为:前六年乐观估计为 250 万元,概率为 0.4,悲观估计为 125 万元,概率为 0.6;后四年乐观的估计为 300 万元,概率为 0.7,悲观估计为 150 万元,概率为 0.3。

要求 用联合概率法计算方案期望净现值,并做出投资决策(基准收益率或期望报酬率为 10%)。

解 方案一的期望净现值计算如表 7-4 所示。

表 7-4 方案一期望净现值计算表

单元:万元

组合	投资额	1~5 年净现金流量	6~10 年净现金流量	净现值	联合概率	加权净现值
	①	②	③	④	⑤	⑥=④×⑤
1	−1 000	240	200	380.68	0.6×0.7=0.42	159.89
2	−1 000	240	150	262.97	0.6×0.3=0.18	47.33
3	−1 000	160	200	77.40	0.4×0.7=0.28	21.64
4	−1 000	160	150	−40.33	0.4×0.3=0.12	−4.84
期望净现值						224.05

表 7-4 中:

$$380.68 = 240\times(P/A,10\%,5)+200\times(P/A,10\%,5)\times(1+10\%)^{-5}-1\,000 = 240\times3.791+200\times3.791\times0.621$$

上式中,$(P/A,10\%,5)$为年利率 10%、年数为 5 的年金现值系数,P 表示复利现值,A 表示年金。其他各组合净现值计算过程相同。

第二方案期望净现值计算如表 7-5 所示。

表 7-5 方案二期望净现值计算表

单元:万元

组合	投资额	1~6 年净现金流量	7~10 年净现金流量	净现值	联合概率	加权净现值
	①	②	③	④	⑤	⑥=④×⑤
1	−1 000	250	300	625.07	0.4×0.7=0.28	175.30
2	−1 000	250	150	357.41	0.4×0.3=0.12	42.89
3	−1 000	125	300	81.70	0.6×0.7=0.42	34.31
4	−1 000	125	150	−186.96	0.6×0.3=0.18	−33.65
期望净现值						218.79

表 7-5 中:

$$625.07 = 250\times(P/A,10\%,6)+300\times(P/A,10\%,4)\times(1+10\%)^{-6}-1\,000 = 250\times4.355+300\times3.170\times0.565$$

其他各组合净现值计算过程相同。

第一个方案的期望净现值为 224.05 万元,高于第二个方案的期望净现值 218.79 万元,所以第一个方案优于第二个方案。

例 7-2 某运输企业为适应运输市场,决定与另一运输企业联营,其联营规模按投资额大小,分为三个方案,联营期均为10年。有关资料及分析情况如表7-6所示。

表7-6 三个联营方案分析表

年净现金流量(万元) 状态与概率 / 联营方案	好	一般	差	每年收益净现金流量期望值	净现值($i=10\%$)
	0.3	0.5	0.2		
投资300万元	220	140	100	156	658.62
投资200万元	200	180	140	178	893.81
投资100万元	180	120	80	130	698.85

表7-6中,各方案的年收益净现金流量期望值的计算过程如下:

方案一

$$156=220\times0.3+140\times0.5+100\times0.2$$

方案二

$$178=200\times0.3+180\times0.5+140\times0.2$$

方案三

$$130=180\times0.3+120\times0.5+80\times0.2$$

各方案净现值计算过程如下:

方案一

$$658.62=156\times(P/A,10\%,10)-300=156\times6.145-300$$

方案二

$$893.81=178\times(P/A,10\%,10)-200=178\times6.145-200$$

方案三

$$698.85=130\times(P/A,10\%,10)-100=130\times6.145-100$$

由此可做出决策,因联营方案中的第二方案其净现值最大,为最优方案。

2. 投资项目的不确定性分析

当决策方案所面临的各种自然状态无法确定其概率时,即为不确定性分析。交通运输投资决策,在很多情况下难以估计各可行性方案的未来状态出现的概率。以公路建设投资为例,如拟修建某条高速公路,投资人对该高速公路在未来10年中的不同车流量情况难以估计其出现的可能性,在此种情况下进行决策,即为不确定性决策分析。

此时无法应用概率分析法,但可采用大中取大法、小中取大法和大中取小法等方法进行决策。

1) 大中取大法的应用

在不确定条件下,如果决策者对未来持乐观态度,可采用大中取大法。此法也称最大最大收益值法,它是在几种不确定的随机事件中,选择最有利(即最乐观)未来状态下的收益值最大的方案作为中选方案的决策方法。

例 7-3 以例7-2为例,如果各投资方案效益的好、一般或差三种状态出现的概率均难以估计时,此时如果决策人对未来持乐观态度,即可采取大中取大法。其决策分析如表7-7所示。

表 7-7　大中取大决策分析表

年净现金流量（万元）　状态 联营方案	好	一般	差	最大年净现金流量	最大净现值
投资 300 万元	220	140	100	220	1051.9
投资 200 万元	200	180	140	200	1 029
投资 100 万元	180	120	80	180	1 006.1

各方案最大净现值计算过程如下：

方案一

$$1\ 051.9=220\times(P/A,10\%,10)-300=220\times6.145-300$$

方案二

$$1\ 029=200\times(P/A,10\%,10)-200=200\times6.145-200$$

方案三

$$1\ 006.1=180\times(P/A,10\%,10)-100=130\times6.145-100$$

由于方案一的最大净现值 1 051.9 是三个方案中的最大者，所以采取小中取大法进行决策时，应选择方案一。

2）小中取大法

小中取大法是在几种不确定的随机事件中，选择最不利的市场需求情况下的收益值最大的方案作为中选方案。这是一种决策者比较保守和稳健时采用的方法。

仍以上例为例，在采用小中取大法时，其决策分析如表 7-8 所示。

表 7-8　小中取大决策分析表

年净现金流量（万元）　状态 联营方案	好	一般	差	最小年净现金流量	最小净现值
投资 300 万元	220	140	100	100	314.5
投资 200 万元	220	180	140	140	660.3
投资 100 万元	180	120	80	80	391.6

各方案最小净现值计算过程如下：

方案一

$$314.5=100\times(P/A,10\%,10)-300=100\times6.145-300$$

方案二

$$660.3=140\times(P/A,10\%,10)-200=140\times6.145-200$$

方案三

$$391.6=80\times(P/A,10\%,10)-100=80\times6.145-100$$

由于方案二的最小净现值 660.3 是三个方案中的最大者，所以采取大中取大法进行决策时，应选择方案二。

3）大中取小法

大中取小法也称最大后悔值法，它是在几种不确定的且概率未知的随机事件中，选择最大后悔值中的最小值的方案作为中选方案的一种决策方法。

所谓后悔值即损失额，是指各种不同状态下的最大收益值超过本方案收益值的差额。它表示如果选错方案将会受到的损失额。这种决策方法适合于较为稳健的决策者。

仍以例 7-2 为例，在采用大中取小法时，其决策分析如表 7-9 及表 7-10 所示。

表 7-9　大中取小决策分析表(1)

净现值（万元）\ 状态 \ 联营方案	好	一般	差
投资 300 万元	1 051.9	560.3	314.5
投资 200 万元	1 029	906.1	660.3
投资 100 万元	1 006.1	637.4	391.6

表 7-10　大中取小决策分析表(2)

与各状态下的理想方案比的净现值后悔值（万元）\ 状态 \ 联营方案	好	一般	差	最大后悔值
投资 300 万元	1 051.9－1 051.9＝0	906.1－560.3＝345.8	660.3－314.5＝345.8	345.8
投资 200 万元	1 051.9－1 029＝22.9	906.1－906.1＝0	660.3－660.3＝0	22.9
投资 100 万元	1 051.9－1 006.1＝45.8	906.1－637.4＝268.7	660.3－391.6＝268.7	268.7

由于方案二的最大后悔值 22.9 是三个方案最大后悔值中的最小者，所以在采取大中取小法进行决策时，应选择方案二。

4）乐观系数法

此法是在确定乐观系数 α 和各方案预期净现值的基础上，选择各个备选方案中预期净现值最大的方案作为中选方案。乐观系数 α 的取值范围是 $0 \leqslant \alpha \leqslant 1$，如果 α 取值接近 1，则比较乐观；如果接近 0，则比较悲观。每个备选方案的预期净现值按照以下公式进行计算：

$$\text{各方案的预期净现值}=\left(\alpha\times\begin{matrix}\text{最高}\\\text{收益值}\end{matrix}+(1-\alpha)\times\begin{matrix}\text{最低}\\\text{收益值}\end{matrix}\right)\times\begin{matrix}\text{年金现值}\\\text{系数}\end{matrix}-\begin{matrix}\text{投资额}\\\text{现值}\end{matrix}$$

仍以上例为例，在采用乐观系数法时（设乐观系数为 0.6），其决策分析如表 7-11 所示。

表 7-11　乐观系数法决策分析表

年净现金流量（万元）\ 状态 \ 联营方案	好	一般	年净现金流量预期值（α＝0.6）	预期净现值
投资 300 万元	220	100	172	756.94
投资 200 万元	200	140	176	881.52
投资 100 万元	180	80	140	760.3

各方案预期净现值计算过程如下：

方案一

$$756.94=(0.6\times220+0.4\times100)\times(P/A,10\%,10)-300=172\times6.145-300$$

方案二

$$881.52=(0.6\times200+0.4\times140)\times(P/A,10\%,10)-200=176\times6.145-200$$

方案三

$$760.3=(0.6\times180+0.4\times80)\times(P/A,10\%,10)-100=140\times6.145-100$$

由于方案二的预期净现值881.52是三个方案中的最大者，所以采取乐观系数法进行决策时，应选择方案二。

7.4.4 投资规模与资金总量分配

1. 投资规模

投资规模是投资决策的首要问题。投资规模的大小涉及企业内外许多因素。

企业在决定其对外投资规模时，应综合考虑以下3个方面的因素。

1) 项目投资报酬率的高低

一定量的投资总是希望取得理想的投资报酬，因此某项投资报酬率的高低就会影响到投资规模的大小，人们总是愿意向报酬率高的投资项目投放较高的资金。因此投资项目报酬率的高低是影响对外投资规模的一个重要因素。

2) 企业自身财力状况

企业在确定对外投资规模时，必须考虑到企业自身财力的大小、资金周转的好坏。财力充裕时，可以扩大对外投资的规模。

3) 企业经营方针和经营目标

企业的经营方针和经营目标往往是决定性因素。如果一个运输企业因为外界房地产热而将大量资金投放到房地产买卖中，势必影响到其主营业务收入。而主营业务往往是企业比别的企业较具优势的业务，可以说是企业的生存支柱。不假思索，盲目追赶潮流，随意扩大对外投资规模是不可取的。

2. 资金总量及其分配

1) 资金总量及其分配的意义

资金总量是指企业可以用于对外投资的资本总额。其来源可以有多种渠道，既可以自筹，也可以向银行贷款。

企业自筹资金可采取吸收直接投资的方式，如接受货币资金、固定资产、无形资产、存货等的投资，也可以采取发行股票的方式。后者应是股份有限公司采取的方式。除了自筹，还可采取向银行申请借款的方式，发行企业债券的方式，融资租赁的方式，商业信用的方式，等等。由于经济资源的稀缺性和可投资机会的多样性，企业总是会感到资金总量有限。如果有多个独立的可行性方案，企业就将面临如何在不同投资方案之间合理分配资金总量的问题。

资金总量分配是投资决策的另一个重要问题。资金总量的分配和投资方案的对比选优既互相联系又互相区别。其联系表现在：它是在方案对比选优的基础上进行。通过方案的对比、选优，从独立方案中确定了哪些方案经济上可行，哪些方案经济上不可行；从互斥方案的选择中确定了哪些方案经济上较优，哪些方案经济上较差，从而为将资金总量在不同方案之间进行合理分配奠定了基础。通过方案的对比选优，所有经济上可取的方案已经选出来了，如果资金总量上没有限制,经选定的全部方案都可以付诸实施。

但是在一定时期内,如果资金总量不足,不可能满足已选定的全部方案都能付诸实施的需要,那么,对已选定的经济上可行的方案就有一个何者优先安排,何者后续安排的抉择问题,以期通过资金总量在他们之间合理地进行分配,实现在不突破现有资金限额的条件下,使付诸实施的方案总的经济效益达到最大。

2) 资金总量分配的一般方法

在资金总量分配过程中,为了简化决策分析工作,应该首先找到诸多方案中最好的几个方案,以便缩小选择范围。为此有必要首先将各待选项目搭配方案。因此,资金总量分配决策也称为多个项目组合排队决策。由于各项目的投资额大小不一,为简单起见,应按各项目的现值指数的大小作为项目排序的标准。因为只有现值指数较高的项目才能保证让每一元资本带来最大的净现值。

资金总量分配的一般方法是指按现值指数的大小,结合净现值进行组合排队,从中选出能使净现值总额最大的最优组合。具体程序如下。

(1) 以各方案的现值指数高低为序,逐项计算累计投资额,并与限定投资总额进行比较。

(2) 当截止到某项投资项目(假定为第 j 项)的累计投资额恰好达到限定的投资总额时,则第1至第 j 项的项目组合为最优投资组合。

(3) 若在排序过程中未能直接找到最优组合,必须按下列方法进行必要的修正。

① 当排序中发现第 j 项的累计投资额首次超过限定投资额,而删除该项后,按顺延的项目计算的累计投资额却小于或等于限定投资额时,可将第 j 项与第 $(j+1)$ 项交换位置,继续计算累计投资额。这种交换可连续进行。

② 当排序中发现第 j 项的累计投资额首次超过限定投资额,又无法与下一项进行交换,第 $(j-1)$ 项原始投资额大于第 j 项原始投资时,可将第 j 项与第 $(j-1)$ 项交换位置,继续计算累计投资额。这种交换亦可连续进行。

③ 若经过反复交换,已不能再进行交换,仍未找到能使累计投资额恰好等于限定投资额的项目组合时,可按最后一次交换的项目组合作为最优组合。

例　设有 A.B,C,D,E 5个投资项目,有关原始投资额、净现值、现值指数如表7-12所示。

表7-12　各投资项目的分析数据

项目	原始投资(万元)	净现值(万元)	现值指数
A	300	120	1.4
B	200	40	1.2
C	200	100	1.5
D	100	22	1.22
E	100	30	1.3

要求　分别就(1)投资总额不受限制;(2)投资总额受到限制,分别为200万元,300万元,400万元,500万元,600万元,700万元,800万元,900万元等不相关情况做出资金总量分配决策。

解　首先对各方案按现值指数大小进行排序,并计算累计原始投资额和累计净现值数据。其结果如表7-13所示。

表 7-13　对各方案按现值指数大小排序　单位:万元

项目	原始投资	累计投资	净现值	累计净现值
C	200	200	100	100
A	300	500	120	220
E	100	600	30	250
D	100	700	22	272
B	200	900	40	312

a）当投资总额不受限制时,表 7-13 所列的投资组合方案最优;

b）当投资总额为 200 万元时,选择 C 项目,最大净现值为 100 万元;

c）当投资总额为 300 万元时,选择 C,E 项目,最大净现值为 130 万元;

d）当投资总额为 400 万元时,选择 C,E,D 项目,最大净现值为 152 万元;

e）当投资总额为 500 万元时,选择 C,A 项目,最大净现值为 220 万元;

f）当投资总额为 600 万元时,选择 C,A,E 项目,最大净现值为 250 万元;

g）当投资总额为 700 万元时,选择 C,A,E,D 项目,最大净现值为 272 万元;

h）当投资总额为 800 万元时,选择 C,A,E,B 项目,最大净现值为 290 万元;

i）当投资总额为 900 万元时,5 个项目均可选择,最大净现值为 312 万元。

3）“0—1”规划在资金总量分配决策中的运用

当资金总量分配决策中待选投资项目过多,而资本限额也很大时,项目组合方案可能有很多,这时决策分析工作过于繁重,而且很难完全肯定最后选中的就是最优的项目组合方案。此时最好的解决方法就是运用“0—1”规划模型,利用电子计算机求解,既简便又准确。

第 8 章　道路运输成本

运输成本问题涉及道路运输业经济的各个方面，是研究道路运输经济活动的中心问题，是价值在道路运输业的主要表现形态，也是合理确定道路运输价格的重要依据。本章将主要学习运输成本的有关理论，从道路运输业成本的特点入手，探索一般经济理论在本行业的具体表现及其应用。

8.1　道路运输成本的概念和特点

8.1.1　道路运输成本的概念

道路运输成本是指道路运输企业为完成客货位移所发生的一切费用总和。它分为运输总成本和单位运输成本两个概念。

一定时期内的运输支出总额称为该期的运输总成本。

一定时期内的单位运输劳务的支出称为单位运输成本。

运输总成本与单位运输成本两者的关系可用下面的公式表示：

$$\text{某一时期的单位运输成本}=\frac{\text{该期的运输总成本}}{\text{该期完成的周转量}}$$

成本反映的是运输企业在完成客货位移时的消耗，它是综合反映运输企业经济效益的重要指标，是运输企业技术、管理、劳动等多方面工作水平的综合反映。

道路运输成本一般分为以下 11 项。

(1) 工资：按规定向企业职工支付的工资。

(2) 职工福利费：按工资总额提取的用于职工福利的费用。

(3) 燃料：营运车辆消耗的各种燃油的支出。

(4) 轮胎：营运车辆运行耗用的外胎、内胎、垫带费用及轮胎翻修费和零星修补费。

(5) 修理：用于车辆各项修理的费用支出。

(6) 折旧：营运车辆按规定提取的折旧费。

(7) 养路费：向公路管理部门缴纳的车辆养路费。

(8) 运输管理费：运输企业向运管部门缴纳的管理费用。

(9) 税金：企业按国家税法规定的税种税率向国家缴纳的款项。

(10) 行车事故费：用于支付行车肇事的损失费用。

(11) 其他：不属于上述内容的成本都归于此类。

道路运输业的成本构成情况见表 8-1。

表 8-1 我国道路运输成本结构(1994)

序号	项目	占总体比重(%)	序号	项目	占总体比重(%)
1	工资	10.7	7	养路费	13.7
2	职工福利	1.4	8	运输管理费	1.6
3	燃料	24.6	9	税金	0.8
4	轮胎	4.3	10	行车事故损失	1.9
5	修理	17.1	11	其他	12.2
6	折旧	11.7	12	总计	100

8.1.2 道路运输成本的特点

道路运输成本的特点包括两大方面,一是道路运输成本与一般工农业产品成本之间的差异;二是道路运输成本与其他运输方式的运输成本之间的差异。

1. 道路运输成本与一般工农业产品成本相比的特点

1) 道路运输成本构成中,没有原材料费用的支出

运输生产过程的结果是实现客货的位移,而不改变运输对象的性质和形态,所以运输成本中没有构成产品实体的原材料支出。虽然在道路运输生产过程中也有原材料费用的支出,但这部分的支出主要用于车辆和设备等固定资产的维修方面。

2) 运输成本结构中燃料费和车辆设备折旧的比重大

燃料费在运输成本中占较大比重,这是运输业普遍存在的特点,道路运输为25%,铁路运输为17%,海运为24%。据1994年统计资料显示,道路运输成本中燃料、修理和折旧三项费用占运输成本的比重达53.4%。因此在成本项目上燃料、修理和折旧都是单列项目,用以反映其消耗情况。

3) 运输成本受车辆运用效率的影响大

一般工业产品的总成本与生产的产品数量成正比关系,生产的产品数量越多,成本总额就越高。运输成本支出与完成的客货周转量无直接关系,而与运输工具行驶的里程有着较为密切的正比关系。

道路运输企业在一定时期内所完成的周转量是由企业在这个时期内的运输工具所完成的行驶里程以及运输工具的行程利用率(重驶行程占总行程的比重)来决定的。单位运输成本的形成,实际上是把与行驶里程及行程利用率密切相关的总成本分摊到单位运输周转量上,因此单位运输成本水平受车辆运用效率(如行程利用率)的影响较大。

4) 道路运输一般只计算完全成本

一般工业产品要经过生产阶段和流通阶段才能消费,其生产阶段和流通阶段都需要支付成本,因此形成生产成本、完全成本等成本形式。而运输劳务的生产和消费是结合在一起的,因此只计算完全成本。

2. 道路运输成本与其他运输方式的运输成本相比的特点

1) 运输准备费用和中转费用低

道路运输一般是直达运输,无中转费用,始发终到作业量小,始发终到费用较铁路运输和

水路运输也低得多。

2）固定资产占用少，变动成本高

道路运输用的公路由国家投资，运输企业只缴纳养路费，国家对道路建设与维护的投资不反映在道路运输企业的固定资产中，因此其总资产中的固定资产比重相对其他运输方式要少得多。道路运输成本中的燃料消耗和车辆设备的折旧占的比重大，其变动成本部分所占比重高，消耗水平亦高。在承担长距离运输任务时，道路运输成本比铁路运输和水路运输要高得多。而在短距离任务时，其成本较铁路运输和水路运输低。

3）地区差异大

受物价水平、地形和气候的影响，全国各地区的成本差异较大。表 8-2 为 1994 年我国部分省、市、自治区道路运输成本水平。从表中可以看出，由于各地区物价水平、地形、气候的差异，成本差异达 3 倍，因此在制定运价时，不能以全国的平均成本水平为依据。

表 8-2　我国部分省、自治区、直辖市道路运输成本水平(1994)

省份	单位运输成本(元/千吨公里)	省份	单位运输成本(元/千吨公里)
北京	414	湖北	325
河北	276	湖南	312
山西	235	广东	443
内蒙古	383	广西	335
辽宁	349	海南	724
吉林	489	四川	297
黑龙江	453	贵州	259
上海	547	云南	376
江苏	294	西藏	326
浙江	320	陕西	427
福建	355	甘肃	263
江西	364	青海	655
山东	283	宁夏	267
新疆	414		

运输成本有个别成本和社会成本之分。在同一运输市场上有许多个道路运输企业，各个企业在生产条件和经营管理等方面存在着差别，从而形成其各自的实际成本，即个别成本。社会成本是指行业内部不同企业的个别成本的平均成本，它反映的是全行业平均的消耗水平。由于道路运输业的成本受多种因素的影响，各种因素在不同的地区差异较大，因此在社会成本的计算上不能采用全国的平均水平，而是以各地区的平均水平作为该地区的社会成本水平。

4）货种、运输质量对成本的影响

不同货物对各运输方式的要求不同，需要采取的技术组织措施也不同，对运输工具的利用程度也不同，这些都会造成成本差异。除此之外，货主和旅客还会对运输服务，运送速度等方面提出相应的要求，为满足这些要求，道路运输企业也要支付相应的成本，也形成相应的成本差异。

5）运输距离、路况、车型对运输成本的影响

运输距离对运输成本的影响主要是对效率的影响。运距短，装卸时间在运输时间中所占比重上升，运输效率下降，使成本上升。因此运输成本与运输距离成反比，运距越长，成本越

低，运距越短，成本越高。

路况对运输成本的影响是多方面的，它表现为对速度、车辆磨损、燃油消耗、运输质量多方面的影响。路况差，车辆的速度低，车辆磨损加剧，燃油消耗增加，货损货差加大，导致成本上升。

车型对成本的影响表现在平均吨位、燃料种类等方面。车辆吨位大，一般成本较低，采用柴油车也会比汽油车成本低。一般来说，大吨位柴油车的运输成本比一般车辆运输成本低25％～30％。此外，某些货物采用专用车辆运输时，运输成本也较通用车型有所降低。

8.1.3 运输成本的作用

运输成本的作用表现在下述3个方面。

1. 制定和调整运价的重要依据

运价即运输“产品”所消耗的价格，是运输“产品”价值的货币表现，而价值量决定于生产运输“产品”所消耗的社会必要时间，即在现有的社会正常的生产条件下，在社会平均的劳动熟练程度和劳动强度下制造某种使用价值所需要的劳动时间。能全面反映这种消耗的经济指标只有社会平均成本，它是维持企业简单再生产的必要条件，否则企业就会亏损倒闭。企业要进行正常的扩大再生产，其价格必须高于社会平均成本，因此在制定和调整运价时应以社会成本为基础，恰当考虑运输企业的赢利水平来制定运价，这是商品经济发展的客观要求。

2. 企业进行经济核算的基础

成本核算在企业经济核算中占有重要地位，它可以促进企业降低消耗，提高经济效益。在进行运输生产时的各种消耗最终将会反映到成本上来，在一定价格水平下，成本上升就会减少企业的赢利，甚至亏损。

3. 企业经营决策的重要参数

企业无论投资决策，还是管理决策都是以提高经济效益为中心的。在对各种方案进行经济效益评价时，都要对其收益、成本进行比较分析，从中选出最佳方案作为实施方案，没有成本这个参数就无法对其经济效益进行评价。

8.1.4 影响运输成本的因素

1. 企业外部因素

1）市场因素

运输市场上的供需关系及竞争的状况对企业的成本影响很大，一般情况下，在竞争激烈时，车辆运用效率往往呈下降趋势，造成成本上升。在运力大于运量的情况下，车辆停驶增加，也会造成成本上升。

2）生产资料价格的变动

生产资料的消耗是运输成本中占主要部分的要素，在其他条件一定的情况下，成本与生产资料的价格成正比。虽然生产资料的价格变动不会影响生产资料消耗的实物量，但却会影响到生产资料消耗的货币支出，从而影响运输成本。例如，1979年以来汽油的价格上涨了3～4倍，近几年油价也有波动，由于油价的波动也给运输成本带来相应的影响。

3）企业生产经营环境

环境对运输企业的成本影响也很大，好的环境对企业降低运输成本是极为有利的。这方面的因素包括：地理环境、路况及与协作单位之间的关系等。以公路的状况来讲，好的路况可以有效地延长车辆使用寿命，提高车辆的技术速度，加速车辆周转，提高运输效率，提高运输数量，减少货损货差，大幅度降低运输成本。同样，地理环境及与协作单位的关系也可以通过降低消耗，提高效率达到降低运输成本的效果。

2. 企业内部因素

1）企业生产要素的技术水平

企业使用的车辆设备的技术水平是决定其消耗水平和效率的关键性因素，企业生产要素技术水平的提高对降低消耗，提高效率从而降低成本具有决定性的作用。

2）企业经营管理水平

管理对成本的影响是多方面的，长期经营计划的制定对企业的发展方向及应达到的技术水平具有很重要的意义。管理对于提高运输效率，提高车辆设备的利用率，以及提高车辆运用效率的影响也是相当大的。严格的物资管理、劳动人事管理对节约各种材料的消耗，提高工人的劳动积极性具有积极作用。良好的财务管理对于资金的合理使用，加速资金周转也有重要作用。企业内部各种因素大都是通过管理发挥作用的，企业管理水平对运输成本水平的影响是很大的。

3）企业员工的素质

人员素质对企业各方面工作都有决定性的影响，是生产力中最重要的要素。特别是领导的素质对企业的影响是至关重要的，对降低运输成本的影响也是最大的。提高人员素质对提高企业技术水平和劳动生产率具有特殊意义。

8.1.5 降低道路运输成本的途径

1. 创造良好的外部环境，为降低成本打下良好的外部基础

外部环境与企业之间的关系是企业必须适应外部环境，同时又可以对外部环境施加影响。应转变经营观念，主动适应外部环境的变化，通过努力达到良好的协作关系，使企业与货主、旅客及相关协作单位建立良好的协作关系和公共关系。

2. 提高车辆设备的技术水平，注重车辆设备的更新改造

使企业的技术水平保持领先地位是企业在市场环境下生存和发展的物质保证。特别是要注意优化车辆设备的构成，使车辆设备适应货源对车辆的需求，做到技术先进，构成合理。同时要注意设备之间的合理配比，使车辆设备的效能得以充分地发挥，为企业进一步降低运输成本打好物质基础。

3. 提高管理水平,向管理要效益

管理也是一种生产力。通过提高管理水平可以提高效率,降低各种消耗从而达到降低成本的目的。在提高管理水平上应注意用先进的管理思想和管理技术武装企业各级管理人员,从而保证企业管理水平能适应企业发展的需要。应加强企业管理的基础工作,并在此基础上实现企业管理的科学化和现代化。应加强市场经营和生产组织的管理,努力提高车辆运用效率,特别是里程利用率的提高。从成本特性上看,里程利用率对成本的影响是至关重要的,与经营管理和生产组织的关系也很密切,通过提高车辆运用效率,可以大幅度降低运输成本。总之,应全方位地加强企业管理,向管理要效率和效益。

8.2 道路运输成本性态

8.2.1 短期成本性态

1. 按成本与产量、行驶里程的关系分类

道路运输生产的消耗,主要取决于运输距离的长短。即道路运输成本中,相当一部分是随车公里变动而变动,有一部分是随产量变动而变动。这两部分成本,称之为相对变动成本。还有一部分成本,在一定的产量和行驶里程内不受其影响,则称为固定成本。所以,道路运输成本构成内容可按成本与产量、行驶里程的关系分类,分为以下3类。

1) 固定成本(也称为甲类变动费用)

这是在一定的产量范围之内与行驶里程和产量基本无关的那一部分相对固定的成本支出。如管理人员的工资及其提取的职工福利费、营运间接费用、管理费用、按规定比例计提的工会经费、其他费用。

2) 车公里变动成本(也称为乙类变动费用)

在道路运输成本中,随行驶里程变动的成本有:营运车耗用燃料、营运车装用轮胎、营运车维修费、按行驶里程计提的营运车辆折旧费等。这些成本费用,无论车辆是空驶或重载均会发生,而且随行驶里程变动而变动。

3) 吨公里变动成本(称为丙类变动费用)

这是随运输周转量变动而变动的成本。如吨公里燃料附加、按营运收入和规定比例计算交纳的养路费、运输管理费(由于营运收入是周转量的正比函数,所以养路费与运输管理费是周转量的间接正比函数),以及按周转量计算的行车补贴等。

某项费用属于固定成本还是变动成本,与采用的费用核算方法有关。例如营运车辆按生产法计提折旧时,其折旧费是变动成本;但按使用年限法计提折旧时,则属于固定成本。道路运输成本构成内容按成本性态进行分类,便于分析道路运输成本升降的原因,并有助于进行本—量—利决策分析。

2. 按成本与周转量的关系分类

假设车辆的载运系数不变,道路运输成本按其与周转量的关系分类,可以分为固定成本和变动成本两部分。运输总成本中依据运输周转量的大小不同而发生变化的部分称为变动成本(VC)。例如道路运输成本中的燃料、轮胎、车辆折旧等项的支出都属于变动成本部分。由于考察的时间短,在一定时期内企业一部分生产要素的投入是固定不变的,在短期内不随运输周转量变化而变化的成本部分都称为固定成本(FC)。例如道路运输成本中固定设施、房屋建筑物的折旧,企业管理费用等项目,都属于固定成本部分。

固定成本与变动成本之和叫作总成本,用 TC 来表示。

在短期成本分析中,最简单的运输周转量与成本关系常作这样的假设,单位变动成本是固定不变的,变动成本随运输周转量的增加成正比例的变化。固定成本在任何运输周转量下都保持水平不变。其变化情况可用图 8-1 来表示。

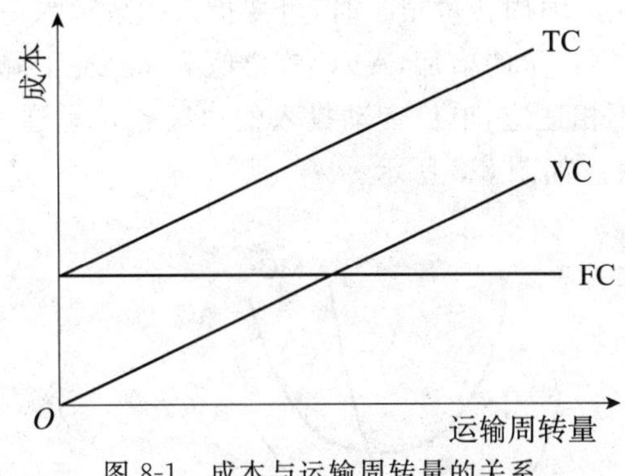

图 8-1　成本与运输周转量的关系

但实际情况并非这样简单,单位变动成本并不总是一个常数,对于不同的运输周转量,它会出现差异。在运输周转量很小时,各种生产要素的作用未得到充分发挥。变动成本开始较大,随运输周转量的增加,各生产要素的作用逐渐得到充分发挥,在运输周转量增加的同时变动成本增加量较慢,单位变动成本会有所下降。当运输周转量接近正常水平时,单位变动成本逐渐稳定下来。当运输周转量超过正常水平时,变动成本增加幅度就会加大,这是因为固定生产要素制约着生产规模。当运量超过最有效的运输周转量水平时,尽管投入更多的变动要素如人工、燃料,而不对公路、运输设施增加投入,要增加运输周转量就会越来越困难,单位运输成本也会越来越高。因此,变动成本曲线是先陡峭但凹向右下方,后较平缓,又较陡峭但凹向左上方的形状,随运输周转量的增加而向右上方倾斜,如图 8-2 所示。

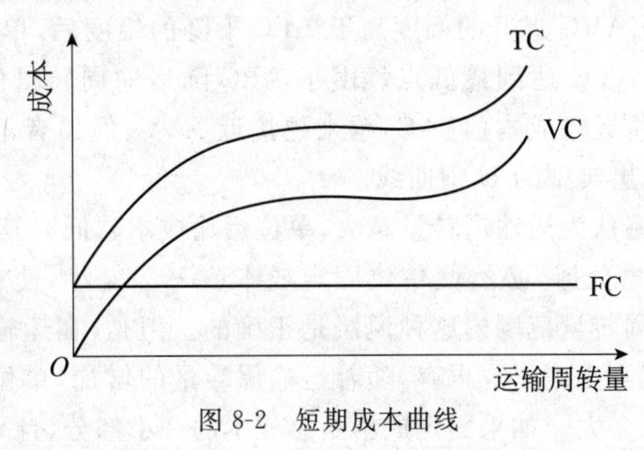

图 8-2　短期成本曲线

3. 单位运输成本与边际成本

单位运输成本(AC)是平均每个运输周转量的成本。它是用某一时期的运输周转量(Q)

去除同期的运输总成本而得到的数值,可用下面的公式来表示。

$$AC=TC/Q=(FC+VC)/Q=FC/Q+VC/Q=AFC+AVC$$

式中 FC/Q——平均运输周转量所耗费的固定成本,称为单位固定成本(AFC);

VC/Q——平均单位工作量所耗费的可变成本,称为单位变动成本(AVC)。

由于固定成本为一不变的常量,所以随着运输周转量的增加,平均分摊到每一单位运输周转量的固定成本(AFC)越来越少,AFC 必然随着运输周转量的增加而持续下降。它的变动趋势为:开始时运输周转量很小,AFC 很大,随着运输周转量的增加,FC 为越来越多的运输周转量所分摊,AFC 迅速下降。此后在运输周转量的增加过程中,AFC 继续下降,并与横轴越来越接近,成为趋向于横轴的渐近线,但它永远不会等于零。

AVC 的变化趋势是:在运输周转量很小时,可变投入的效率未得到充分发挥,AVC 较高,随着生产规模的扩大,运输周转量的增加,AVC 较快地下降。待下降到一定点后,由于越来越多的可变投入与固定投入不相适应,单位变动投入的边际收益呈递减趋势,AVC 从其最低点开始上升,形成一 U 型曲线。如图 8-3 所示。

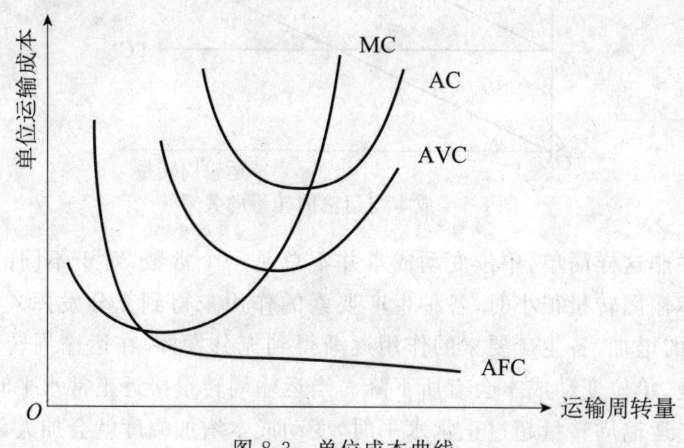

图 8-3 单位成本曲线

单位运输成本(AC)的变化是由 AFC 和 AVC 二者共同作用决定的。运输周转量很低时,由于 AFC 和 AVC 都很高,单位运输成本的水平也很高。此后由于 AFC 和 AVC 的下降,单位运输成本也较快地下降。当 AVC 降到最低点并转而上升时,由于 AFC 还在下降,单位运输成本仍继续下降,直至 AVC 上升的幅度高于 AFC 下降的幅度后,单位运输成本转而上升,所以单位运输成本迟于 AVC 达到最低点。由于 AFC 随运输周转量的增加越来越小,作为 AFC 与 AVC 之和的单位运输成本值(AC)越来越接近 AVC,但二者不会重合。这样单位运输成本(AC)曲线也呈现出典型的 U 型曲线。

一般情况下人们普遍认为运输周转量越大,单位运输成本越低。其道理很简单,固定费用为越来越多的运输周转量分摊,必然使单位固定成本(AFC)变小,使得单位运输成本降低。在短期内和在某一运输周转量范围内这种说法是正确的。但是,在运输周转量超过固定要素的负荷以后,这种看法就不正确了。再有,随着运输周转量的增加,单位运输成本下降幅度有多大,决定于固定成本有多大。如果固定成本是总成本的一小部分,且平均变动成本和边际成本都不变,那么尽管运输周转量很大,单位运输成本的下降也是有限的。反之,如果固定成本占总成本的很大一部分,而且平均变动成本和边际成本在一个很大的运输周转量范围内都是下降的,那么随运输周转量的增加,单位运输成本的下降幅度将是很大的。这两种情况正与道路运输和铁路运输的成本特性相吻合。道路运输是前者，其成本结构是变动成本在总成本中占很大比重，而固定成本占比重较小，因此，运输周转量的增加对其单位运输成本水平影响较小。铁路运输正相反，运输周转量的增加对其单位运输成本的降低影响很大，在运输周转量较小时，其成本水平会很高。

边际成本(MC)是单位运输成本分析中最为重要的一个概念，它指的是每增加或减少一单位运输周转量而引起的总成本变动的数额，可用下面的公式表示：

$$MC = \Delta TC / \Delta Q$$

边际成本也呈 U 型变化，在开始时运输周转量很低，增加运输周转量会使 AFC，AVC 及单位运输成本下降。所以每增加一个单位运输周转量的成本会低于原来的单位运输成本，MC 下降。此后，随着运输周转量的增加，由于边际收益递减规律的作用，MC 转而上升，并与 AVC 和单位运输成本曲线的最低点相交。由于边际成本是在增加或减少一单位运输周转量时成本的增加量，并没有对固定成本造成影响，因此不管固定成本有多大，边际成本与固定成本无关。

8.2.2　长期成本性态

长期的含义是指时间足够长，使运输企业为要达到其所需要的运输周转量而能够调整其全部生产要素投入的这样一段时间。由于时间长，一切生产要素的投入均是可变的，因此就不存在不可变的生产要素，也就没有固定成本与变动成本之分，只有长期运输总成本、长期平均运输成本和长期边际成本之别。

1. 长期运输成本

长期运输总成本(LTC)是指在长期内为运输特定数量的客货而支出的成本总和。

生产要素投入的调整的目的就是为使生产要素组合达到最佳状态。在短期内，由于固定生产要素不可变，因此相对于该固定要素投入只有一个最佳运输周转量，对应这个运输周转量成本较低，而大于或小于该运输周转量，都会使成本较高。在较长时期内由于所有生产要素都是可调整的，总是可以使之处于最佳组合状态，因此短期运输总成本只有在运输工作最佳时才与长期运输总成本相等。而在其他情况下，短期运输总成本总是高于长期运输总成本的。根据这一点可以看出，长期运输总成本曲线是无数条短期运输总成本曲线的包络线，如图 8-4 所示。

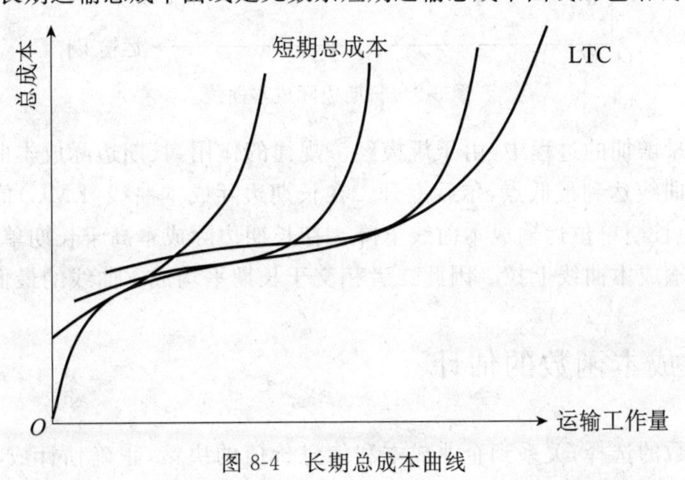

图 8-4　长期总成本曲线

2. 长期单位运输成本

长期单位运输成本(LAC)是指长期内平均单位运输周转量所花费的成本。长期单位运输成本也是短期单位运输成本的包络线,如图 8-5 所示。

从短期和长期单位运输成本曲线可以看出,在运输周转量增加的过程中,单位运输成本的变化由高到低又由低到高,反映了规模经济由递增到递减的一般趋势。

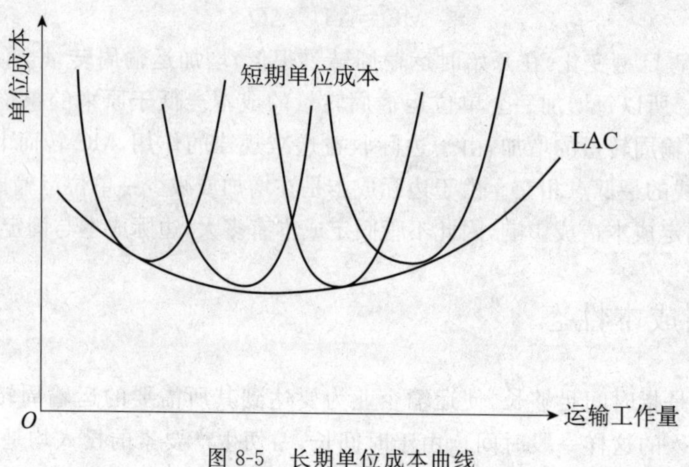

图 8-5 长期单位成本曲线

3. 长期边际成本

长期边际成本(LMC)是指较长时期内运输周转量增加或减少一个单位所引起的运输总成本的变动数额。长期边际成本曲线也是一条 U 型曲线,如图 8-6 所示。

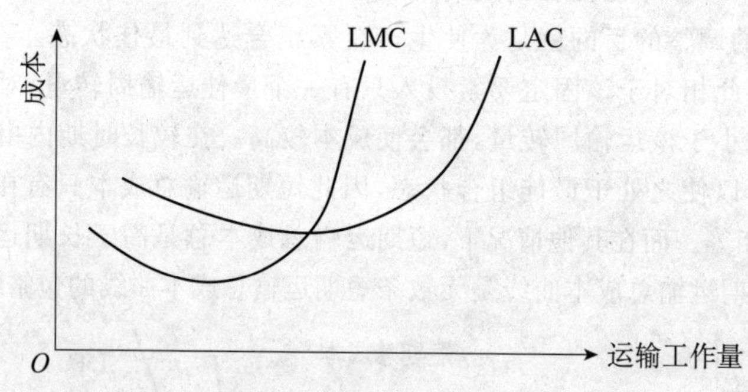

图 8-6 长期边际成本曲线

在运输周转量增加的过程中,由于规模经济规律的作用,长期边际成本曲线先于长期单位运输成本(LAC)曲线达到最低点,尔后上升。在长期边际成本曲线(LMC)低于长期单位运输成本曲线时,它使长期单位运输成本曲线下降。在长期边际成本高于长期单位运输成本时,它又将长期单位运输成本曲线上拉。因此二者相交于长期平均成本曲线的最低点。

8.2.3 运输成本函数的估计

运输成本函数的选择,关系到企业成本和信息价值的决策,正确估计成本函数,将使对未来成本的预测尽可能准确。

假设列入成本项目中的各项非成本项目以及各种浪费能从成本中分离出去，那么，我们可以使用统计分析方法来估计成本函数。

1. 运输成本估计的原则

1）成本资料的选择，应考虑未来的因素变化

运输成本函数的估计，实际上是要确定运输成本与运输量的关系。因此，所分析的对象应当是未来成本与运输量的关系，而不应是现行的成本或历史成本。但是，对未来的估计，只能建立在过去的基础上。所以，在对运输成本函数进行估计之前，应对历史成本资料加以必要的调整和修订。例如，可按当前或未来的工资、原材料和燃料等投入要素的价格对相应项目进行调整。

2）把运输成本与运输量的历史数据进行合理联系

例如，运输工具的维修费用，往往不在本期而在下期支出。在运输旺季，账面上的维修费用数额较小，其原因在于运输设备正在开足马力进行生产以至于设备维修不得不尽可能推迟。此时的修理作业一般都是为了满足临时需要，而设备应有的正常的维修则要等到运输的淡季才去进行。所以如果有关历史数据不经合理调整，那么在用统计方法进行成本函数的估计时，会导致错误结果。

2. 成本函数的估计方法

1）加权平均法

由于固定成本不随运输量的增减而变动，因此，只需要估计单位变动成本的值，得出总变动成本，然后加上固定成本就能得到总成本函数。

估计单位变动成本，首先将各个时期的变动成本与运输量相比，得出每个时期的单位变动成本，然后使用加权平均法得出最后的单位变动成本。其估计算式如下：

$$\mathrm{AVC}=\sum \mathrm{AVC}_i \frac{f_i}{\sum f_i}$$

式中：AVC——估计单位变动成本；

AVC_i——已经调整或修订后的各期变动成本；

f_i——AVC_i 的权重，可根据数据的重要程度加以确定。

这种方法较为简单，但误差较大，没有反映变动成本随运输量的变化情况。

2)回归分析法

对于变动成本总额的估计可采用一元直线回归方程的方法。其方程式为；

$$\mathrm{VC}=\alpha+\beta Q$$

式中：α——估计误差(并非固定成本)；

β——平均变动成本估计值；

Q——未来运输周转量。

其几何意义如图 8-7 所示。

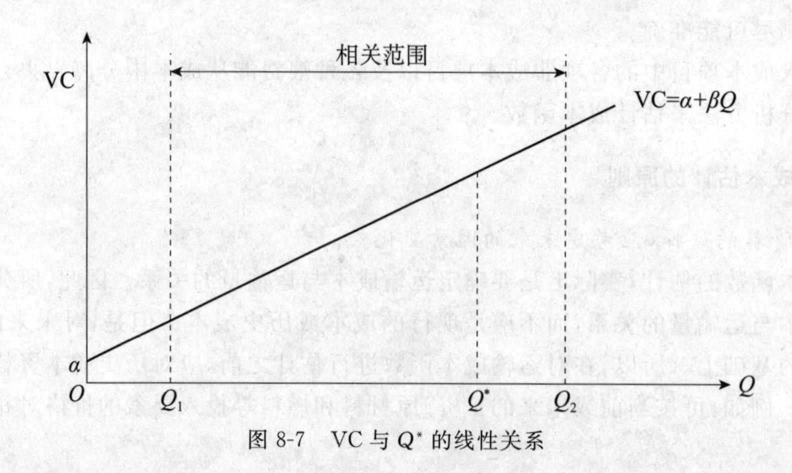

图 8-7 VC 与 Q^* 的线性关系

理论上，变动成本曲线应该通过原点，即 $\alpha=0$，但如用通过原点的直线，将不能很好地拟合变动成本变化的规律，对于运输企业来说，它注重的是未来的运输周转量的变化范围内的成本情况。在成本与运输周转量的相关范围内，即(Q_1，Q_2)区间内，未来的变动成本总额的估计值 VC 与未来的运输周转量估计值 Q^* 之间的关系，呈线性关系。

采用线性成本函数来估计成本与运量的关系，必须满足以下 3 种假设。

(1) 单位运量所消耗的材料、燃料是相同的，即单位变动成本相同。

(2) 投入要素必须得到充分有效的利用，否则成本的增加将不会导致产量的成比例增加。

(3) 不论原料、燃料的购买量为多少，其价格必须相等。

但在实际中，以上的条件不一定都能满足。例如原料的大量购买可导致价格的上升，或者大量的采购可享受优惠的折扣，因此严格地说，成本函数是非线性的，但在相关范围内，可以近似为线性，如图 8-8 所示。

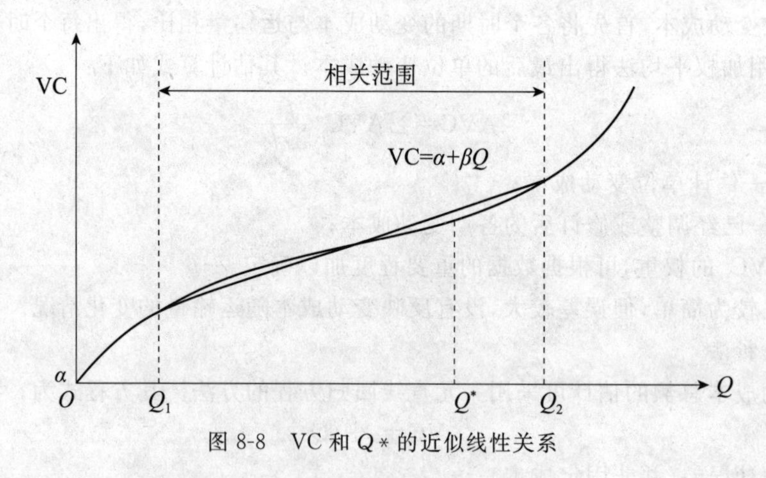

图 8-8 VC 和 $Q*$ 的近似线性关系

如果在相关范围内，成本函数也呈现非线性关系，则成本函数的估计可采用非线性回归的方法。

8.2.4 成本变动幅度的预测

随着科学技术的进步，道路条件的改善，企业经营管理水平的提高，道路运输成本的构成必然发生变化。为准确反映计划期产量、生产率、原材料消耗等发生变化对运输成本构成的影响，应及时地对成本进行因素变动影响预测。

1. 周转量变动对单位成本影响的预测

在一定产量限度内，运输周转量变动时，固定成本不会发生相应变动。但运输周转量的增减变动，将使单位成本中的固定成本份额（比重）发生增减变动，从而影响单位成本的升降。

周转量变动对单位成本影响的预测算式为：

$$\frac{\text{运输周转量变动}}{\text{对单位成本影响程度(\%)}}=\frac{\text{固定成本占}}{\text{总成本比重(\%)}}-\frac{\text{固定成本占总成本比重(\%)}}{1+\text{运输周转量增长率(\%)}} \tag{8-1}$$

例 8-1　某运输公司的道路运输成本中，固定成本占总成本的比重为 30%，假设计划期运输周转量预计增加 15%，试测算由于运输周转量的增加，对单位成本的影响程度。

解　据式(8-1)及给定的条件，有

$$\frac{\text{运输周转量变动}}{\text{对单位成本影响程度(\%)}}=30\%-\frac{30\%}{1+15\%}=3.9\%$$

2. 劳动生产率和工资变动对单位成本影响的预测

运输单位成本与劳动生产率成反比，与工资水平成正比。因此，当劳动生产率和工资水平（即平均工资）发生增减变动时，将使单位成本中的工资成本份额发生增减变动，从而影响单位成本的升降。

其预测算式为：

$$\frac{\text{工资水平与劳动生产率变动}}{\text{对单位成本影响程度(\%)}}=\frac{\text{生产工人工资}}{\text{占总成本比重}}-\frac{\dfrac{\text{生产工人工资}}{\text{占总成本比重}}\times(1+\text{工资增长率})}{1+\dfrac{\text{劳动生产率}}{\text{增长率}}} \tag{8-2}$$

例 8-2　某运输公司的生产工人工资占总成本的比重为 10%，计划期预计工人工资水平提高 10%，劳动生产率提高 20%，试测算由于工人工资水平和劳动生产率的提高对单位成本的影响程度。

解　据式(8-2)及给定的条件，有

$$\frac{\text{工资水平与劳动生产率变动}}{\text{对单位成本影响程度(\%)}}=10\%-\frac{10\%\times(1+10\%)}{1+20\%}=0.84\%$$

3. 车辆运用效率变动对单位成本影响的预测

1) 工作车日和车日行程发生变动对单位成本影响的预测

工作车日和车日行程发生变动，必然引起计划期周转量变化，从而导致对单位成本中的固定成本份额产生影响，使成本水平发生增减变动。但在载运系数为常数时，工作车日和车日行程的变动，并不影响单位车公里变动成本和单位吨公里变动成本的增减变动。

工作车日和车日行程变动对运输单位成本影响程度的预测分析，可用列表方式表示，如表 8-3 所示。

表 8-3　载运系数为常数时的成本升降分析

运输周转量（千吨公里）	单位变动成本（元/千吨公里）	千吨公里固定成本（元/千吨公里）	运输单位成本（元/千吨公里）	单位成本降低额（元）	成本升(－)降(＋)率(％)
①	②	③	④＝②＋③	⑤＝160－④	⑥＝⑤/160
1 000	120	40.00	160.00	0.00	0.0
1 200	120	36.36	156.36	3.64	＋2.3
1 400	120	33.33	153.33	6.67	＋4.2
1 500	120	32.00	152.00	8.00	＋5.0

注：① 表中表明，当载运系数为常数时，仅会发生工作车日和车日行程的变动，而这两个因素的变动只影响运输周转量的增减变动，从而导致运输单位成本中的固定成本份额（即千吨公里固定成本）的增减变动和运输单位成本的增减变动，但并不影响千车公里变动成本和千吨公里变动成本的增减变动。

② 表中的运输单位成本与千车公里变动成本、千吨公里变动成本、千吨公里固定成本的关系式如下：

$$\underset{（元/千吨公里）}{运输单位成本}=\frac{千车公里变动成本}{载运系数}+\underset{变动成本}{千吨公里}+\underset{固定成本}{千吨公里} \tag{8-3}$$

③ 表中的成本升(－)降(＋)率系以基期运输周转量 1 000 千吨公里为基数，采用定基比较的方法求得的。

④ 表中的千吨公里固定成本是以固定成本 40 000 元除以周转量求得的。

例如，当预计计划期的载运系数不会有明显变动，但工作车日或车日行程将有明显变动导致运输周转量增加到 1 400 千吨公里时，其单位成本降低额为：

$$160-153.33=6.67（元/千吨公里）$$

其成本降低率为：

$$6.67\div160=4.2\%（＋）$$

2）载运系数发生变动对单位成本影响的预测。

载运系数与重车平均吨位、实载率、拖运率之间的函数关系如下：

$$载运系数=重车平均吨位\times实载率\times\frac{1}{1-拖运率} \tag{8-4}$$

由式(8-4)和式(8-3)（即单位成本与车公里变动成本、载运系数和吨公里变动成本的关系式）可知，载运系数的三个变量中的任意一个或几个发生变动，均会导致载运系数的变动，从而影响单位变动成本和运输单位成本的升降变动。

重车平均吨位、实载率和拖运率的变动，对载运系数变动、单位变动成本变动和运输单位成本升降的影响，可以列表的方式表示。

为简略起见，在此仅列出当运输周转量为一常数时，仅因载运系数的三个变量之一的实载率变量变动，对载运系数、单位变动成本和运输单位成本的影响数额，见表 8-4。

表 8-4　实载率变动对成本升降的影响分析

周转量（千吨公里）	实载率（%）	载运系数	千车公里变动成本（元/千车公里）	千吨公里变动成本（元/千吨公里）	单位变动成本（元/吨公里）	固定成本（元）	千吨公里固定成本（元）	运输单位成本（元/千吨公里）	成本降低率（%）
①	②	③	④	⑤	⑥＝④/③＋⑤	⑦	⑧＝⑦/①	⑨＝⑥＋⑧	⑩＝(160－⑨)/160
1 000	60	2.4	240	20	120.00	40 000	40	160.00	0.00
1 000	70	2.8	240	20	105.71	40 000	40	145.71	8.93
1 000	80	3.2	240	20	95.00	40 000	40	135.00	15.63
1 000	90	3.6	240	20	86.67	40 000	40	126.67	20.83
1 000	100	4.0	240	20	80.00	40 000	40	120.00	25.00

第9章　汽车运输企业经营管理

9.1　汽车运输企业经营概念

9.1.1　企业经营的含义

在市场经济条件下，任何企业都面临着竞争对手的挑战，因此，企业不仅要把产品生产出来，而且还要通过流通过程把产品销售出去，使产品成为商品，实现其生产目的。作为商品的生产者，为了取得商品销售的有利地位和条件，以取得尽可能多的利润，事前就要选定市场和服务对象需求，掌握竞争者状况，确定服务方式、渠道和价格等，企业的这些行为则属于经营活动。

尽管汽车运输生产与消费过程两者在时空上具有统一性，但其生产职能与经营职能两者却具有相对独立性，也就是说汽车运输企业的经营活动与其生产活动是相互独立的，当然也是相互联系的。经营活动及经营管理不同于生产活动及生产管理。

汽车运输企业在市场经济条件下，必须了解运输市场，研究供求变化规律，掌握客货流向，选定服务方式和对象研究价格策略和经营方针，做好运输客货源的组织工作等。这些事项基本上构成了汽车运输企业经营活动。

概括地讲，企业经营就是商品生产者为了实现企业的目标，以市场为对象，以商品生产和商品交换为手段，使企业的生产技术经济活动与企业的外部环境达成动态均衡的一系列有组织的活动。

从经营概念中，我们应把握经营的以下3点含义。

(1) 经营是商品经济特有的范畴，是商品生产者的职能。商品经济越发达，商品生产者的经营职能越应加强。商品生产者为了实现经营目标与社会需求之间的动态平衡，必须进行运筹谋划和生产交换等经营活动。

企业经营是管理职能的延伸和发展。在商品经济尚不发达的卖方市场条件下，或在计划经济条件下，企业的管理活动以生产为中心，着重处理企业内部人与人、人与物、物与物之间的关系，经营的功能并不重要，而且容易被人们所忽视。而当商品经济比较发达，或商品经济取代计划经济后，市场由卖方市场转向买方市场时，企业的管理活动就由以生产为中心转变到以交换和流通过程为中心，经营的功能日益重要，并为人们所重视。企业管理职能也就自然延伸到研究市场需要、开发新产品和新的服务项目、制定经营战略等方面上来。

(2) 企业经营具有明显的社会性质。经营活动，要遵守国家的方针政策和法令，遵守市场规则，不得进行非法经营活动。

（3）提高企业经济效益是企业经营的目标与归宿，企业应将经营活动作为企业管理的重要内容和管理的中心，切实抓紧抓好。

9.1.2 经营管理的内容

企业经营管理，就是对企业经营活动的管理。汽车运输企业的全部活动，分为生产活动和经营活动两大部分。运输生产活动是"硬活动"，而经营活动可称为"软活动"。生产活动的主要内容是充分利用企业内部的资源和条件，提高生产效率，降低生产消耗，以最经济的运输生产方式，来实现旅客和货物的空间位移。因此说，生产管理所处理的问题是内向性的、执行性的。相对生产活动而言，运输企业的经营活动的主要内容是了解企业的外部环境和竞争形势，进行市场调查与预测，根据外部环境的变化趋势，制定企业的经营目标与计划、战略规划、财务决策、经营策略，进行客货源与新的运输技术的开发，保证企业的生产技术经济活动适应外部运输市场环境的变化，满足社会的运输需求，取得较好的经济效益。经营管理所处理的问题是外向性的、决策性的。

由于汽车运输企业是一个有目的性的系统，它的正常运转既受外部环境的制约，又受内部条件的限制。企业系统的功能，就是在内外条件的约束下，把输入转换成输出，以满足需求并取得效益的过程。中间的转换过程就是生产活动和生产管理活动。从系统论角度来看，对企业这个有机体把外界输入转换为输出的全部活动的管理，即企业的全部生产经营活动管理，可以称为广义的经营管理。广义的经营管理则包括作为其物质技术基础的生产管理。

9.2 运输市场的调查与预测

运输市场调查与预测是通过收集运输市场的有关信息，据以预测运输市场的变化趋势，为运输企业的决策提供重要依据。

9.2.1 运输市场调查的意义

运输市场调查，是运输经营者为了了解运输市场的动态情况，运用科学的方法和手段，对各种有关信息进行系统的收集、记录、统计和分析等一系列活动的总称。

运输市场调查对运输企业的经营与决策有着十分重要的意义。

（1）市场调查是运输经营者确定经营方向，寻求决策依据，制定正确的投资战略的重要手段。

企业经营决策的依据来源于运输市场中的各种信息，包括国家的经济政策、法令、本地区的社会、经济发展规划、用户的需求、竞争对手的情况、供应条件、组货渠道、广告和组货的策略以及市场的发展趋势等，而这些信息资料的取得，离不开市场调查。

（2）市场调查是使企业及时敏锐地根据运输市场的变化，变更经营决策，保证经营管理取得成效的基本条件。

运输企业经营者必须认真地进行运输市场调查，才能充分避免经营的盲目性，依据可靠的市场信息，做出合理的经营决策。

(3) 市场调查是使企业开拓经营,实现优化运输结构的基础保证。

运输劳务没有实物形态,运输市场的依附性强。运输经营者必须根据国家经济政策、本地区的社会经济发展规划、其他行业的经济形势及其变化制定长远发展规划,开拓新的经营业务,以顺应经济形势发展的要求、满足社会生产生活的需要,从而使企业经营、生产得到稳定的发展。

(4) 市场调查是组织合理运输、提高运输业和全社会经济效益的重要途径。

只有通过市场调查,掌握大量的客、货源动态信息,才能有效地组织合理运输,充分发挥运输车辆的运用效能,不断提高运输企业的社会效益和自身的经济效益。

9.2.2 运输市场调查的内容

1. 市场环境调查

运输市场环境调查主要有以下6个方面。

1) 政策、法规等政治环境调查

主要调查党和国家的方针、政策、法律、相关部门的法令、条例等。如国家对汽车运输业发展政策、税收、信贷、养路费、银行利率、燃料价格等方面所作的政策性调整。

2) 经济环境调查

主要调查本地区的经济形势、产业结构、国民收入分配状况等。

经济形势调查的内容包括本地区主要产业部门的生产情况以及部门间协调、稳定发展情况;市场商品的供应与流通状况;物价波动状况;人民生活水平状况等。

产业结构的状况反映了市场对运输的需求结构。不同的产业结构对运输的需求是截然不同的。

国民收入的分配状况,反映了一个国家或地区人民生活的总体水平和需求层次。不同的国民收入层次,对运输需求有明显的不同。

3) 技术环境调查

主要调查运输行业的科学技术水平、科技政策和新产品、新技术、新工艺和新材料的开发能力、发展速度、变化趋势及汽车工业新产品的开发投放。

4) 生产环境调查

主要包括两方面的内容。一是与运输生产直接相关的燃料、配件供应,主要营运线路、新开辟营运线路的道路交通条件;二是本地区运力、运量的现状及发展趋势,汽车运输市场竞争的形势,其他运输经营者的经营策略和运输服务质量。分析在市场竞争中,本企业的优势和劣势所在,以便企业正确决定自己的经营方向,发挥自己的优势,在竞争中立于不败之地。

5) 交通基础设施环境调查

主要包括本地区道路的密度及等级条件、场站设置及其网络系统、运输信息服务系统等。

6) 社会和文化环境调查

运输市场所覆盖的地域内的各地区文化背景、风俗习惯、价值观念等存在很大的差异。其家庭结构和人员流动趋向,人们对日用品品种、规格、数量上的需求以及当地土特产品种类等,均决定对运输结构的特定需求。

2. 市场供给调查

市场供给调查就是调查运输劳务的供应情况。主要包括调查本地区各种运输方式的运力规模、运输量及服务质量，其他汽车运输经营者的经营方式、运力构成、生产结构、布局、技术水平等现状及发展趋势。同时，要了解本企业在同类运输经营者中所处的地位和市场占有率等。

3. 市场需求调查

市场需求调查基本内容有市场需求调查和潜在需求调查。

1）市场需求调查

主要内容有客源调查、货源调查和运输需求者行为调查。

(1) 客源调查，主要是了解旅客的乘车意向，掌握旅客的流动规律，以便企业合理地安排班车的运行线路和班期，使班期、班次最大限度地满足旅客的需要。

客源调查的内容主要有：本地区自然条件、行政区域的划分及政治、文化教育事业等发展情况；城乡人口的数量、构成、分布状况；旅游点、疗养机构的分布及吸引旅客的情况；居民收入、消费水平及不同职业、不同年龄、不同性别的人员出行频率、出行时间、出行目的及对汽车客运的要求；客流波动的程度和季节性变化规律及特殊情况的要求；当前运行线路上的班车里程利用率和座位利用率及经济效益等情况；各种运输方式的站点设置情况及衔接情况等。

(2) 货源调查，主要调查货物的流量、流向、流时、流距、种类及其变化趋势。

货源调查的主要内容有：重点厂矿企业、商品经销、物资供应等部门的生产经营规模、分布、货运量及主要商品、原材料来源地、产品发往地的品种和数量；主要港口、车站的货物到达量和发运量，主要农副产品的调运季节、数量等；营运区域内的基本建设项目及其规模、各种建筑材料的需求量等；主要货物的流量、流向、流时、运距等资料；货主在运输质量方面的要求以及对价格、运送速度等方面的要求等。

(3) 运输需求者的行为调查，主要是调查消费者对运输劳务的各种需要及规律等。

2）潜在需求调查

研究市场潜在需求，是为了了解能否把潜在的需求变为现实需求的可能性，以及这种可能实现的程度。

4. 市场经营行为调查

市场经营行为调查主要是对运输经营者的经营资格、职业道德、服务质量、运输价格、缴纳税费等行为的调查。

5. 市场竞争状况调查

市场竞争状况调查的内容主要有以下四方面。

(1) 竞争对手总体情况的调查，主要调查运输经营者的数量、分布、经营状况、运营效率、运价水平、生产规模及满足客户需要情况。

(2) 竞争对手竞争能力的调查，主要调查竞争对手拥有资产总量、企业规模、技术水平、技术装备水平、运输服务项目、市场占有率等。

(3) 竞争对手开设新的运输服务项目情况的调查，主要调查竞争对手开设的新项目的发展方向、特点、进程及措施等，并对其发展趋势进行预测。

(4) 潜在竞争对手调查,主要调查正在或准备开办运输及相关业务的经营者进行调查。

9.2.3 运输市场调查的程序与形式

1. 运输市场调查的程序

运输市场调查的程序可划分为 3 个阶段 8 个步骤。

1) 准备阶段

(1) 运输市场调查必须先要明确其目的,根据目的进行必要的调查。调查人员首先应搜集分析已掌握的有关情报资料。通过分析,使调查人员对所要调查的问题有进一步的认识,并从中发现其因果关系。

(2) 在初步分析的基础上进行所谓的非正式调查,即探索性调查。一般由调查人员直接访问有关专家以及精通所调查问题的人员,征询意见。

2) 调查阶段

调查阶段由确定调查方法、准备调查表格、抽样设计、现场实地调查 4 个步骤组成。

(1) 调查者要选择合理的调查方法,既经济方便,又能满足调查分析的需要。

(2) 要根据调查要求设计调查表格,设计的调查表格要符合调查的要求,这是调查成败的关键。

(3) 对运输市场调查一般采用抽样的原理进行调查,即选择一部分具有代表性的样本进行调查,样本的选择也是调查工作成功与否的重要环节。

(4) 实地调查的目的,在于掌握第一手资料,增强调查结果的正确性和可靠性。

3) 结果分析阶段

结果分析阶段分为整理分析资料和编写调查报告两个步骤。

(1) 整理分析资料,就是对调查搜集到的各类资料进行整理、统计和分析,去粗取精,去伪存真。

(2) 调查报告有两种形式,一种是专门调查报告;另一种是一般报告。调查报告的内容主要有:调查题目、调查目录、调查目的、采用的调查方法和步骤、调查结果,结论和建议、附件等。

9.2.4 运输市场预测

运输市场预测是在市场调查的基础上,利用各种信息和资料,通过科学的方法和手段,对市场运输需求及供给的未来因素、条件及其发展变化趋势,进行估计和判断,事先提出一种有根据的、比较符合市场发展规律的预见,从而为运输经营者的决策提供正确的理论依据。

1. 运输市场预测的类型

运输市场预测可以按预测问题所涉及范围的大小和预测期限的长短进行分类。

(1) 按预测问题所涉及范围的大小划分,可将运输市场预测分为宏观预测和微观预测。

① 宏观预测,是指涉及整个运输市场的有关问题的预测,如运输需求预测、运输量预测。

② 微观预测,是指相对于宏观预测涉及范围较小的有关问题的预测,如某地区或某运输量增长速度预测、某运输企业的经营状况预测等。

(2) 按预测期限的长短划分,可将运输市场划分为短期预测、中期预测和长期预测。

短期、中期与长期预测的时间划分不是绝对的,相对于不同的预测对象或预测目标,时间划分界线是不同的。例如,对运输市场进行微观预测,一般半年以内为短期,半年到三年为中期,三年以上为长期;而对于运输量的预测,五年以内为短期,五年至十年为中期,十年以上为长期。

2. 运输市场预测的内容

运输市场预测的内容主要由影响未来运输市场发展变化的诸因素所决定,主要有以下5点。

(1) 运输需求预测,包括需求量、需求结构和运输服务质量需求等。

(2) 运力供给预测,包括运力的供给量、供给结构及与之相关的发展变化趋势等。

(3) 国民经济发展和产业结构变化预测。

(4) 运输价格的变动预测,经营者的承受能力、各种运输方式的比价及其相互间的影响预测。

(5) 企业经营效果预测,包括企业市场占有率预测、经营效益预测、运输成本预测等。

3. 运输市场预测步骤

运输市场预测步骤分为确定目标、收集信息资料、建立预测模型、分析评价和修正预测结果5个步骤。

1) 明确目标

首先明确规定预期达到的目标、预测的期限及预测的数量单位等。预测目标要用文字加以规定与说明。

2) 收集信息资料

在搜集信息资料时,应注意两个问题:一是信息内容的广泛性,二是信息来源的多渠道性。

3) 建立预测模型,选定预测方法

对定量预测可以建立数学模型,对定性预测可建立设想性的逻辑思维模型,并选定预测方法。

4) 分析评价

在预测时,将因素的变化以量化的方法加以分析,以确定其影响范围和程度,并分析预测结果与实际之间可能产生的误差、误差的大小及产生误差的原因。

5) 修正预测结果

任何预测其结果都不可能完全准确地反映未来的事实。因此,对预测所考虑的因素及未加考虑的次要因素要系统地进行分析,并对预测结果进行修正。

4. 运输市场预测常用方法——统计平均增长率法

平均增长率法,是根据预测期前若干年客货运输量的平均增长率,推算预测年度客货运输量的一种预测方法。

其预测模型为:

$$y=y_1(1+i)^N;$$

且

$$i=\left(\sqrt[n]{\frac{y_1}{y_0}}-1\right)\times 100\%$$

式中　y——预测年度运输量预测值；

y_1——距预测年度最近年度的运输量实际数；

y_0——距预测年度最远年度的运输量实际数；

i——运输量年平均增长率；

N——预测年度与其最近年度的时间间隔(年数)；

n——运输量统计数据的最近年度与最远年度之间的时间间隔。

例 9-1　已知某地区 1980 年至 2000 年汽车货物运输量的统计资料如表 9-1 所示，试用平均增长率法预测 2003 年和 2005 年的汽车货物运输量。

表 9-1　某地区 1980—2000 年汽车货物运输量统计资料　单位:亿吨

年份	1980	1981	1982	1983	1984	1985	1986	1987	1988	…	1995	…	2000
货运量	1.40	1.60	2.33	3.88	3.12	4.22	4.89	5.22	5.10	…	6.15	…	9.50

预测　y_1 为 2000 年汽车货物运输量统计数 9.50 亿吨；y_0 为 1980 年汽车货物运输量统计数 1.40 亿吨；n 为 2000 年与 1980 年之间的时间间隔，即 20 年；i 为运输量年平均增长率，则

$$i=\left(\sqrt[n]{\frac{y_1}{y_0}}-1\right)\times 100\%$$

$$i=\left(\sqrt[20]{\frac{9.50}{1.40}}-1\right)\times 100\%$$

$$=10.05\%$$

设 2003 年和 2005 年该地区汽车货运量预测值分别为 y_{2003} 和 y_{2005}，则

$$y_{2003}=y_1(1+i)^3=9.50\times(1+10.05\%)^3=12.66(\text{亿吨})$$

$$y_{2005}=y_1(1+i)^5=9.50\times(1+10.05\%)^5=15.33(\text{亿吨})$$

运输市场预测常用方法除统计平均增长率法外，还有回归分析法、时间序列法等。

9.3　运输市场的定位

9.3.1　运输市场细分

市场细分是 20 世纪 50 年代中期由美国市场学家温德尔·斯密在总结企业按照消费者不同需要组织生产经营中所提出来的一个概念。

市场细分是现代市场营销观念的产物，这个概念的问世，引起了市场营销者的广泛注意，它的应用也进一步丰富了企业经营管理理论。

市场细分理论，是在买方市场形成的前提下提出来的。所谓买方市场，是指在一定的购买力水平下，市场供应大于市场需求的情况，即市场买卖的主动权在买者一方，消费者的货币投放决定着市场形势。我国的汽车运输市场业已形成买方市场，运输市场细分对我国汽车运输

企业的经营活动将产生重要影响。

运输市场细分是运输企业正确选择目标市场的前提条件。

1. 运输市场细分的概念

市场细分是企业依据消费者在需求上的各种差异,把整体消费者划分为在需求上大体相近的消费者群,形成不同的细分市场,从而有利于企业选择目标市场和制定营销战略的活动过程。人与人之间由于各自的条件不同,各种外界因素的影响不同,购买新产品或劳务在动机、欲望和需求上总是存在着或大或小的差异。这种差异的存在是市场细分的理论基础。例如以客运市场为例,旅客对运输劳务的价格、舒适、方便等要求各不相同,运输企业可以把注重运价的旅客划归同一类型,作为一个细分市场;把注重舒适性的旅客划归同一类型,然后根据不同旅客开辟不同的运输服务组织方式,以满足各自的运输需求。

运输市场细分就是运输企业通过合理区分具有不同运输需求的货主或旅客群体,将整体运输市场划分为不同类别的市场。同一细分市场中的不同旅客或不同货主之间有着某种或某些共同的特点,不同旅客或不同货主之间在运输需求方面的差别较小,而在不同细分之间,旅客或货主的运输需求则存在比较明显的区别。

汽车运输企业通过运输市场细分,可以更好地确定经营组合,使运价、运输服务方式、组客组货渠道等能满足某一个或某几个细分市场的需要。对于生产规模较大的运输企业,因其大量生产难以照顾每个顾客的个别要求,使得运输劳务的使用价值与顾客的需求脱节的可能性增大。在这种情况下,对顾客需求进行分类,求同存异,依据各类顾客的需求共性开发某种运输劳务,大规模分销和促销,即用特定运输服务去满足顾客群体而不是顾客个体的需求,已成为促成交易,减少市场风险和扩大交易的重要途径。因此,运输市场细分是大规模生产时代,运输企业顺利实现其运输劳务价值的基本前提。

2. 运输需求的异质性

旅客或货主的需要、动机和行为,经常呈现多元化和异质性,即非单一性和同质性。需求的满足,几乎每个顾客都不一样。例如,当我们对旅客调查其对客运运价和舒适性的要求时,可能出现三种不同的偏好情形,即同质型偏好、分散型偏好、群组型偏好。如图 9-1 所示。

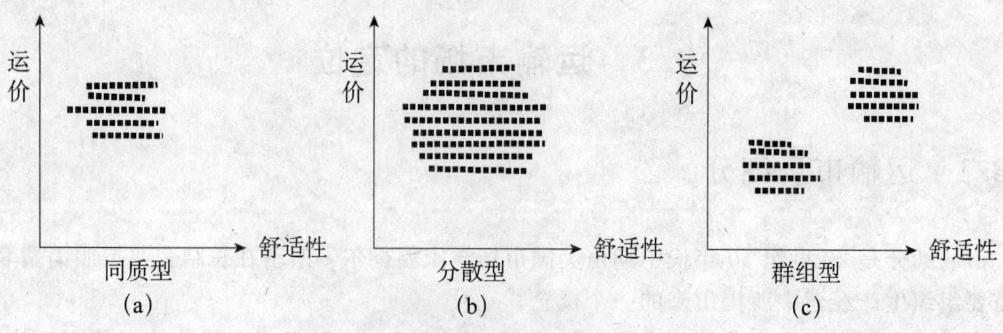

图 9-1 旅客对运价和舒适性偏好的类型

(1) 同质型偏好。市场上所有的旅客或货主的偏好大体相同,不存在明显的差异。也就是说,旅客对运输劳务的价格和舒适性这两种特性有着同样的要求,如图 9-1(a)所示。

(2) 分散型偏好。市场上旅客或货主的偏好呈分散性,分布又较为均匀。也就是说,旅客对运输劳务的价格与质量特性各有不同的要求，有的偏好舒适性，有的注重价格，有的二者同样关心，分不出明显的群体来，如图 9-1(b)所示。

(3) 群组型偏好。市场上的旅客或货主对运输劳务的特性形成明显的偏好群体。如有些人十分注重运价，而另一些人则明显注重运输质量，还有一部分人同时注重两者，从而分别形成两个或多个聚集点，如图 9-1(c)所示。

3. 运输市场细分的依据

运输市场细分就是企业根据用户的需求状况、经济状况、地理位置和购买行为等的差异，把整个运输市场区分为不同类型的小市场，从而确定企业目标市场的活动过程。由于几乎所有运输企业都不可能提供所有的运输服务，所以对运输市场细分并选择适合自身经营的市场就成为所有企业经营活动的基本出发点。通过对运输市场的细分或细分化，运输企业才能发现更多的市场机会，避开市场风险，顺利开展企业的经营活动，提高企业的市场占有率。

对运输市场进行细分，必须有一定的依据。运输市场细分依据因客、货运输市场的不同，而存在一定的差异。

1) 货运市场细分依据

货运市场细分标准是以用户为基础的。货运市场细分依据包括依据和具体项目，每一个项目又都是一个细分变数。货运市场细分的主要依据如下。

(1) 地理细分。即按照用户所处的地理位置、自然环境等对运输市场进行细分。具体变量包括国家、地区、城市、乡村、城市规模、不同的气候带、不同的地形地貌等。按照地理因素细分运输市场，对于了解不同地区用户的需求特点，开拓运输市场范围具有重要意义。因此，地理细分，常常是很多运输企业所采用的一个细分变量。但同时，地理因素又是一种静态因素。处于同一地理位置的旅客或货主，在需求上仍然会存在很大的差异，因此必须采用其他依据，对运输市场做出进一步细分。

(2) 用户细分。即按照用户单位的性质、规模等对运输市场进行细分。具体变量包括企业单位、事业单位、其他社会团体、个人等。按照用户状况细分运输市场，对于了解不同单位运输需求特点，提高运输市场占有率具有重要意义。

(3) 行为细分。即按照用户不同的需求行为对运输市场进行细分。货主需求行为包括的变量很多。如货主进入运输市场的程度，需求的时机、数量规模，对某种运输方式运输企业的偏好程度等。其中按需求数量来细分运输市场，可以细分为大量用户、中量用户、小批量用户等几个需求者群。这是行为细分的一种主要形式。

(4) 心理细分。即按照用户的心理特征或主观因素对运输市场进行细分，由于用户需求心理不同，即使居住在同一地区，具有相同人口特征的需求者对企业提供的运输劳务的态度往往很不相同，心理因素十分复杂。其变量，主要有生活格调、个性、需求动机、对运输服务特征的价值取向等。

(5) 受益细分。即按照用户对运输劳务希望获得的利益的不同或要求的不同对市场进行细分。对需求运输劳务面议，不同的用户追求的具体利益和要求可能会不同，据此可以把需求者分成若干群体，并根据其需要开发出若干个具有某种特色、满足用户具体要求的运输服务方式。

以上 5 种市场细分依据，都是消费者市场常用的，在实际经营活动中，企业需要根据运输市场的特点、运输劳务的特点、企业的目标及资源具体情况来决定所选用市场细分变量的数量及种类。

货运市场细分的一般依据如表 9-2 所示。

表 9-2 货运市场细分的一般依据

细分依据	具体细分项目
地理位置	城市、乡村、城镇
用户状况	企业单位、事业单位、其他团体、个人
用户心理追求	价格、服务、质量、速度
利益要求	机械装卸、人工装卸、甩挂运输
货物类别	普通货物、特种货物、零担货物、整车货物
货物价值	高价值货物、低价值货物
行为偏好	大量用户、中量用户、小批量用户

2）客运市场细分的依据

客运市场的细分依据一般包括旅客的社会经济状况、地理环境、购买状况三个方面，每一方面又包括一系列细分项目。

(1) 地理细分。具体细分项目包括城市规模大小、农村、郊区、城镇、生产力布局、居住情况等。

(2) 人口细分。是指按照人口统计因素对客运市场进行细分。包括的具体变量有：年龄、性别、职业、收入、受教育程度、家庭人口、家庭生命周期所处的阶段、国籍、宗教、民族、社会阶层等。人口统计因素是企业细分市场重要而常用的依据。依据人口变量细分客运市场，可以是单变量细分，但最好采用两个以上人口因素进行客运市场细分，如年龄、性别、家庭规模、收入等。

(3) 行为细分。是指根据旅客不同的需求行为对客运市场进行细分。需求行为包括的变量主要有：习惯与偏好、需求动机、频率和价格等服务要素的敏感程度等。

客运市场细分依据可用表 9-3 表示。

表 9-3 客运市场细分的一般依据

细分依据	具体细分项目
地理状况	城市规模、农村、郊区、城镇、生产力布局、居住情况
人口特点	年龄、性别、职业、收入、文化程度、社会阶层
需求行为	习惯与偏好、购买动机、频率、对价格等的敏感程度

4. 运输市场细分的步骤

为使运输市场细分工作更加有效，企业应了解和掌握细分市场的操作程序与步骤。

1）根据运输市场需求确定运输市场范围

在确定了企业任务和企业目标并决定采取哪一种运输服务方式后，便要考虑选定可能的运输市场范围。这个范围就是运输市场细分的对象。运输市场范围应根据市场需求而不是劳务特性来确定。例如，运输企业想开辟一条运输线路，主要是为了满足市场上对运输经济性偏好的旅客或货主，若从运输服务的档次上看，似乎可以认为是为农民或低收入家庭而服务，这样确定的市场范围就不够全面。因为从实际的运输市场需求状况出发来分析，便可发现这种对运输经济性偏好的消费者群，并非都是农民和低收入家庭。所以，企业在确定运输市场范围时，应按照运输市场需求来确定，而不能按照运输劳务的特性来确定。

2）列举潜在需求者的基本要求

确定运输市场范围即企业确定了市场细分的对象后，企业应从不同的细分变量出发，分析并列举出潜在的运输市场需求。因为这些是以后深入分析的基本资料和依据。例如，运输企业通过分析研究，发现对运输经济偏好的潜在旅客或货主希望能满足其他一些基本要求，如运价低廉、上下车方便、班次安排合理、车辆技术状况良好等。

3）分析潜在需求者的不同需求

运输市场细分的基础是旅客或货主的不同需求。因此，企业在列举潜在运输需求者的基本要求后，再根据人口和用户变量细分潜在需求者群，然后进行抽样调查，对不同的潜在需求者群而言，所列举的基本要求中，哪些是最重要的，即找到他们的差异性，具有不同需求的旅客或货主者群构成了企业的细分市场。

4）移去潜在需求者的共同需求

共同需求虽然重要，但它不能作为细分运输市场的依据。只能作为企业制定市场营销组合策略的参考。潜在消费者的共同需求，是企业无论选择哪些分市场作为目标市场时都必须使之得到满足的，它是企业运输产品决策的重要依据。但在细分运输市场时则要将它移去。例如，旅客运输，安全性是其共同需求，只有旅客运输有安全保证，才可能成为广大旅客选择的对象；如果旅客运输过程中能使某潜在的旅客群的不同需求同时得到满足，那么，他们就会成为现实的客运需求者。

5）进一步认识各分运输市场的特点

企业应对各分运输市场的需求及其行为作进一步的深入考察，确定已掌握的各分市场的特点，还需要对这些特点进一步分析研究，从而确定有无必要进一步细分或将某些分市场加以合并。了解每个分市场的特点，有助于对运输市场进行细分和目标市场的选择。

6）测量各分运输市场的大小

要使细分运输市场是有效的，还必须使企业选定的分市场具有规模性。因此，还要将经过以上步骤划分出的各分市场与人口变量，用户变量结合起来加以分析，测量出每个分市场潜在顾客的数量与购买力，从而掌握各分市场的市场潜量。如果说前面的步骤是根据潜在顾客需求的差异性细分市场并作定性分析的话，那么测量各分运输市场的大小便是对各分市场上用户的不同需求进行定量的分析。因为在已有的分市场上，用户的需求没有体现为有支付能力的购买力或用户数量过少，不值得开发。

通过以上步骤，企业基本完成了运输市场的细分。可以根据企业的自身实际情况，确定目标市场并采取相应的目标市场战略制定适合目标市场需求的市场营销组合策略，更好地为目标市场服务。

9.3.2　运输企业目标市场

1. 选择目标市场的意义

目标市场是一个企业为现实的和潜在的需求开拓的特定市场。它是在市场细分的基础上，根据各方面因素的综合分析，在众多的细分市场上，选择出特定的运输市场。目标市场应满足三个方面的要求：一是企业的服务对象，企业能够满足部分消费者的需求；二是在这个市场范围内，对企业的运输劳务有现实和潜在的购买能力并在不断发展；三是开拓市场中最有价值的细分市场。

目标市场的选择与确定，是企业将自身的能力、条件与营销对象相结合的过程，也是企业选择市场机会的重要内容。只有企业目标市场选择恰当、准确，才能有目的地组成最佳的营销组合，开展市场营销工作。

目标市场的选择，对企业来讲，其意义在于以下几个方面。

(1) 能够系统地考察每一个细分市场，更好地发现和利用市场机会。研究每种细分运输市场的大小，旅客货主被满足的程度，竞争对手的活动情况，以及确定本企业在该市场上的服务潜力，有利于企业发现和掌握市场机会，发挥优势，规避市场风险，有助于竞争。

(2) 便于分析。针对各分市场采用的市场营销组合，判断该分市场的机会是否能足够收回运输成本和投资。如果企业资金有限，运输能力不足，可集中一个或减少几个能获利的分市场，实行密集型的市场营销；反之，企业运输生产能力充足，运输资源丰富，则可拥有广度和强度较大的运输产品组合，依据不同的分市场的相对吸引力，覆盖全市场。

(3) 有利于企业经营人员依据不同的市场和吸引力，由下而上地建立可行的市场营销目标，科学地分派运输能力到各分市场。

2. 选择目标市场的条件和步骤

选择目标市场，就是企业依据自己的实力，对具有不同运输需求的旅客或货主做出有针对性的挑选。通过分析目前运输市场的竞争状况，发现哪些需求尚未得到满足或满足程度不够，然后，根据自己的生产能力、经营管理水平、市场营销能力、组货能力等开拓和占领。

1) 选择目标市场的条件

企业理想的目标市场一般应具备以下5个条件。

(1) 市场存在足够的潜在运输需求量和相应的购买力。从现代市场营销的动态观念出发，企业满足运输需求者的需求，不仅要有现实需求，更重要的是潜在的运输需求，因为它关系到企业的长期目标和长远利益。从企业的经济效益看，运输市场必须具有一定的购买力，即企业的周转量指标能使企业达到预期的利润目标。相反，则不可能构成现实市场。如运输企业把经营长途卧铺业务作为目标市场，就必须充分认识市场上的现实需求和潜在需求，旅客或货主是否有足够的支付能力。企业要选择市场，首先要分析市场是否有足够的购买力和运输需求群体。

(2) 企业要有能力经营市场，满足目标市场的需求。在整个运输市场中，有利可图的市场可能有许多，但不一定都能成为自己企业的目标市场，企业必须选择那些有能力予以保证满足的市场作为自己的目标市场。也就是说，企业的人力、物力、财力和经营管理水平等，有足够实力保证企业进入该目标市场。

(3) 企业必须在选定的目标市场中有竞争的优势。竞争优势表现为三个方面：没有或很少竞争；有竞争但不激烈；有足够的实力击败竞争对手。

(4) 该市场尚未被竞争者控制。本企业有充分把握取得竞争优势，有条件打入这一目标市场，要有利可图。如果市场已被垄断控制，再选择这种市场就无意义了。

(5) 该市场有无足够的吸引力。有一定的规模和发展前景，有时也未必就是理想的目标市场。因为从经济效益和赢利的角度出发，该分市场或许企业难以进入，或许企业无法占取预定的份额，因而缺乏内在吸引力。市场有无足够的吸引力还要视企业能否达到预期的市场占有率,同时还要比较需求与企业成本。

符合以上各项条件的市场,即可作为目标市场,企业必须制定出正确的营销策略,迅速占领这一目标市场。

2) 选择目标市场的步骤

目标市场的选择,一般要经过 3 个步骤。

(1)全市场分析。全市场的分析一般可采用有效的运输产品-市场方格分析法。此法以"行"代表所有可能的运输产品(或市场需求),以"列"代表细分市场(即用户或旅客群)。假如有一家运输公司,在分析其客运市场经营机会时,不论是企业现有的运输生产能力和现有的市场需求,都可得到不同程度的利益。该公司决定选择赢利性最高的目标市场,对客运市场及公司提供的运输服务类型作了详细分析,决定用旅客的收入和运输劳务的类别两组因素细分市场。旅客收入分高、中、低三个层次,运输劳务种类有普通客运、豪华客运两类,细分的结果,全市场会有六个细分市场。各个分市场列出了当年公司的经营实绩,以×表示具体数量,具体分析可见表 9-4。

表 9-4　运输产品一市场方格分析表

	高收入旅客	中等收入旅客	低收入旅客
普通客运	×××	×××	×××
豪华客运	×××	×××	×××

通过对全市场进行分析,便可初步看出企业的目标市场所在,如果公司嫌市场过大,无力全面顾及,可根据需要再一次细分市场。

(2) 分市场的分析。各个分市场已经实现的营业额,不能说明分市场的相对赢利潜力,还须进一步了解各个分市场的需求趋势、竞争状况及公司的实力以决定取舍。如果以中等收入旅客的豪华客运分市场为例,假设公司当年的营业收入实绩为 200 万元,约占全行业的营运额的 1/4,预计下一年在这个分市场,全行业营运额会增长 6%,公司营运额可增长 15%,见表 9-5。

表 9-5　企业营业额增长情况分析表

项目	当年营业实绩	次年营业实绩	年增长率
行业营业额	800 万元	850 万元	6%
公司营业额	200 万元	230 万元	15%
公司市场占有率	25%	27%	2%

这一步可重复用于其他所有分市场的分析,最后,公司再对各个分市场的情况进行比较,就可以做出哪些分市场对企业更为有利。

(3) 市场营销组合与成本分析。目标市场确定之后,还要针对这个或这些目标市场研究和制定一套市场营销方案。因为目标市场的正确选择,并不等于企业无须努力就会实现企业的预期目标。

3. 选择目标市场类型

企业在经过市场细分后,应根据本企业的运输能力、目标、资源和特长等,权衡利弊,然后决定进入哪个或那些分市场。企业决定进入的分市场,就是该企业的目标市场。选择和确定目标市场范围,一般有 5 种类型可供参考,如图 9-2 所示。

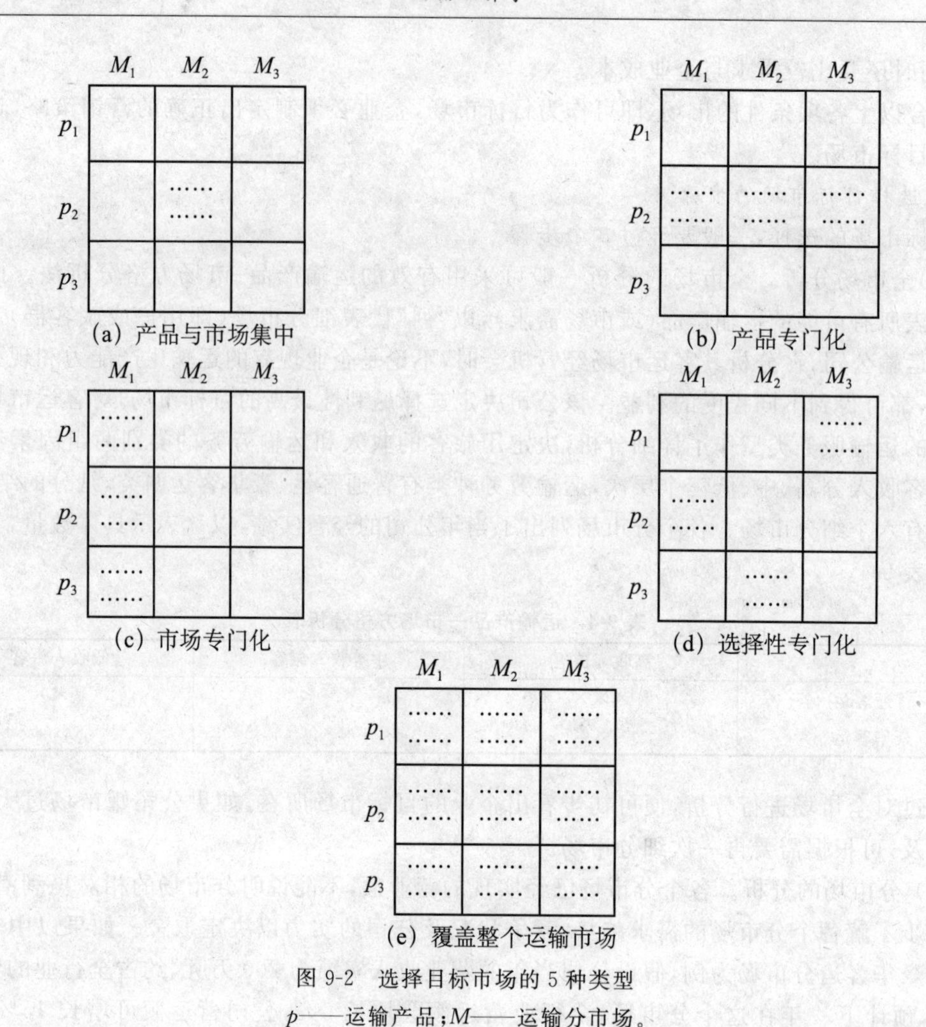

图 9-2 选择目标市场的 5 种类型

p——运输产品；M——运输分市场。

1）产品与市场集中

企业的市场营销管理者决定全力只提供一种运输产品，供应某一顾客群，实行密集性市场营销，如图 9-2(a)所示，即只提供一种运输产品 p_2，供应一个顾客群 M_2。选择该种目标市场，是因为该企业可能只具备了在该分市场获胜的必备条件；或者运输能力有限，只能在一个分市场经营；也许这个分市场没有竞争对手。这是规模较小的运输企业常用的策略。大企业采用这种策略，是因为初次进入某个市场，可以把这个分市场作为继续扩大市场的起始点。

产品与市场集中模式使企业能够集中力量，因而可能在一个分市场上有较高的市场占有率，以替代在较大市场上的较小占有率。由于企业运输服务对象单一、集中、企业可以对该分市场有较深的了解，建立较高的市场占有率。分市场选择恰当的话，可获得较高的投资收益率。但是，这种模式风险较大，由于目标市场范围狭窄，一旦市场情况突然变化，如有了新的运输方式和运输工具的出现，运价下跌，或出现了强有力的竞争对手等，企业就陷入困境。

2）产品专门化

企业只提供一种运输产品，向某类顾客或用户服务，见图 9-2(b)。企业只提供一种运输产品 p_2，向某类顾客或用户(M_1，M_2，M_3)服务，如很多运输企业就只提供一种运输产品，向各个地区、各阶层的旅客或货主提供服务，其间并不提供其他的服务。这种模式，不仅可以分散企业风险，有利于生产能力的充分利用，可以在某种运输服务中树立起很高的声誉。当然，如果这一领域出现很强的市场竞争，企业就会出现经营上的困难。

3）市场专门化

企业面对某一顾客群，提供他们所需要的各种运输服务，如图 9-2(c)所示。企业只面对 M_1 这一顾客群，经营(p_1，p_2，p_3…)多种运输服务。这种模式，也可以分散风险，并在这一类顾客中树立良好的声誉。例如许多大型的旅游汽车公司都是属于此类模式。但是，如果旅游市场不景气或旅游人数下降时，这些企业的收益就会下降。

4）选择性专门化

企业选择若干个分市场为目标市场，如图 9-2(d)所示。其中每个分市场都能提供有吸引力的市场机会，但彼此之间很少或根本没有任何联系，实际上就是一种多角化的经营模式，它可以较好分散企业风险。即使企业在某个分市场失利，也能在其他分市场弥补。现实当中，很多运输企业实行了这种模式的经营战略。

5）覆盖整个运输市场

如图 9-2(e)所示，较大的企业，提供各种运输产品(p_1，p_2…)，满足市场上所有的顾客群体(M_1，M_2…)的运输需求，以期覆盖整个运输市场。如很多大型的汽车运输公司采用的便是这种模式，这也是较典型的某些大公司为谋求领导市场而采取的策略。该种模式，通常可以通过无差异市场策略和差异性市场策略来实现。

9.3.3 目标市场营销策略

企业细分市场的目的是实行目标市场营销。市场细分的结果，可以发现一些理想的市场机会，这就为目标市场营销准备了选择市场的条件。由于目标市场不同，市场营销的策略也不一样。目标市场策略主要有以下3种。

1. 无差异市场营销策略

无差异市场营销策略，是企业把一种产品的整体市场看作一个大的目标市场，营销活动只考虑旅客或用户在需求方面的共同点，因此企业只推出单一的标准化产品，设计一种市场营销组合，通过无差异的促销活动，吸引尽可能多的购买者。无差异市场营销策略的核心，是针对运输市场需求中的共同点开展市场营销，舍去其中的差异点，所以其最大的优点是运输成本的经济性。因为市场范围大，运输规模经济效益可以发挥，同时单一的促销活动可以降低促销费用，无须进行市场细分，可以节省市场调研开支等，所以不少企业认为这是一种与标准化生产和规模经济相适应的市场营销策略。

无差异市场营销策略，也有其弊端，并且对于一个企业来说，一般也不宜长期使用，这是因为：第一，大多数运输产品的市场需求有其异质性，并不断发生变化，一种产品很难长期满足这些需求；第二，当众多企业都采用这种策略时，就会形成整体市场竞争异常激烈，而某些细分市场上的需求却得不到满足的局面，这对企业和需求者都不利；第三，采用这种策略的企业，容易受到其他企业的各种竞争势力的伤害。

2. 差异性市场营销策略

差异性市场营销策略，是在市场细分的基础上，企业选择两个以上乃至全部细分市场作为自己的目标市场，并为每个选定的细分市场制定不同的市场营销组合方案，多方位地开展有针对性的营销活动。

采用这种营销策略，其明显的优点在于：第一，针对不同的目标市场，制定不同的营销方案，这种针对性较强的营销，能够分别满足不同需求者群的需要，营销活动易于收到较好的效果；第二，选择两个以上目标市场，还可以使企业取得连带优势，提高企业的知名度。但是，实行差异性营销策略，会使企业的运输生产成本和期间费用等大幅度增加。因此，实施差异性营销策略要求所带来的收益超过所增加的成本和费用，并且要求企业具有较为雄厚的财力、物力和人力条件。所以，许多企业在采用这一策略过程中，会适当减少某些市场营销组合，并适当使用反细分策略。

3. 集中市场营销策略

集中市场营销策略，是企业实力不足，当它的运输生产能力受到限制时，企业集中所有力量，以一个或几个性质相似的分市场作为目标市场，采用相应的营销组合手段服务于该市场的策略。这种策略的特点是不以追求整体市场为目标，而是全力以赴，在较少的分市场上有较大的市场占有率来替代在较大市场上的较少市场占有率，一般都通过提供独具特色的运输劳务去占领该市场。

集中市场营销策略可以扩大市场占有率，又可减少生产和促销方面的费用。因为企业经营产品单一，便于精益求精，提高产品的知名度和企业信誉。结果会因为市场占有率的扩大，成本相对降低，利润就会增加，积累加快，促使企业发展壮大。但该策略有较大的风险性，因为企业所选择的目标市场范围较狭窄，一旦市场变化或出现强大的市场竞争对手，由于企业全部资源投入这一市场而缺少回旋余地，就有可能陷于困难处境，导致经营失效。所以，实行集中市场营销策略，当其力量一旦许可，通常即扩大目标市场范围，实行多角化经营，把目标分散到几个分市场中去，以分散风险、增加企业经营的安全性。一般认为该策略适合于中小型企业或大企业初次进入一个新市场。

基于以上分析，可供企业选择的目标市场营销策略见表9-6。

表9-6 可供选择的目标市场营销策略

策略	市场选择及相应的营销手段	运输企业实例
无差异市场营销	营销组合手段→整体市场	经营客运→整个客运市场 经营货运→整个货运市场
差异市场营销	营销组合手段Ⅰ→细分市场Ⅰ 营销组合手段Ⅱ→细分市场Ⅱ 营销组合手段Ⅲ→细分市场Ⅲ	经营客运→客运分市场 经营货运→货运分市场
集中性市场营销	营销组合手段→X	经营客运→班车客运市场 →团体包车市场 →旅游客运市场

汽车运输企业应根据内外条件，综合考查竞争对手和竞争各方面的情况，实事求是地有针对性地选取目标市场营销策略。

选择目标市场营销策略参数如表9-7所示。

表 9-7　市场营销策略参数

企业可采用的市场营销策略	企业资源	产品同质性	市场同质性	竞争对手市场营销	竞争者数量
无差异性	多	大	高	—	少
差异性	多	小	低	差异或无差异	多
集中性	少	小	低	—	多

9.3.4　运输企业市场定位

1. 运输企业市场定位的意义

企业在目标市场决定以后,就要进行市场定位,即为企业或企业运输产品在市场上树立一定的特色,塑造预定的形象,并争取目标顾客的认同。

市场定位就是对目标市场勾画企业形象和所提供的价值,以使目标顾客理解和认识本企业有别于竞争者的形象的行为。

市场定位不等同于产品定位或竞争性定位。市场定位强调的是企业在满足市场需要方面,与竞争者比较,应当处于什么位置,使顾客产生何种印象和认识;产品定位是指就产品属性而言,企业与竞争对手的现有产品,应在目标市场各自处于什么位置;竞争性定位则突出在目标市场上,和竞争者的产品相比较,企业应当提供何种特色的产品。

一个企业所树立的良好形象一旦为社会公众所接受和认同,企业及其所有产品(劳务)也就为社会公众所依赖。所以,企业形象在市场竞争中的作用就显得十分重要,良好的企业形象是企业的十分宝贵的无形资产。

汽车运输企业的运输劳务,具有一定程度的同质性和替代性。同一运输市场不同的运输企业同时提供运输服务产品,这些都为进入运输市场的各个企业造成了激烈的竞争与严重的威胁。运输企业为了使自己的运输劳务的生产和经营有较高的市场占有率,防止被其他运输方式和同一种运输方式的其他企业所替代,唯有从各方面为其运输劳务培育一定的特色,树立一定的市场形象,以期在旅客和货主心目中形成一种特殊的偏爱。

2. 汽车运输企业市场定位步骤

市场定位是一个企业明确其潜在竞争优势,选择相对竞争优势,以及显示独特的竞争优势的过程。其步骤如下。

1) 分析企业潜在的竞争优势

(1) 明确市场上的主要竞争对手。显然,在企业选定的目标市场上居于主导地位的企业,都是本企业的主要竞争对手。分析时,要抓住目标市场上的最主要竞争对手,还要密切注视近期内有可能进入选定的目标市场的实力雄厚的新的竞争者。

分析与明确本企业的主要竞争对手,对现实的竞争者和潜在的竞争者的情况做出正确估计,并制定出相应的营销策略是非常重要的环节。

(2) 明确目标市场上的主要竞争者的行为。在对目标市场上的主要竞争对手进行分析之后,还应对其在市场上的行为做出分析,即从竞争者的成本和经营情况以及不同运输方式的技术经济特征方面进行分析,做出确切的估计。

(3) 明确目标市场上的旅客或货主的具体需求及其满足程度。由于运输需求具有异质性,所以必须认定目标消费者认为能满足其需要的最重要的服务质量特征。因为市场定位能否成功的关键,在于企业能否比竞争者更好地了解旅客或货主,对他们的需求与其服务之间的关系有更深刻的和独到的认识。

(4) 明确本企业的竞争方向和具体打算。针对竞争对手及运输需求者的行为,企业必须对自身的经营、成本、竞争能力等各个方面进行分析,例如,企业能为市场提供哪些运输新项目,在经营方面、成本方面有何打算等。

2) 选择自身相对的竞争优势

所谓相对的竞争优势是本企业能够比竞争者做得更好的工作,是一个企业能够胜过竞争对手的能力。

相对竞争优势分析的主要内容有以下几点。

(1) 企业经营战略的评价。企业经营战略要适应自己的任务、目标和资源条件等,同时要能在动态的市场上根据变化了的市场环境及时、适当地予以调整。运输企业经营战略分为三种类型,即发展型战略、稳定型战略、紧缩型战略。每种战略都要与市场环境与企业的自身优势相适应。分析企业经营战略,是寻找自身相对竞争优势的重要环节。

(2) 企业管理能力的评价。运输企业在评价自身管理能力时,要分析企业是否制定了适当的战略来实现企业目标;是否建立了适当的组织机构以贯彻执行企业战略;是否有有效的信息、计划、控制和激励系统来配合组织机构做好工作;企业职工是否都具有共同的规范的工作作风;是否都担当了适当的工作,能否充分发挥他们的积极性和创造性;企业管理人员和工作人员是否都掌握了相应的经营管理技能和工作技能;企业全体人员是否有共同的经营观念、价值观和伦理观。通过上述各方面的分析,即可对本企业自身的管理能力有一个正确的评价。

(3) 企业生产规模的比较。在通常的情况下,规模和运输生产能力较大的企业,因为其产量较高,相对成本较低,在竞争中占有成本经济性的优势,但是还要分析企业运输产品结构以及技术进步、科技含量对其产品的影响。例如集装箱运输的出现与普及,对件杂货运输就产生冲击。这就是技术进步对运输产品的重大影响。

(4) 企业服务质量、组货渠道等方面的比较。企业服务质量好,组货渠道畅通等都决定企业在竞争中有一定的优势。

3) 通过市场定位显示自身独特的竞争优势

企业要进行一系列活动,才能使其独特的竞争优势把握目标消费者心理。

(1) 要建立与市场定位相一致的形象。一个企业要建立自己的形象,首先必须积极主动而巧妙地、经常地与需求者沟通,以期引起需求者的注意和兴趣,并保持不断的联系。例如,当旅客或货主产生运输需求时,首先他们想到的是该运输企业,尽管他们并不知道这家运输企业的具体运输业务。

此外,企业还应做好企业形象战略策划(CI 策划)和企业形象识别系统(CIS 系统)工作,使目标需求者对市场定位认同、喜欢和偏爱。认同是目标市场对企事业有关市场定位信息的接受和认可,是需求者对这一市场定位的意义和合理性的承认。

(2) 巩固与市场定位相一致的形象。第一,要强化目标顾客的印象,这是一个持续的过程,要不断地由浅入深,由表及里和由偏到全的认识深化过程;第二,要保持目标顾客的了解,由于市场环境总是不断变化的,企业必须始终保持目标顾客对企业及其市场定位的了解,其形象才能得到巩固;第三,要稳定目标顾客的态度,态度形成要有一个过程,一旦形成很难改变,反之,运输企业树立形象之后,还应不断地向旅客或货主提供新的运输服务项目和新的服务质量,以证实其原有的认识和看法的正确性;第四,要加深目标顾客的感情,引导目标顾客的感情倾向,增加其感情的浓度和感情的效能;第五,要及时矫正和市场定位不一致的形象。

9.4　汽车运输企业的经营决策

9.4.1　经营决策的概念、原则及程序

1. 经营决策的概念

现代企业管理的重点是经营,而经营的核心是决策。决策用之于管理,则称之为管理决策;用之于经营,则称之为经营决策。

经营决策是从多个经营方案中选择最佳方案的分析判断过程。

汽车运输企业的经营决策,则指运输企业为了实现一定的经营目标,在对外部环境和内部条件进行综合分析的基础上,确定目标,制定出各种计划和行动方案,经过综合判断,选择出最为满意的方案加以实施的过程。这是一个提出问题、分析问题、解决问题的系统分析过程。

经营决策具有以下4个特点。

(1) 目标性。决策总是为了达到一个既定的目标,没有目标就无从决策。目标是决策的出发点和归宿,即决策的前提条件。

(2) 预测性。决策是在事件发生前的一种预先分析和选择,所以决策具有明显的预测性,因此说预测是决策的重要依据,决策是预测的结果。

(3) 优选性。决策总是在许多个有价值的方案中进行选择,没有选择就没有优化,不追求优化的决策是没有意义的。

(4) 实践性。决策的目的是指导行动,如果决策不能导致在行动中付诸实施,那么决策是毫无意义的、多余的。

2. 经营决策的原则

企业要做出正确的经营决策,必须遵守以下4点原则。

1) 企业利益与社会利益相结合的原则

企业的决策,不仅关系到企业的利益,也关系到社会利益。企业的决策必须从社会整体利益出发,使企业决策追求的目标和内容正确反映社会、国家、用户、企业和职工各方面的利益要求,因此企业经营决策要贯彻执行党和国家的方针、政策、法令和制度,要以国家和社会利益为基本出发点,企业的经营发展要适应社会需要,要把眼前利益和长远效益、企业效益与社会效益恰当地结合起来。

2) 运输市场需求与企业能力相结合的原则

企业决策最终要达到内部的技术经济条件与企业外部环境实现动态均衡的目的,而企业外部环境主要表现在市场需求方面。因此,决策必须有两个前提,一是市场预测,二是企业能力分析,这就要求认真进行企业外部环境和内部条件调查。

3）定量分析与定性分析相结合的原则

经营决策要运用数学方法对各个方案进行定量分析与评价，对于一些重要的非定量因素也要尽量估计其发生的概率，得出数量的概念，以便对各个方案进行比较。但是，定量分析并不排斥决策者的经验和判断能力。决策者运用其经验、逻辑推理与分析能力，对重要的决策因素进行定性分析，并将定性分析与定量分析结合起来，才能做出合理的决策。

4）可靠性与灵活性相结合的原则

决策必须具有可靠性。但在运输市场变化与竞争激烈的情况下，往往会出现一些难以预测和控制的偶然性因素，使决策在执行过程中难以实现预期目标。因此，决策既然存在一定风险，就要求具有一定的灵活性，在发生非常情况时，应以决策目标留有的余地和后备方案为基础，进行灵活、适当的调整，以适应条件变化。

3. 经营决策的基本程序

经营决策是一个发现问题、分析问题和解决问题的过程。在这一过程中，首先，必须深入开展市场调查，深刻分析企业内外环境，面对企业的现实状况与发展前景，确定企业经营决策目标；其次，根据企业经营决策目标，发现、探索和制定多种可行性方案；再次，采用科学方法，对多种可行性方案进行评价和预选，在此基础上选取最优方案；最后，实施及控制，在实施及控制过程中，加以调整和补充，以实现经营决策目标。经营决策基本程序如图 9-3 所示。

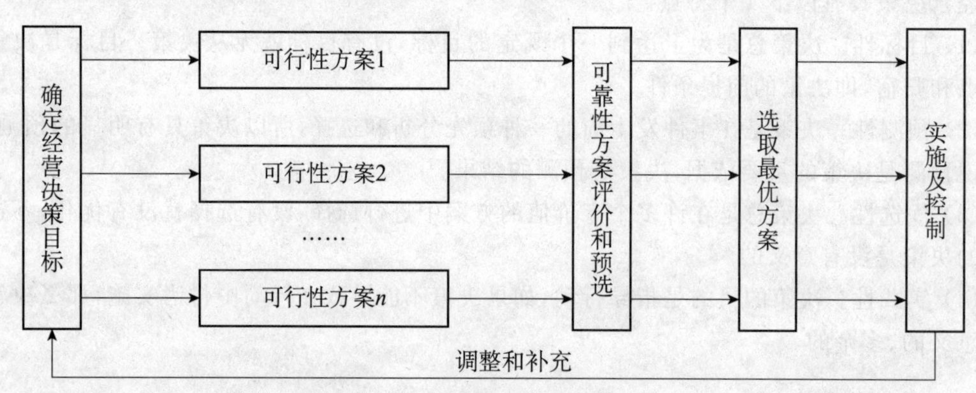

图 9-3 经营决策基本程序

9.4.2 汽车运输企业经营计划

经营计划是按照经营决策所确定的方案，对汽车运输企业的生产经营活动及其所需资源，在时间上和空间上的具体安排。它是企业经营思想、经营方针、经营策略的具体化，是企业各职能部门和全体职工的行动纲领。

1. 经营计划的特点

经营计划是随着经济体制改革，企业有了经营自主权之后产生的，相对生产技术财务计划而言，经营计划是独立的商品生产者的资格所决定的计划，体现了企业所具有的在一定范围内的决策权。

经营计划相对其他计划而言，具有以下特点。

(1) 外向性。经营计划以适应外部环境和市场需求的变化作为计划的出发点和落脚点。

(2) 适应性。经营计划力求做到具有较强的弹性和应变能力。

(3) 目标性。经营计划以运输量、利润率、市场占有率为主要目标，达到充分满足社会需要又能按照“以需定产”的原则来安排计划。

(4) 整体性。经营计划从企业的整体利益，从实现企业经营决策的高度，最大限度地发挥企业资源的效益，统筹安排企业资源，以达到最大限度地提高企业经济效益的目的。

2. 企业经营计划的种类

汽车运输企业经营计划，按其编制的时间间隔长短可分为长期计划和年度计划。

长期计划是指 3～5 年的经营发展规划，它包括企业在一段较长时期的发展方向和规模及主要经济技术指标应达到的水平，是企业纲领性计划。

年度计划则是对长期计划的分解，按年进行编制。

长期计划与年度计划所包括的内容如图 9-4 所示。

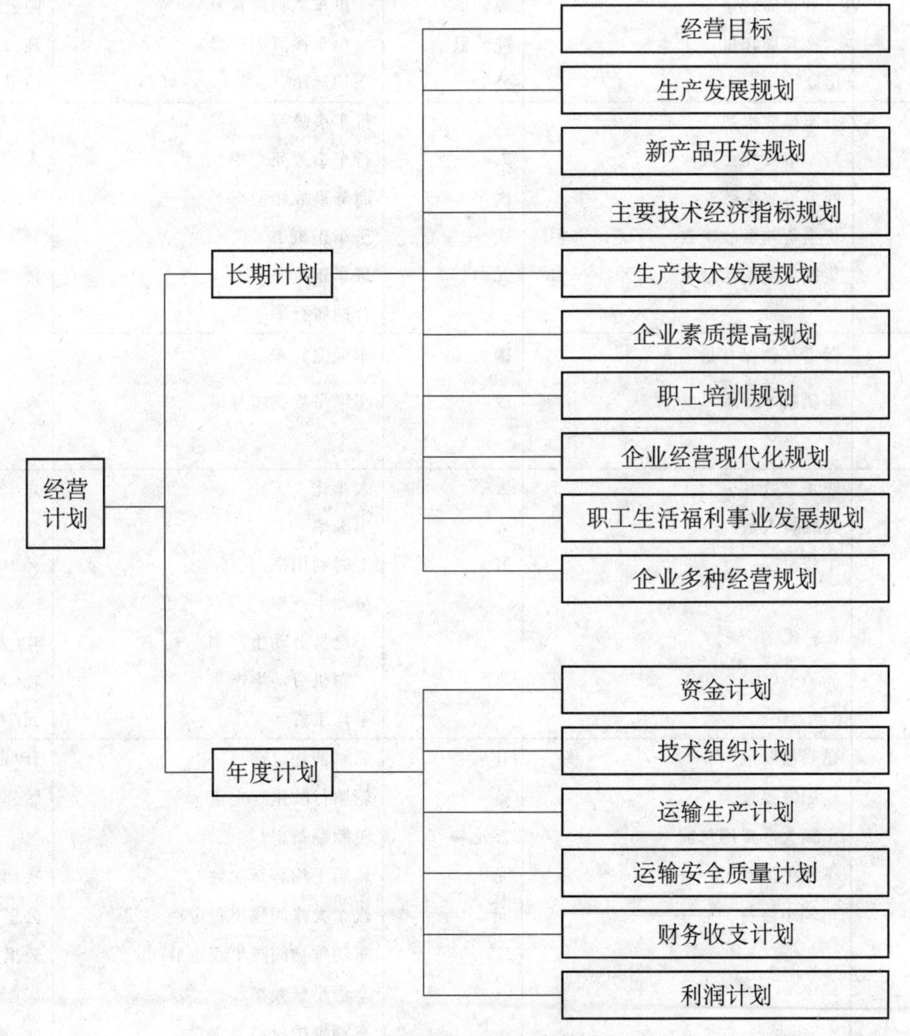

图 9-4　经营计划的内容构成

3. 汽车运输企业年度经营计划的指标体系

汽车运输企业年度经营计划是用一系列指标来表示的。年度计划指标是企业在计划期内生产经营活动各个方面预期达到的目标和水平。各种计划指标是相互联系和相互制约的,将这些相互联系的指标进行综合和分解,就形成了计划指标体系。

计划指标分为数量指标与质量指标。

汽车运输企业年度经营计划指标体系,如表 9-8 所示。

表 9-8 汽车运输企业年度经营计划指标体系

项目	数量指标		质量指标	
	指标名称	单位	指标名称	单位
生产指标	运量	—	单车运量	—
	客运量	人	单车客运量	人/车
	货运量	吨	单车货运量	吨/车
	运输周转量	—	单车运输周转量	—
	旅客周转量	人公里	单车旅客周转量	人公里/车
	货物周转量	吨公里	单车货物周转量	吨公里/车
	换算周转量	吨公里	单车换算周转量	吨公里/车
	运距	公里	平均运距	公里
安全质量指标	行车事故次数	次	行车事故频率	次/万车公里
	行车事故死亡人数	人	行车事故死亡率	人/万车公里
	商务事故次数	次	商务事故赔偿率	元/万元营收
	货损货差事故次数	次	班车正班率	%
	货损货差赔偿金额	元	班车正点率	%
			合同履行率	%
车辆技术指标	营运车辆保有量	辆	车辆完好率	%
	车辆技术等级	级	车辆平均技术等级	级
劳动工资指标	职工总数	人	人车比	人/车
	驾驶员人数	人	出勤率	%
	工资总额	万元	工时利用率	%
			劳动生产率	—
			全员劳动生产率	吨(人)公里/人
			司机劳动生产率	吨(人)公里/人
			平均工资	元/人
技术经济指标	燃料需要量	升	燃料消耗定额	升/百车公里
	轮胎需要量	条	轮胎行驶里程定额	胎公里
	车辆大修费用总额	万元	轮胎翻新率	%
	车辆维护费	元	轮胎平均翻新次数	次/胎
	车辆小修费	元	汽车大修间隔里程定额	公里/次
			车辆维护间隔里程定额	公里/次
			车辆小修频率	次/千车公里
			车辆维护材料费定额	元/辆次

续表

项目	数量指标		质量指标	
	指标名称	单位	指标名称	单位
财务指标	运输成本	—	单位运输成本	—
	客运总成本	元	客车单位运输成本	元/千人公里
	货运总成本	元	货车单位运输成本	元/千吨公里
	成本降低额	元	成本降低率	%
	营运收入总额	—	单车营收额	—
	运输收入总额	元	客运单车营收额	元/车
	装卸作业收入总额	元	货运单车营收额	元/车
	其他业务收入总额	元	利润率	—
	管理费用	元	成本费用利润率	%
	财务费用	元	资本金利润率	%
	利润总额	—	营收利润率	%
	运输业务利润总额	元	单车利润额	—
	装卸作业利润总额	元	客运单车利润额	元/车
	其他业务利润总额	元	货运单车利润额	元/车
	税金总额	—	百元营收流动资金占用额	元/百元
	营业税总额	元	流动资金周转率	%
	所得税总额	元	流动资金周转次数	次/年
	各种地方税总额	元		
	资金总额	—		
	固定资产总额	元		
	流动资金总额	元		
	无形资产总额	元		
	负债总额	—		
	流动负债总额	元		
	长期负债总额	元		
	公积金	元		
	公益金	元		

第10章 道路运输行业管理

道路运输行业管理，是指全社会的道路运输管理。经济体制改革产生了行业管理的需要，专业性经济管理部门从具体管理企业的经营转向搞好行业管理，实现由管理直属企业逐步转变为全行业管理，由管理企业的生产事务逐步转变为面向全行业的行政管理。道路运输行业管理，是交通部门在经济体制改革中转变职能所采取的一个重要步骤。本章着重讲述道路运输行业管理的性质、范围、目标、职能。

10.1 道路运输行业管理的性质和范围

10.1.1 行业和行业管理

行业是一个社会经济概念，是随着社会生产力的提高而出现社会分工的结果。当人类脱离原始状态的时候，为了满足自身生活多方面的需要，彼此间就必须相互交换劳动产品。随着生产力的不断提高，交换范围的不断扩大，产生了商品生产。商品生产的最根本特征就是生产者生产的产品，不是为了自身的消费，而是用于交换，通过交换别的劳动产品来满足自己的需要。这样社会就出现了劳动生产的社会分工，而生产上的社会分工便形成了众多的经济活动群体，多种从事同一生产或服务活动的经济活动群体就自然而然地形成了一个行业。

生产力越发展，社会分工就越细致，行业也就越多。从社会分工的大方面来说，就有工、农、兵、商、学，每一个大方面又由若干体系及其分支体系所组成。例如农业方面又可分为农、林、牧、副、渔五个体系，工业方面的体系和分支体系就更多了，工业中可分为采掘工业、加工工业等体系。在加工工业体系中又有机械制造、轻化纺织等分支体系；在这之下，又有多种门类的分支专业体系。交通运输业按不同的运输方式，一般可分为：道路运输、铁路运输、水上运输、航空运输、管道运输五个行业，道路运输行业就是其中的一个。

为了维护行业群体利益，同时也为了处理行业内部和外部的关系，就有了行业管理的需要。那么，何谓行业管理呢？国家为了保证国民经济发展总目标的实现，通过政府和经济管理部门，对国民经济各部门、各行业的发展方向、发展规模、发展速度进行必要的调节和监控，对各行业的经营活动进行法律的和行政的规范，履行计划、指导、监督、协调等职能，这就是行业管理。政府、交通部门对道路运输行业实施上述职能就是道路运输行业管理。

市场机制运行的基本原理及其优越性，是通过市场调节来规范企业的活动，并导致资源的最优配置。企业追求最大利润的动机激励生产消费者所需要的产品。价格不但激励企业最经济地利用稀缺资源，而且协调经济活动及对市场需求情况的变化发出信息。产权的明确界定，激励人们更多的投资及拥有资产。但市场也有一定的局限性,当市场不是完全竞争时,资源不能得到有效配置。而政府干预是解决市场机制局限性的主要办法。在欧美发达国家,主要通过行业管制和反垄断法来进行政府干预。可见,行业管理在西方资本主义国家也是必要的和不可缺少的。

我国的经济性质是社会主义市场经济,以公有制为主体,多种经济成分并存协调发展。因此,在行业管理的形式和内容上与资本主义国家不同,与我国五六十年代也有所区别。解放初期存在的"同业工会"及新中国成立后建立的"工商业联合会",作为政府与工商业者之间联系的桥梁,在工商业的行业管理上曾经产生过积极的作用。但是,随着资本主义工商业的社会主义改造的完成,政府在经济管理上发展和完善了"部门经济"体制,不仅"同业工会"在行业管理上的作用消失,而且"工商联"也仅仅变成了一个民间社团组织。行业管理为部门经济管理所代替。部门经济管理的特征是政府专业经济部门直接管理所属企业,同一行业的企业根据这种管理体制造成经济管理方面的条块分割,不适应社会化大生产和商品对经济的发展。因此,在经济体制改革中,首先必须改革不适应社会生产力发展的那种经济管理体制,政府经济部门必须实行职能转变,由直接管理企业转变为全行业管理。

行业管理是指政府专业经济部门对全行业的行政管理。行业管理部门具有政府行政的权威性,在管理内容和职能上,要根据国家关于国民经济发展的总体目标,确定行业的发展目标,对行业的经济活动进行计划、指导、协调、监控。除了政府的行业管理部门外,我国目前组织了多种形式的行业协会,作为沟通政府与行业之间的渠道,使行业协会成为民间的、自我协调的行业管理组织。政府行业管理部门与民间的行业管理组织是我国行业管理的两大主体,它紧密合作,积极配合,促进行业经济发展。这种行业管理的形式和内容,是与我国的经济结构和社会主义市场经济相适应的。

10.1.2　道路运输行业管理的性质和特征

行业管理是国民经济的组成部分,行业管理也就成为整个国民经济管理的一个组成部分,是国民经济中的部门经济管理。所以,道路运输行业管理就其性质来说是国民经济管理中的道路运输部门经济管理。

国家对于国民经济的管理,需要在总体上进行调控。这种总体的调控是通过综合经济管理部门进行的,如工商、行政、税收、物价、银行等,都是属于总体调控综合经济管理。现代经济的构成是极其复杂的,有众多的体系和分支体系,也就是由许多的行业组成。多个体系和行业,又有其本身的特点和要求,单靠综合经济管理进行宏观调控是不够的,要求各个体系或行业根据国民经济的总体目标和自身特点,做好本行业的调控,进行具体的计划、指导、协调和监督,这就是组成国民经济管理的各个专业经济管理,即行业管理。道路运输行业管理作为国民经济管理的组成部分,就是国民经济管理中的道路运输部门经济管理。

道路运输行业管理的性质决定了其行业管理的以下特点。

1. 管理范围

行业管理的对象是行业的全部,也就是说,只要是同一行业的经营者,不论其所有制性质如何,也不论其行政隶属关系如何,均在行业管理的范围之内。行业管理部门与管理对象之间不存在所有权的问题,只是管理与被管理的关系,而且行业管理部门还履行行业市场管理的职责。部门所属经济管理与企业经济管理则与之不同，前者受行政隶属关系的限制，只负责管理本部门的直属企业，不承担行业市场管理职责；后者只管理本企业范围内的生产与经营活动。

2. 管理方式

行业管理侧重于全行业的宏观间接调控，对全行业进行调节、控制、监督，除指令性的紧急运输外，一般不直接组织和指挥运输生产，不干预企业内部的经营和生产活动。部门所属经济管理和企业经济管理与之也不同，它们都侧重于微观和直接控制，对所属企业和本企业的生产进行指挥和调度，干预企业的生产和经营活动。

3. 管理目标

行业管理侧重于谋求社会效益和全行业的综合效益。部门所属经济管理和企业经济管理侧重于谋求本部门、本企业的经济效益，对社会效益的关注往往受本部门和本企业经济效益的制约。

4. 管理手段

行业管理强调以经济的、法律的、行政的三种手段的综合运用，重视信息诱导手段和组织协调手段，要求逐步淡化行政管理手段。部门所属经济管理和企业经济管理则主要运用行政管理手段指挥企业的生产经营活动。

10.1.3 道路运输行业管理的范围

道路运输业包括道路旅客运输、道路货物运输、汽车维修、搬运装卸和运输服务共五个方面。道路运输业的业务范围也就是道路运输行业管理的范围。道路运输行业及其行业管理范围的划定，反映了客观经济构成的内在规律。

道路运输行业管理范围的划定以不同的运输方式为标准。

(1) 运输业包括道路、水路、铁路、航空和管道五种运输方式。这五种运输方式虽然同属于运输业，而且相互之间存在着共同特点和一定的联系。然而，无论是运输的工具、经营的场所、生产的特点以及经营管理上的要求等都各不相同，是相对独立的。因此，把运输业的行业和行业管理的范围划定在不同运输方式这个层次上是符合运输业的实际需要的，是正确的。当然，对不同运输方式实行行业管理应以更高层次上的对整个运输业进行综合管理为指导原则，以利于综合运输体系的协调发展。

(2) 道路运输行业管理范围的划定以实现同一目标从属同一门类生产和服务的劳动群体为标准。

道路旅客运输、道路货物运输、汽车维修、搬运装卸和运输服务五个方面都是以道路交通为依托，实现人和货物的位移所从事的生产和服务，有着相同的目标，属同一门类的生产和服务。这两个方面实际上是道路运输行业的两大系统，即道路运输生产系统和道路运输生产的支持保障系统，如图 10-1 所示。

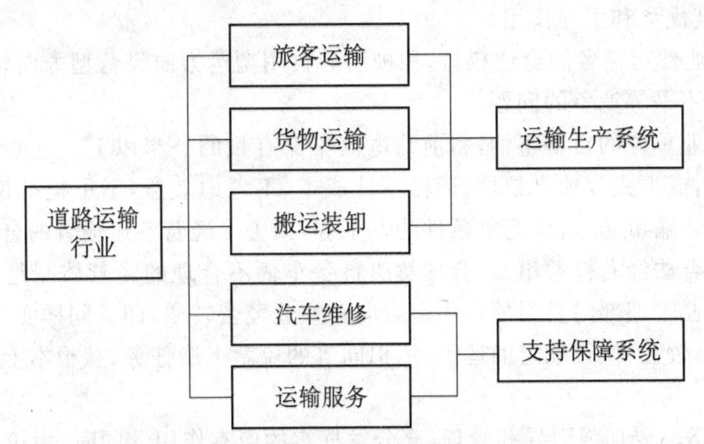

图 10-1　道路运输行业的两大系统

运输生产系统是道路运输行业的主体，支持保障系统是行业的必要的辅助配套部分。这两大部分之间相互依存，密不可分，共同组成了道路运输行业。运输生产系统是以支持保障系统的存在和完善得以正常地运转和发展；支持保障系统则以运输生产系统的存在而存在，随运输生产系统的兴衰而兴衰。所以，把这五个方面都划归于道路运输行业，确定在道路运输行业管理范围之内，是符合道路运输业的实际情况的。

道路运输行业管理的上述范围，从所有制性质上来说，既包括国有和集体，也包括私营、个体与中外合资(合作)、外商独资企业等。从运输类别上看，既要管营业性运输，也要管非营业性运输。从部门归属来看，既包括交通部门的直属国有与集体企业，也包括其他各系统的营业性运输企业和汽车维修企业，既包括城乡个体客货运输，也包括机关厂矿自备车辆，既包括各部门的旅游运输，也包括部队参加的地方运输。从运输工具看，既要管汽车运输，又要管拖拉机运输和畜力车等运输。总之，凡是道路上的运输活动，以及为之服务的搬运装卸、汽车维修、运输服务等都应纳入全行业管理范围。

10.2　道路运输行业管理的目标

10.2.1　运输结构目标

运输结构目标是指为保障道路运输行业整体目标的实现，所形成的合理化的经济结构、技术结构和网络结构。道路运输行业管理部门应根据道路运输生产发展的需要，制定相应的运输结构目标。

(1) 建立以公有制道路运输经济为主体，各种经济成分协调发展的经济结构目标。

道路运输行业管理部门应在公平竞争的基础上，合理地扶持公有制道路运输企业、汽车维修企业、运输服务企业的发展，增强公有制运输企业的自我积累、自我发展、自我约束的能力。从这个要求出发，一要鼓励公有制运输企业搞好经营机制的转换，积极探索建立现代企业制度的新路子；二要引导公有制运输企业在经营方向上逐步向专业化，高技术运输转变，积极发展适宜国有运输企业经营的零担运输、大件运输、化工货物运输、集装箱运输、大吨位货物运输和高档舒适型旅客运输等，占领高技术与特种运输市场，扩大运输的保障功能和劳动服务的覆盖面，更好地发挥其优势和主导作用。

(2) 维护营业性运输者的合法权益，积极引导自用型运力向经营型方向转变，从根本上解决道路运输市场不平等竞争的问题。

厂矿企业事业单位的自备车辆，目前约占汽车保有量的一半以上。这些自备车辆绝大多数不搞独立核算，或不完全独立核算，运输不计成本，不考虑效益，不承担纳税任务，以其不合理的“优势”冲击运输市场，造成竞争条件的不平等，损害了经营性运输者的合法权益。从国家整体利益和保护合法经营权益出发，合理解决自备车辆不合理的经营体制是十分必要和迫切的。道路运输行业管理部门要引导自用运力向营业性经营转变，即要同样实行独立核算、自负盈亏、考虑成本与效益、执行规定的运价、承担同等的税款上缴任务，从根本上解决竞争不平等的问题。

(3) 对个体运输要加强引导和管理，充分发挥它的应有作用。同时，由于个体运输经营者中，存在比较严重的行为不轨和无证经营等现象，因此，有必要对其核定经营范围和线路，采取有效措施搞好经营行为的监督和检查，限制其消极因素，充分发挥其积极作用，使道路运输行业在国家统一领导下“三个一起上”(国有、集体、个体)和“三个一起办”(各地区、各行业、各部门)的基本政策得到充分落实。

10.2.2　运输生产目标

运输环境目标就是为满足社会对运输的需要。道路运输管理部门应根据当地一个时期的运输要求，制定相应的必须完成的客货运输量指标，提出实现这一目标的保障措施。运输生产目标包括了量和质两个方面的要求。不仅要完成一定的客货运输量，还要保证运输的安全和质量，包括良好的服务质量。运输生产目标就是要通过运输生产，实现货畅其流和人便于行，并体现保障旅客和货主的正当权益的要求。

实现运输生产目标，发展道路运输事业，必须发展道路运输生产力。运输生产力不发展，运输生产目标也就无法实现。因此，我们在道路运输行业管理的实际工作中，必须紧紧抓住保持和发展运输生产力这个主要任务，带动各项管理目标的实现。

10.2.3　运输环境目标

运输环境目标就是为了道路运输业的健康发展，创造良好的环境和条件所要达到的目标。运输环境的基础是合法经营和平等竞争。道路运输管理部门应根据当地运输市场的具体情况，提出维护运输市场正常秩序的工作目标。与此同时，努力在资金、信贷、税收、价格等方面，创造有利于行业发展的外部条件。

对运输环境，应坚持“放”和“管”的有效结合，建立和健全市场规则，开展正当的、平等的竞争。目前应围绕培育和发展交通运输市场，加强法制建设步伐，特别是要抓紧修订不适应发展社会主义市场经济要求的管理规章，制订和完善市场准入条件，规范市场行为的有关规章。严格规范道路运输的经营行为，在平等的条件下，开展正当的竞争，强化运输市场的监督和管理，创造良好的运输环境。

10.2.4　行业管理自身发展的目标

行业管理自身发展目标就是按照不断提高行业管理水平的要求，提出加强行业管理机构建设的目标。

道路运输管理部门是政府管理道路运输行业经济的职能机构，是行业管理的实施者，在加强道路运输行业管理的同时，要加强管理机构自身建设。道路运输管理部门要根据各个时期的工作要求和实际条件，提出自身建设目标，逐步实行行业管理工作的制度化、规范化、科学化和现代化。应当着重搞好以下几个方面的建设工作。

1. 制度建设

制度建设是指运输管理机构内部工作制度的建立、健全和实施。制度建设的基本要求要有利于集中统一指挥，有利于内部各个岗位的协调配合，有利于调动工作人员的积极性，有利于提高办事效率。总之，制度建设是为了保证各级运输管理机构的运转始终处于正常、顺畅的状态。

2. 基础工作建设

加强基础工作建设是促进道路运输行业管理工作的深化和提高，是实现管理工作规范化、科学化和现代化的必要条件。道路运输行业管理的基础工作，主要是指相对运输行业的基础情况、动态趋势、变化发展等方面的资料掌握和分析工作。因为只有掌握并熟知这些客观而真实的变化发展数据，才能制定出符合实际的、有针对性的方针政策和法规；才能对行业的发展实行科学的预测，制定正确的规划，实施有效调控和监督。由此可见，搞好行业基础工作建设具有重要的意义。

3. 管理设备与设施的建设

道路运输是一种现代化的运输方式，其生产和经营活动是在广阔范围内进行的。行业管理机构应当配套与之相适应的管理设备与设施。例如加快普及现代管理手段的运用，改善通信设备，配备性能良好的交通工具等。

4. 运管人员的队伍建设

道路运输行业管理是依靠运管人员去履行的，因此，运管人员的素质决定着行业管理的水平。要对运管人员在政治思想素质与业务素质两个方面加强建设，造就一支合格的运管队伍，适应现代化道路运输行业管理的需要。

10.2.5　运输效益目标

运输效益目标就是在提高道路运输社会效益的前提下，应当达到的行业经济效益目标。

发展道路运输事业的目的，是实现货畅其流，人便于行，最大限度地满足国民经济发展和人民生活对道路运输日益增长的需要。提高社会效益是第一位的，是道路运输事业赖以存在和发展的基础。然而，没有一定的经济效益，道路运输事业的发展就会失去必需的动力和能力，甚至会造成行业的萎缩和衰退。没有道路运输事业的发展，提高社会效益也就无从谈起。由此可见，提高道路运输的经济效益是提高道路运输社会效益的必要条件，两者相互依存，是统一的整体。

道路运输管理部门应当在加强经济调查和分析的基础上，确定行业经济效益的目标，努力帮助运输经营者降低运输成本，提高运输效率，合理组织运输，推广新技术运用等，使运输经营者和全行业努力取得最佳经济效益。

10.3 道路运输行业管理的职能和任务

10.3.1 道路运输行业管理的职能

所谓行业管理的职能，就是指行业管理在行业经济活动和行业发展中，应当担负的工作职责。

道路运输行业管理是国民经济管理的组成部分，侧重于从宏观方面统筹安排道路运输事业的发展，加强对整个行业的管理和指导，保证道路运输能够充分满足国民经济发展的需要，以促进道路运输事业的健康发展和技术进步。

道路运输行业管理的职能可以概括为以下 3 个方面。

1. 调控职能

调控职能是按照国民经济发展的总体目标和道路运输在综合运输体系协调配套的要求，确定道路运输行业的发展方向、发展规模和发展速度，进行宏观调控。调控职能大体包括以下几个方面的具体要求。

(1) 总量控制，就是合理配置适应不同运输要求的各类运输车辆，以满足用户的各种需求和促进运输市场的有序竞争。

(2) 经济结构控制，就是实现保证行业内部各种经济成分的协调发展。

(3) 行业结构控制，就是根据道路运输的需要，对站点设施、车辆维修、搬运和运输服务等进行合理配置和布局。

2. 监督职能

监督职能是指根据道路运输行业发展目标的要求和有关政策，制定经营资格、经营行为等行业经营活动的各种规范，并据此对经营者的经营活动进行考察、督导和检查，以纠正一切偏离行业发展目标的政策、法规的行为，维护正常秩序，确保行业发展目标的实现。

监督职能大体包括以下 3 个方面的内容。

(1) 法规及规范的制定，就是制定保障道路运输正常进行和健康发展的各项法令、条例、规章和任务、技术标准。

(2) 经营条件的监督，就是审定和检查经营者的经营条件、技术等级、经营范围、核发相应的经营证明文件。

(3) 运输商务的监督，就是对运输经营者的商务活动和经营行为，包括质量、价格、票证和合同履行等进行核实、监督和检查。

3. 协调服务职能

协调服务职能是指做好协调服务工作，为企业经营提供良好的外部环境。大体上包括以下内容。

(1) 协调好行业管理中的各种关系。包括经营者之间、行业管理与部门管理之间、地区之间、承托双方之间等关系，为企业经营创造良好的外部环境，同时也保护好消费者利益。

(2) 提供行业信息服务。提供行业信息是运管工作的重要内容。搞好管理性服务是道路运输行业管理机关的重要职责。从本质上讲，管理就是服务。因此，在实际工作中必须处理好管理与服务的关系，寓管理于服务之中，把管理与服务结合起来，提高管理效果。随着市场经济体制的建立和完善，行业管理部门定期或不定期发布信息将是一项特别重要的任务，主要包括技术信息、市场信息、政治信息、社会信息等。

10.3.2 道路运输行业管理的任务

根据道路运输行业管理的目标和管理职能的要求，行业管理的任务主要有以下5个方面。

1. 制定方针

根据国民经济发展的总方针和总任务，研究制定道路行业的方针政策，解决道路运输的发展方向问题。另一方面，根据国家和行业的经济政策、技术管理的法规，使行业管理有法可依、有章可循，以法治运，保证道路运输事业的健康发展。

所以，制定方针政策这一任务，包含两层含义：一是方针政策和管理法规的研究制定，这主要由中央和省级道路运输管理部门承担；二是方针政策和管理法规的贯彻执行，这主要由市、县以下道路运输管理部门承担，中央和省级道路运输管理部门要调查研究，着重于方针政策的制定与法规建设，并对执行情况进行督促和检查。市县以下道路运输管理主要是正确执行各项方针政策和管理法规，并将执行中的情况，及时向上级主管部门汇报和反映。

2. 统筹规划行业发展

我国实行社会主义市场经济，作为其组成部分的道路运输行业，必须使道路运输事业的发展与国民经济的发展相协调。行业管理部门对行业的发展应统筹规划。统筹规划这一任务就是根据行业发展目标，对行业发展规模、发展重点和行业的结构布局等做出统筹安排，制定道路运输行业的中长期规划和近期实施计划。

道路运输行业规划主要有3个方面的内容。

1) 行业总体规划

行业总体规划包括行业的生产力结构和生产关系结构的规划。生产力结构的规划主要包括生产工具结构、劳动力结构和技术结构的规划。生产关系结构的规划主要包括各种经济成分和经营方式的协调发展规划。在行业总体规划中，要充分注意运力与运量的协调平衡，道路运输与其他运输方式的协调平衡，道路运输行业内部的协调平衡，以及运力与基础设施的协调平衡等。

2）行业分类规划

行业分类规划是行业总体规划的组成部分。根据行业总体制定客货运输规划，汽车维修、搬运装卸和运输服务业的规划等。其内容包括行业内部的设备、设施、规模、能力、网点布局、技术进步和人员培训等方面的规划。

3）行业管理规划

行业管理规划是行业总体规划的重要方面。规划的内容主要包括管理机构体制的健全和完善，调控监督体系的建立和健全，管理法规和手段的加强和完善等。

3. 综合平衡

道路运输事业与国民经济各部门各行业之间，以及道路运输行业内容各个组成部分之间，都存在着纵横交错的相互依存、相互制约的关系。道路运输行业管理部门应使它们在发展中保持适当的比例关系和相对平衡，才能使整个道路运输经济正常运转。在道路运输经济活动中，需要行业管理部门注意综合平衡的主要有以下几个方面。

(1) 运输供给与运输需求的平衡关系，即运力与运量之间的平衡关系。基本要求是保持运力与运量的相对平衡，并留有余地。

(2) 道路运输与其他运输方式之间的平衡关系。基本要求是合理分工，密切配合，共同完成社会的运输任务。

(3) 各地区、各部门、各种经济成分运输经营者之间的平衡关系。基本要求是各得其所、各展其长的多种经济成分协调发展。

(4) 运力布局与线路、站点、仓储、维修能力等配置之间的平衡关系。基本要求是合理布局，以运输需要为“龙头”，配套成龙，最大限度地发挥道路运输的服务功能。

(5) 社会效益与经济效益之间的平衡关系。基本要求是从提高道路运输社会效益出发，充分注意提高道路运输的经济效益，保持行业必要的自我发展能力。

(6) 运输投入与运输产出之间的平衡关系。基本要求是努力降低成本和消耗，提高运输效率。

4. 组织协调

道路运输涉及面广，情况复杂，组织协调各方面的关系，是行业管理工作中的一项重要任务。需要认真协调的有以下5个方面的关系。

(1) 承托双方的关系。承托双方是运输、生产的供求关系，又是运输生产力组合关系，应当使双方始终处在正常良好的合作关系，正确调处商务纠纷，维护双方的合法权益。

(2) 行业内部各企业之间的关系。这是行业内部关系的协调，行业内部之间既有竞争又有合作，要努力建立起平等竞争的环境，发展竞争中的合作伙伴关系。

(3) 地区之间的运输合作关系。道路是跨地区运行作业的行业。地区之间畅通协调是运输的客观要求，也是运输活力所在。要坚持平等互利与共同经营的原则，协调好地区关系，打破地区界限，发展地区合作，开展直达运输，方便旅客和货主，真正实现货畅其流，人便于行。

(4) 道路运输与其他运输方式的关系。这是多种运输方式之间的衔接和配合上的协调。道路运输负有为铁路车站、水运港口、航空港集散货物旅客，保证港站畅通的任务。要认真组织好运输工具和装卸力量及时集并、疏运。同时，要处理好作业范围的划分和作业条件的改善，维护道路运输经营者的正当权益，做到共同合作，密切配合，提高综合运输效益。

(5) 行业经营者与经济综合管理部门之间的关系。这是道路运输经营活动中,经营者与工商、税务、物价、金融、财政等经济综合管理部门之间的关系。一方面要配合经济综合管理部门督促经营者严格遵守各方面的管理规章制度,履行应尽的义务;另一方面要努力疏通渠道,提出合理建议,为经营者创造良好的外部条件。

5. 监督与服务

监督是对行业经营活动的监察、督导和检查,以保证国家关于道路运输的各项方针、政策得到正确的贯彻执行。服务工作是监督工作的基础,例如,搞好公用型货运站和客运站建设,既为运输经营者提供了经营条件,方便了货主与旅客,也有利于搞好客货运输监督。

监督检查的内容主要有以下 6 个方面。

(1) 经营的监督检查。

(2) 经营范围的监督检查。

(3) 质量的监督检查。

(4) 运输的监督检查。

(5) 费用结算票据的监督检查。

(6) 经营行为的监督检查。

搞好服务是道路运输管理部门重要任务。从总体上看,服务与管理是一致的,管理也就是服务。因为搞好行业管理的目的就是行业的健康发展,所以正确贯彻执行各项管理任务本身就是对行业的服务。

道路运输管理部门应把服务工作与行业管理工作紧密结合起来。从加强管理入手,有利于管理工作出发,认真做好服务工作。例如建设公用客运站并指导其工作,既为旅客和个体运输户、无站点设施的经营者提供了服务,又为维护运输市场秩序、加强客运监督提供了条件。积极引导民营企业组建货运站或货运交易所,既为承托双方沟通信息,提供了服务,又便于对货运市场的监督等。总之,要把服务与管理工作紧密结合起来,寓管理于服务融为一体,才能为行业的经营者提供更好的服务,才能从根本上为行业的健康发展服务。

10.4　旅客运输管理

10.4.1　旅客运输管理的目的、依据与原则

1. 旅客运输管理的目的

道路客运作为社会经济活动的重要组成部分,其管理工作的目的,就是要促进道路客运业健康发展,高质量地满足人民群众不断增长的乘车旅行的需要。

(1) 要适应社会需要,实现“人便于行”。运管部门是运输市场的组织者和管理者,要通过贯彻改革、开放、搞活的方针,努力发展社会运输生产力,并促使运力合理布局,班次合理安排,各种运输方式合理结合,以满足广大旅客不同形式的旅行需求,提高社会效益。

(2) 统筹安排,合理分工,引导多种经济形式协调发展。运管部门对道路客运的发展、合

理分工，加强国营、集体、个体经营者在经营上的分工合作，妥善处理好各方面的矛盾，促进多种经济形式协调发展，提高道路运输客运业的整体效益。

(3) 维护正常秩序，保护合法经营。道路客运市场现已初步形成多家经营、多种经济并存的运力结构。一部分社会的自备车辆和大批个体车辆进入客运市场后，对缓解“乘车难”的矛盾发挥了积极作用，但在一些地方也出现了乱开班、乱设站、乱停车的混乱现象，造成了运力、能源的浪费。运管部门必须通过对客运市场的整顿、监督，实行定线路、定站点、定班次，以维护正常的运输秩序，提高客运经营者的经济效益。

2. 管理的政策依据

道路运输管理部门，根据国家政策法令制定的规章制度，是道路运输正常进行的保证，也是单位和个人经营道路运输业务的依据和准则，具有法律效力。道路运输规章的主要作用是：道路运输的正常秩序；保障道路运输经营者的合法权益；保护旅客的正当权益；促进道路运输与其他运输方式相互配合、协调发展。

道路客运的具体规定有 3 类。

(1) 对道路旅客运输业实施行政管理的有关规章；

(2) 道路旅客运输业经营管理规章；

(3) 道路运输收费规章。

上述这些规章，以及党和国家的有关方针、政策、法律、法规都是运管部门管理道路旅客运输的政策依据。

3. 管理的原则

运输管理部门对道路客运业的管理，必须掌握以下 4 项原则。

(1) 多家经营，统一管理，协调发展。道路旅客运输要坚持各地区、各行业、各部门多家经营，统一管理的原则，搞好国营、集体、个体各种经济形式的协调发展。

① 协调社会各种客运运力的发展。根据社会和人民群众的需要，有计划、按比例地安排运力，处理好各种关系，减少盲目性，避免运力浪费现象。使各种不同隶属关系的客运经营者都能以共同搞好旅客运输为目的，顾全大局，搞好团结协作。

② 处理好道路客运系统内各个层次、各个环节之间的关系，使省市企业与地方企业、骨干企业和一般企业、车站和运输企业之间密切配合，相互协作。

③ 协调好不同客运方式之间的相互配合关系，通过联运等形式使需要换乘的旅客及时中转，搞好衔接，为旅客的旅行生活提供更多方便，在可能的范围内，协调好道路与铁路之间的分流运输。

(2) 合理布局，统筹安排。为贯彻实行合理布局、统筹安排的原则，要针对道路客运的现状，重点处理好以下一些问题。

① 在客运的发展上，要做到国家、集体、个体一齐上，体现“一视同仁”。

② 在运力的布局上要根据当地社会的实际需要，做到合理分工。

③ 在规划组织省际运输时，要做到平等互利，线路贯通。

④ 在线路审批上，要从提高社会效益出发，做到线路衔接，干支相连，长短兼顾。

⑤ 在经营活动中，要引导客运经营者加强横向联系，按照自愿、平等、互利的精神，实现合理运输。

(3) 坚持"安全质量第一"。道路客运的服务对象是旅客,保证旅客在旅行中生命财产的安全,既是道路客运经营者的首要职责,也是客运管理人员的重要任务。运管部门在审查开业条件时,一定要按国家规定的车辆技术、驾驶人员条件要求审批。同时要加强日常监督,促使并帮助客运经营者健全运行制度,不断完善安全措施和维护好运行秩序,确保运行安全。

(4) 维护旅客的正当权益和经营者的合法权益。这两个权益应当是相关联和统一的。有关条例和规则中所规定的旅客和经营者的权利和义务,应得到尊重和履行。要通过运输管理部门的监督检查和仲裁等形式,使之切实得到保障与落实。

10.4.2　客运线路管理

1. 客运线路的概念

道路客运线路是指营业性运输客车的运行路径。它以始发点、经过点、到达点为路径界限,按经营项目和劳动方式划分为班车线路、旅游班车线路等。客运线路名称,一般以客运班车起运站和终点站的地名简称或序号命名。客运线路的营运里程,按班线起讫点实际间隔里程计算。

2. 客运线路管理的必要性

班车客运是道路旅客运输的主要形式,分为直达班车、普快班车、普客班车和城乡公共汽车四种。根据我国道路客运线路的现状和道路客运的特点,加强道路客运线路管理十分必要。

(1) 合理布局的需要。经过长期的努力,我国客运线路有较大幅度增长,道路客运网络已基本形成。然而,由于我国地域广阔,发展很不平衡,线路多,情况复杂,价格和布局也不尽合理,客运经营者争抢经济效益好的线路的现象经常发生,影响了道路客运的健康发展。只有加强线路管理,实行统筹安排,才能合理布局,适应人民旅行需要。

(2) 维护正常运输秩序的需要。由于道路客运市场已形成多层次、多家经营、多种经济形式并存的格局,一些地方由于管理工作跟不上,有些客运经营者乱开班、乱设站,干扰正常经营,致使运输秩序混乱。只有通过对客运路线的管理,才能有效地克服这些混乱现象,保护合法经营,维护市场秩序。

(3)提高经济效益的需要。当前在一些地区,经营者未经批准重复开班的情况比较严重,导致车辆运用效率不高,经济效益较差。所以要加强线路管理,才能制止盲目发展,以提高经济效益。

(4) 安全生产和优质服务的需要。线路、班次的差异和流量和流向的变化,直接关系到各经营者的经济效益和客运的安全保障及服务质量,只有加强线路管理,才能做到合理安排,需求相当,消除不安全的隐患,提高服务质量。

3. 道路客运的基本分工及线路审批原则

1) 道路客运经营者的基本分工

对道路客运经营者实行基本分工,是使各种经营方式和各客运经营者扬长避短、各得其所、保障安全、提高道路客运全行业的经营水平和经济效益的基本条件。道路客运企业主要经营城市间、城乡间的旅客运输;城市公交企业承担城区内的客运业务。道路客运应视客运经营者的技术、人员、设施、设备水平进行合理分工。一般来说，大中型客运企业主要担负县际、地(市)际、省际的客运业务；小型的客运企业(包括个体联户)担负县(市)境内的客运业务，具备条件的，在地(市)或省级交通运输主管部门统筹安排下，也可以经营县际、地(市)际或省际的长途客运业务。

2) 道路客运线路的审批原则

客运线路的审批原则，应按照改革、开放、搞活的方针，从社会实际需要出发，根据客运经营范围的基本分工，破除封锁割据，进行统筹安排。

(1) 适应需要。从社会需要出发，兼顾运输经营者的经济效益，按照目前人民群众对客运的需求，鼓励新增车辆面向农村和客流大、车辆少的线路。

(2) 统筹安排。各地交通运输主管部门对辖区内的客运线路，不论干线或支线、长途或短途、市县内或到外，均应根据运力、流量、流向和道路实际情况统筹安排，统一排定线路班次。运输经营者应服从交通运输主管部门的统筹安排。

(3) 保障安全。在审批线路时，要审查经营者的运行措施是否落实，如超长途运输或通宵夜班车等客运班车是否需要换班，换班的驾驶员有无充分休息的条件等，如不具备，应责成补充后，方可批准。

10.4.3 道路客运站点的管理

客运站点是集散旅客、停放车辆、直接为旅客以及运输经营者服务的场所，是道路客运网络中的“节点”，在运输市场的构成中起着“门市部”的作用。长期以来，道路客运站点一般都是由道路运输企业自办自用的。随着经济体制改革的深入，运输市场的开放，客运站点开始由封闭式的自用型向开放式的公用型转变。一方面各地陆续举办了多种形式的服务中心或车站，为广大客运经营者特别是个体(联户)客运经营者提供了站场服务；另一方面，运输企业自办专用的车站，也逐步向社会开放，并实行站运分设，客运站点将逐步从运输企业中分离出来，成为相对独立的运输服务经营单位。

道路运输管理部门对客运站点管理的主要内容和方法有以下 4 个方面。

1. 站点规划

客运站点的规划，关系到整个客运网点的布局，要列为客运站点管理的主要内容。站点规划的基本原则是：地点适宜，方便旅客，布局合理，留有余地。因此，站点的设置应做到以下几点。

(1) 方便旅客的集散和换乘；

(2) 布局合理，列入城市建设的总体规划；

(3) 衔接其他运输方式，车辆流向合理，出入方便；

(4) 留有发展的余地。

根据上述原则和要求，运输管理部门在规划客运站点时，一是要有远见，要与城镇整体规划配套；二是要与城建、公安等相关部门充分磋商，取得他们的支持和配合；三是要保持规划的严肃性，规划一经审定，不能任意废除或改变。

2. 监督有关客运方针、政策和规章的贯彻实施

在客运站的经营活动中，要坚持放宽搞活的方针，对进站的运输车辆，不论其隶属关系和

经济性质如何，在合法经营的前提下一视同仁，在经济利益上平等对待。任何类型的车站，均应以国家或部门的有关规定来规范经营活动，并严格遵守管理部门关于线路、班次的安排，做到准班正点，以维护旅客和经营者的合法权益。

3. 协调各方面的关系

客运车站，特别是“公用型”的车站，既是一个各方合作体，又是矛盾集中点，协调好各方面的关系，是管理工作的重要内容之一。

（1）协调好车站与旅客的关系。旅客是车站的主要服务对象，应当按照规定使旅客的权益得到尊重，并敦促旅客遵守公共秩序和客运规章，以便在广大旅客的支持与配合下，使车站圆满完成旅客的迎送任务。

（2）协调好车站与参运者的关系。参运者是客运运力的提供者，双方的权益和义务应通过经济合同的形式予以确定。参运者应按规定的线路和班次提供合格的车辆，保证准班正点运行；车站则应尽最大可能维护参运者的经济利益，合理配载旅客，提供必要的后勤保障，在全心全意为旅客服务的共同目标下，为发展道路客运事业各负其责。

（3）协调好参运者之间的关系。在多家经营、统一管理的原则下，对进站参运的不同渠道、不同经济性质的车辆，要予以合理安排，在充分满足旅客旅行需要的前提下，兼顾各方利益。参运车辆和人员应服从管理部门的统一安排，车站的调度，互让互利，协同完成旅客输送任务。

（4）协调好站与站之间的关系。道路客运是在较为广阔地域内进行的一种经营活动，有超区域特点，存在着地区之间相互协作的关系，需要省际、市际、县际的车站相互配合，其中存在着班次安排、旅客配载、票款结算、途中救助、人员接待和修车加油等许多具体问题。一般来说，车站之间和企业之间对这些具体问题的解决与处理，必须通过协议加以明确，运管部门主要是在协议过程中参与协调，履约过程中予以监督和调解。

4. 加强安全优质服务的监督

客运车站是服务性单位，又是社会文明的“窗口”，安全优质服务是车站工作的基本宗旨。运管部门在站点管理工作中，要把指导和监督车站开展安全优质服务列为重点。

（1）在加强物质文明建设的同时，一定要抓好车站精神文明的建设。重点是加强站务工作人员的思想教育和职业道德教育，组织创建“文明站”的评比竞赛活动，对于在优质服务中有突出成绩的车站，予以表彰。

（2）帮助车站建立和健全安全优质服务的各项规章制度，完善岗位服务规则。站务人员实行挂证上岗，鼓励旅客监督奖优罚劣，以提高安全优质服务的自觉性。

（3）督促车站逐步完善安全优质服务的各项设备、设施，为安全优质服务创造良好的条件。

10.5　货物运输管理

10.5.1　货物运输管理的原则

道路货运管理是道路运输管理部门的一项重要职责。在货运中，应坚持以下 5 项原则。

(1) 坚持改革开放的方针,鼓励多家办运输的积极性,建立开放、活跃的运输市场,发展多层次、多成分、多渠道的运输经济,打破条块的分割和封锁,促进商品经济的发展。

(2) 坚持计划调节和市场调节相结合的原则,搞好合理运输。对县以上人民政府确定的抢险、救灾、战备运输任务,下达指令性任务,确定承运单位,实行责任运输,保证完成;经省人民政府确定的重要大宗物资、港站集散物资以及定线货班车运输,按指导性计划实行合同运输,统筹安排,搞好协调;按照谁受托谁承运和择优托运的原则进行运输。

(3) 坚持安全第一,优质服务。运输的职责就是要确保社会物资实现安全、及时的"位移"。在运输过程中必须根据各类货物的性质、要求,按规定作业,高标准、高质量搞好全程服务,严防货损货差。

(4) 坚持自愿、平等、互利的原则,加强横向联系。发展联营和联运,是提高社会效益和企业经济效益的有效途径。各级交通主管部门应提倡和引导以中心城市为依托,以大中型运输企业为骨干,在各运输单位之间、各运输方式之间,按自愿、平等、互利的原则,建立横向联系,实行多种形式的联合和联营,开展合理运输和直达运输,相互配载,减少车辆空驶,加速货物流转。

(5) 坚持政企分开的原则,保护企业自主经营的权益。从事营业性货物运输的企业,在接受国家计划指导,保证完成指令性运输任务的前提下,有独立进行经营活动的自主权。各级交通主管部门要尊重和保护企业的合法经营,不得干预企业的生产经营活动,并要保障货主的正当权益。

10.5.2 道路货运市场管理的范围与内容

1. 道路货运市场管理的范围

(1) 道路货物运输有营业性运输和非营业性运输之分。道路货运市场管理的范围是营业性运输。确切地说,道路货运市场管理范围不仅包括专门经营运输的企业和个体的运输活动,还包括以自用车辆从事营业性运输的运输活动。

(2) 市场管理和行业管理是有密切联系而又有区别的两个概念,其管理的范围有所不同。市场管理只限于营业性运输的,而行业管理则不论营业运输还是非营业运输,都在它的管理范围之内。

2. 道路货运市场管理的内容

(1) 开业停业管理。开业停业管理,主要是从行业管理的角度出发,对经营者从事货物运输业务资格的审查。对符合规定条件的经营者,进行登记,发给经营许可证和营运证;对要求停业的经营者,审查批准后,收回经营许可证和营运证。

(2) 运价管理。运价管理是运输市场管理的重要经济手段之一,具有稳定市场、调节市场、完善市场机制的功能。运价的制定、调整实施与监督是行业管理工作的重要组成部分。运价的制定和调整,应体现运输价值,反映供求关系,合理安排不同运输条件、不同运输方式的比价关系。国家和地方的定价具有法律效力,运管部门负有贯彻实施与管理监督之责。

(3) 单证管理。单证是道路运输经营者进行经营活动的证件、标志和记录。统一单证的使用和管理是强化行业管理,堵塞漏洞,维护合法经营和承托双方利益的重要手段。它有利于货畅其流，车便于行。单证管理是一项重要而又繁杂的工作，需要专人负责，专门管理，从设计、印刷保管、领发、启示、收缴、结算、销号，都要有严密的程序和制度。

(4) 运输组织管理。运管部门通过组织、协调、监督、服务，达到运力与运量的平衡，保证货物运输及时、经济、安全、合理流转，叫作运输组织管理。由于货运市场的分散性，货物流量与运力分布的不均衡性，使货物运输的组织管理比较复杂，需要采取多种方式和手段。除通过价格、单证等手段外，一般是通过源泉管理掌握运力，通过场、站、码头和货运服务中心掌握货源，通过承托双方经济合同组织合理运输，通过横向进行合理配载，通过查处非法活动稳定市场秩序。

第11章　运输业的民营化

11.1　运输民营化的种类及其产生的动机

11.1.1　运输民营化的种类

当前全球的运输民营化有多种不同类型，但有3种是最普遍的。

1. 出售既有的国有企业

直接向社会出售国有企业，使其改为民营，在欧洲和发展中国家以及东欧和苏联等国家中是较为普遍的现象。在西欧，民营化的对象通常是大型企业，比如公共设施行业，运输业和重工业等。在东欧和苏联，被民营化的国有经济实体既有大型企业，也包括小型企业。

2. 在新的社会基础设施的建设与发展中，由民间来融资和管理

对新开发的公共基础设施的民营化，在很多国家或地区已相当流行，在其试验阶段情况更为普遍。

美国于20世纪80年代就提出了由民间来建设公路、城市轨道交通系统、水处理工厂、固体废弃物处理和土地回填等项目的若干方案。

在法国和西班牙，自20世纪60年代起，在所有已建成的高等级公路中，民营的收费公路占有相当大的比重。而且，近年来其他一些欧洲国家，在长期依赖税收作为高等级公路的建设资金来源后，已开始开发民营的收费公路。而利用民营手段来开发一个项目并将其作为融资手段的典型例子，就是连接法国北部和英格兰东南部的海底隧道。

3. 将原先由政府部门雇员提供的服务承包出去

通过承包方式将原先由政府部门雇员提供的服务承包给民营承包人，并由他们来接续国营部门作用的做法，主要是由美国和英国发起的。有许多行业从国营到民营的接管，都是以这种方式进行的。例如，废弃物处理、学校午餐、给排水、机场、铁路和监狱等行业及设施。

11.1.2　民营化的动机和争议

1. 民营化的动机

上述3种民营化类型，主要出于3种不同的动机。

(1) 就国有企业的出售和向外承包的方式而言，普遍认为是出于一种基本的动机，即可以开发民营者本身固有的、比国营者更高的经营效率。

(2) 民营管理的企业或民营承包人，受利润可能性的驱动，在成本控制、效率和以顾客为导向方面会比国有企业具有更强的激励因素，并且将最终会减少那些由纳税人所负担的前国有企业或服务业的成本费用。

(3) 基础设施的民营化的动机源于国营部门在资金渠道方面受限，而不得不开发新的资金来源。尽管人们通常认为民营者会比国营的对手在建设基础设施方面造价更低廉和速度更快，但更简单的理由则是国营部门没有足够的财政资源来建设所需的基础设施。而且，与其他的政府服务业不同的是，对基础设施的支撑可通过向用户收费而得以维持。这样，民营化就为既不增加税收又能为基础设施融资提供一种选择。

当国营部门面临着来自纳税人的相当大的阻力而不能筹措到基础设施建设所需的额外资金，同时将项目交由民营方来承建并有可能赢利时，民营化就可能特别具有吸引力。

对政府而言，既有国有企业或基础设施的出售，能有立竿见影的现金收入。即使如此，政府所期望的民营企业未来现金的注入量也许并不能大到足以去弥补政府当初对此项目的投资量。但任何数量的弥补总是有益的，特别是当政府的税收资源受限的时候。比如，对现金拮据的政府而言，出售特定类型的政府企业或基础设施如机场以求获利，是十分必要的，也是迫不得已的。

2. 民营化的争议

民营化的结果会出现赢家和输家，这样就要考虑权益问题。事实上，关于效益和成本节省方面的争论是很难分辨出它们究竟是来自于净效益方面的增加还是既有的效益从社会上的一部分人转向了另一部分人。比如，将一个国有企业转为民营或承包出去后，部分成本的节省可能是来自裁减冗员或降低工资。如果被裁减的雇员并没有其他的就业前景，那么对全社会而言并没有带来必然的节省，因为这部分雇员仍然没有从事生产活动；这种裁员也不能被看作是效益从雇员方面转移到了纳税人或顾客身上，因为前者不再被支付工资，而后者提供的补贴或支付的价格也并没有相对减少。相反，如果剩余人员可在别处找到工作，那么全社会的效益就会好一些，因为被裁减人员最终可能被雇佣并且有产出。

在民营者提供的新的基础设施方面到底是效率增加还是效率转移的问题上也存在着争议。比如在美国，很多有关基础设施民营化的公共政策的争论，都集中在民营所有权和经营权方面的潜在成本优势方面，或集中在企图修正联邦或州的税法(即降低税率)，以允许民营企业能在一个平等的起点上与国有企业竞争这一点上。就这个范围而言，国有企业和民营企业的主要差别简单地说来，就归结到纳税的待遇上，因为在这一点上，民营化会隐含一个净效益的转移而不是净效益的增加问题。如果民营企业总的说来要支付更高的税，那么民营化后的基础设施使用者的情况就会变坏，因为他们不得不用高价来弥补税款的支付。但联邦的纳税人的情况却会得到改善，因为他们的税率可以降低或享受到更多的公共服务。

11.2　巴士运输的民营化

在交通运输业，就世界范围来看，每个国家都是以道路运输方式为主承担旅客和货物运输。在大多数城市区域中，巴士是利用率最高的公共交通工具，即便在拥有地铁和有轨电车的城市中，巴士的载客量也多于轨道交通的载客量。

11.2.1 巴士运输民营化的阶段性与循环

在城市公共交通服务业中，发达国家和发展中国家的许多城市都曾经历过巴士运输民营和国营的循环周期。这个循环周期大致可分为10个阶段，从城市道路客运服务业主要由民营者经营开始，随着国营部门的卷入，最终或部分或全部地回到民营者手中。如表11-1所示。

表11-1 巴士运输民营化的阶段性与循环

巴士运输民营化和管制的各个阶段
1. 企业家创业阶段
2. 合并阶段
3. 对票价和经营特许权的管制阶段
4. 赢利能力的下滑阶段
5. 资本和服务的收缩阶段
6. 公共部门接管阶段
7. 公共部门提供补贴阶段
8. 效率的下降阶段
9. 补贴削减、票价上涨和服务萎缩阶段
10. 民营化阶段

1. 企业家创业阶段

企业家创业阶段，是循环周期中的第一阶段。在这个阶段存在着由个人创办与经营的许多小型客运公司，这些公司只有少量客运汽车。这个阶段最早发生在100多年前。当马牵引的车辆还占据统治地位时，已有一些个人和小公司推出了机械动力的大巴士或小巴士的经营业务。而在新近的发展中国家，这种企业家创业的阶段通常发生得更晚，甚至在有些地方直到现在还是如此。

2. 合并阶段

这个阶段的特征是小运营者相互合并或兼并成几个占统治地位的协会或公司，在其运营的线路网中彼此有一小部分是重合的。在19世纪和20世纪之交，铁道技术的发展在某种程度上推动了这种合并。而那些并没有经过地面轨道交通发展阶段，通常也因其相互竞争而经历兼并及合并阶段。

3. 对票价和经营特许权的管制阶段

对票价和经营特许权（如控制运营线路和市场准入）进行管制，是政府对合并后的民营大型客运公司所产生的新型客运市场进行管理所采取的对策。这种管制的出现，常常以公众对客运票价上涨普遍不满或客运市场的无序竞争日益激烈，须使客运市场保持稳定为背景。

4. 赢利能力的下滑与资本和服务的收缩阶段

在此阶段，民营企业的经营利润会出现一个下滑的均势，其原因通常在于，当各种原因而导致成本上升时,政府立法者非常勉强或者未能及时允许票价上涨。而成本上升的原因包括普遍的通货膨胀、交通拥挤的加剧,劳动生产率虽然提高但未能与这种劳动密集型行业工资的增长率保持同步等。而在发达国家中,经营利润的下降通常是由于私人汽车的快速普及,而且立法者又很不情愿巴士企业相应地取消一些线路或高速服务项目所致。最终不管是什么原因,巴士服务企业很快就会只提供一些超龄的、通常是肮脏的或者是维修不善的车辆。在第三世界的城市中,对公共交通服务的需求在增长,而车辆的供应却显得不足,以致既有的线路非常拥挤。因运价、成本等因素所致,使民营巴士企业利润下滑,且资本投入趋于萎缩。

5. 公共部门接管及提供补贴阶段

公共当局通常会接管已呈病态的民营巴士公司,随后则会注入公益性补贴来弥补资本的不足和恢复经营。公益性补贴一般会被看作是在一个合理价格之上维持或扩张服务的唯一选择,并且在一些发展中国家,公益性补贴通常会被认为是一种与公有制相伴的更可取的选择。在发展中国家,公益性投资通常还被用来扩大服务以满足经济增长的需求。而在已工业化的国家,面临萧条或需求下降的局面,提供补贴的动机则往往是为了稳定服务。

6. 效率的下降阶段

公共部门接管和提供补贴后,通常会随之出现运营效率的下滑和实际单位成本的上涨现象。在这个阶段的一般情况下,巴士公司雇员的工资同其他行业相比会较快地持续上升。同时,车辆因不注意保养或缺乏定期的维修而导致车辆利用率下降等问题会长期得不到解决。最终,成本的大幅上升致使对公共财政构成了一种明显的负担。

7. 补贴削减、票价上涨和服务萎缩阶段

当效率下降,成本上升过高,财政面临着压力时,公共当局或进一步提高公益性补贴,或实施提价或收缩服务。这是一种艰难的无奈的选择。

8. 民营化阶段

对于上一阶段的两难的局面的化解,其普遍的做法就是巴士运输业再一次回到民营者手中。通常这种转变会伴随着一个公益性补贴的大幅度削减或彻底的废除。而有些时候,这些补贴的削减是寄希望民营者能有更大的效益并足以抵消补贴方面的损失而又不用被迫提高票价的基础上的。在大多数情况下,对票价的公共管制仍然是保留的,这样就会产生对循环周期中第三个阶段的影响。当然,如果此时不再管制票价,那么循环周期就会回到第一或第二个阶段。

11.2.2 发展中国家的巴士运输民营化

在发展中国家,城市中大多数的巴士运输业,是由国营和民营部门所组成的混合系统。在通常情况下,国营部门提供的是常规的、大容量的巴士车辆,而民营部门则提供小型巴士服务。有些地方,国营部门几乎主宰了城市中的巴士运输业,比如塞纳加尔的达喀尔,受补贴的国营巴士运输业在城市范围内提供排他性的服务,而民营的和其他未受补贴的小巴士运营者则被限制在郊区范围内进行运营,并且他们的票价和营运线路都受到了严格的控制;而有些地方,民营部门主宰着巴士市场，比如加纳的阿克拉，国营巴士公司仅承运20%的公共交通出行量，而其余的80%则是由经营常规巴士、小型巴士和改装卡车的民营公司来承运。

无论是混合型的，还是全部民营化的巴士系统，往往是由于经营亏损的国营巴士公司无法提供足够的服务而导致的结果。这种情况的出现，是一种必然的结果。对这种亏损问题的一个普遍的解决办法就是政府转变其立场，并将交通运输业民营化；或者更经常的做法是，允许其他的不易受到管制的运输方式，比如小型巴士，介入或填充到国营巴士公司的经营空缺。在后一种情况下，新出现的民营企业可能被允许收取更高一些的费用，或者他们也可以在不提高票价，而是通过比国营或常规的巴士更高的经营效益，来获得赢利。

有三种类型的民营化改革较为有效：一是伴随一定程度公共管制的民营化，即针对票价和运营路线管制的民营化；二是不带票价管制的民营化；三是仅带有对非赢利路线补贴的民营化。

1. 带有管制的民营化

无论巴士运输业是完全民营化，还是国营和民营混合制的，一般都加强了对票价和路线进行的管制。

在发展中国家，民营化有助于这些国家的政府节省对巴士业的补贴，或控制住补贴增长的势头。主要原因是民营巴士公司的成本通常会大大低于国营对手。一般国营公司无法承受过高的营运成本，因为其成本一般是民营公司单位载客成本的两倍或更多。

超员、高工资率、低车辆利用率和大量票款的偷逃等因素成为国营部门单位成本偏高的主要原因。相比之下，民营公司通常支付给雇员工资更少，特别是如果他们使用小型巴士的话，就会对司机的工资支付的更少一些。国有企业在高峰期只能利用到巴士车队能力的60%～70%，而民营企业对车队能力的利用率却会高达80%～90%。乘客的逃票和司售人员贪污票款的现象在国营车上也十分严重。

由于营运成本低，使得民营企业能在提供同样服务和收取同样价格的情况下获得赢利。比如在加尔各答，国营巴士公司和一个民营公司都经营常规巴士，而其他的民营公司则经营小型巴士。在国营公司和所有的民营企业都收取同样票价的情况下，国营公司需要50%的补贴而民营企业没有补贴却能赢利。

在苏丹的喀土穆，经营巴士系统的民营公司的收费甚至比国营公司还低。在另外一些情况下，伴随着服务的扩大和管制的放松，民营化也会导致票价的上涨。

对发展中国家的许多城市而言，带有管制的民营化往往是政策的混合。纳税人也能从中得益，因为公共交通的补贴减少了。特别是当民营者被引入市场，服务规模明显扩大，服务质量明显改善，而票价涨幅相对较小时，乘客也能受益。同时，虽然有些民营公司的职工工资会有所降低，但服务的扩大意味着工作岗位的增加，劳动者可能也并没有损失多少，或者甚至有所得。

带有管制的民营化的主要风险来自两个方面：第一是交通拥挤和安全事故，特别是那些当地政府在提供巴士中间站或终点站或强制交通管制的能力方面有限的地方；第二是随着公共管制立法的维持或重新建立，特别是针对票价和行业准入方面的管制，可能是对民营者维持或扩展服务能力造成长期的严重制约。这样一来就可能重新开始公共管制和补贴的周期循环。

2. 放松票价管制的民营化

在发展中国家的一些城市，特定类型的公共交通总是由民营公司，并且大部分是放松管制的民营公司来经营的。

在发展中国家，如科伦坡，该政府曾于 1979 年允许民营者自由地提供巴士服务和制定票价及线路，但同时又维持原有的国营巴士公司。尽管科伦坡的国营公司曾连续受到大量的补贴，但民营者的非赢利线路却一直都不曾受到任何补贴。而在圣地亚哥，一度有一个受管制的民营公司与一个国营巴士公司分享市场，后来政府对民营公司的票价和线路的管制完全放松。

在科伦坡，由国营巴士公司所提供的不充足及过分拥挤的巴士服务导致了政府最后转向民营化。以 1985 年为例，中央运输局的国营巴士公司在科伦坡地区投入了大约 3 000 辆巴士，每车的座位是 55 座，但同时民营者也投入了 4 000 辆巴士，每辆车的座位为 10～30 个。民营者能自由选择其运营路线及自由定价。但由于中央运输局低票价的政策限制，使得民营公司的票价仅高于中央运输局的 5%。其结果促使一些民营者开始设法超载乘客，并拒绝在不赢利的线路上运营。总的来看，由于正常人口的增长和收入增长的综合影响，以及由于放松管制后刺激了巴士载客能力的增长和运行频率的上升，乘客量在放松管制后有很大的增加。

在改革以前的圣地亚哥，民营部门提供了几种类型的公共交通运输方式，包括 35 座的小型巴士和 20 座的出租巴士，以及在特定线路上运营的合乘巴士和常规巴士。对小型巴士和出租巴士票价的管制以及对市场准入和线路划定的限制曾于 1979 年解除，而对出租车市场准入的限制以及对合乘出租车票价的管制也分别于 1978 年和 1981 年被解除。与此同时，政府还逐渐解散了国营的巴士公司，并将其车辆保有量从 710 辆小型巴士缩减到 1980 年的 44 辆和 1981 年的 0 辆。

圣地亚哥的改革对公共交通的运输能力带来了明显的变化，如表 11-2 所示。1978 年和 1984 年，小型巴士数量的增长超过了 50%，出租巴士数量接近增加了一倍，而合乘的巴士以及常规的巴士的数量也几乎增加了 3 倍。如此数量可观的巴士车辆的涌入，每天在圣地亚哥城的中央区域造成了好几个小时的交通拥挤。后来，在线路协会的强硬要求下，小型巴士和出租巴士的实际价格大概增长了 1 倍。但即使在这个时期，合乘出租车和常规巴士的价格还大致保持了原来的实际水平。其实小型巴士和出租巴士票价实际增长的幅度已大大高于运营成本的增加，因为在这期间成本仅增长了 20%，其主要原因是燃料价格水平上涨了 100%。特别令人注意的结果是，圣地亚哥的出租车因票价没有提高，所以乘客量增加了。而小型公共巴士和出租巴士的乘客量却随票价的增加而下降了。

由于线路协会具有的反竞争性作用，而导致了小型巴士和出租巴上票价的明显上涨。而同时，又因为出租车没有线路协会，故而出租车的票价却仍然保持稳定。许多民营的巴士一般是由小企业运营的，它们仅分别拥有二到三辆巴士车辆。习惯上，这些小型民营企业会在特定的线路上合伙经营，并共同投资建设巴士终点站及协调他们在共用线路上的行车时刻表。在放松管制以后，这些线路协会开始设定票价或共同与拒绝参加协会或设定自己票价的新手做斗争。这些手段相对来看似乎很奏效，或许是因为小规模的个体经营者觉得向线路协会挑战是有风险的。更进一步地说，收取稍微低一点的票价，很可能并非是一项很有效的竞争策略，因为很少有乘客会为选择更便宜一点的票价而久等在车站上。当然，高票价也可能会鼓励运能的闲置和巴士载客率的下降。

表 11-2 智利圣地亚哥公共交通车队、票价和乘客的变化情况

公共交通	1978 年	1981 年	1984 年
车队			
小型巴士	3 877	4 197	4 602
出租巴士	1 558	2 222	2 073
出租车	15 000	30 000	40 000
票价(1984 年智利比索,不变价)			
小型巴士	12	14	26
出租巴士	16	18	—
出租车	151	177	154
合乘出租车	61	71	66
地铁	12	19	19
乘客量(百万/年)			
民营小巴士	736	808	604
民营出租巴士	264	358	346
民营巴士小计	1 000	1 166	950
地铁	63	130	110
巴士和地铁小计	1 063	1 296	1 060

科伦坡和圣地亚哥的经验表明,如果能维持竞争,对票价的放松管制可能并不会导致票价的大幅度上升和垄断利润的增加。在科伦坡,中央运输局的低票价显然是对民营者制定高票价行为的一种制约。

尽管票价都增长了,但两个城市中的乘客都可能从改革中不同程度地受益,这一点,科伦坡比圣地亚哥更明显。在科伦坡,乘客量之所以有明显的增加是因为服务量的扩大是持续的,并且票价的上涨也是适中的。而在圣地亚哥,尽管服务量大大增加了,但因为线路协会制定的票价过高,而导致了小型巴士和出租巴士的乘客量的下降,并出现了运能过剩。

3. 维持补贴的民营化

发展中国家在民营化和放松管制后,政府很少再继续提供大量的与直接性的公共补贴,但可能会以燃料税的减免以及提供公共巴士站的方法来给予适量的资助。但将原来由国营巴士所享有的政府补贴转给民营者的做法很少或几乎没有,因为避免过重和日益增长的财政补贴负担本身就是民营化的一个重要动机。在发展中国家还维持有补贴的,通常是仅提供给那些还未被解体的国营巴士公司,以维持他们与不享受补贴的民营公司的竞争。

1) 直接补贴

在一个混合经营的系统中,如果国营公司票价非常低廉或提供显然不同于他们民营对手的服务,就像在摩洛哥的拉巴特和卡萨布兰卡以及斯里兰卡的科伦坡的情况那样,那么对国营公司而不是民营公司进行补贴的做法在个别地方是有作用的。比如,在摩洛哥的两个城市中,受到补贴的国营巴士公司只能用大型的巴士提供低价的标准服务,而民营者则以两倍的价格和确保座位的小型巴士来提供高质量的服务。国营公司还提供给学生打折扣的月票,而对民营公司却不要求这样做。当然,豪华服务和标准服务之间的显著区别也给摩洛哥政府提供了一种途径,以低收入出行者能承受的票价来维持标准的服务;同时,又能让民营进入市场并扩大本来受到国营部门资金匮乏制约的运输能力。由于民营巴士服务于 1985 年和 1986 年分别

在卡萨布兰卡和拉巴特投入了运营，从而使车队数量翻了一番，进而使长期性的车辆超载、在车站的久候以及线路覆盖率不足等问题得到了一定程度的改善。

在极个别的地方，也有直接将补贴给予民营者的做法，但这通常仅是一种示范的手段，以协调从原来管制极严的状况向另一种相对宽松的状况转换的过程。比如在哥伦比亚的麦德林，政府立法者曾长期将票价压得很低，以致民营者无法挣到足够的钱来更新车辆和扩大其经营规模，从而使服务变得不可靠和不充分，环境也变得越来越脏乱。最终，政府准许民营者进行涨价，但仅限于在新的巴士线路上。政府还给经营旧巴士的民营者一种适中的补贴以鼓励它们以原有的票价运营更长的时间。这种补贴在延缓向新的更高票价的转变中是适当的，但仅限于旧车辆的剩余使用期内。

有一些发展中国家与民营者签订合同，让他们去经营国营公司认为无利可图的线路，但最终又不再给补贴，故而合同的管理和执行是不严格的。比如，伊斯坦布尔（土耳其）和曼谷（泰国）的地方当局都曾与民营者签订合同让他们去经营国营公司认为是不会赢利的线路。但从另一方面看，民营者却都很乐意去做，因为他们能以与国营者不同的票价来赢利。当然，民营者实际上都为获得线路的经营权而向政府支付了费用。

2）交叉补贴

在民营化以后还保留补贴的情况非常少见，通常的做法是交叉补贴以避免直接的公共财政负担。不同类型的交叉补贴也被用于布宜诺斯艾利斯、圣地亚哥、大田（韩国）、拉巴特和卡萨布兰卡。比如，在大田，该城市共有 60 条巴士线路，其中 40 条是赢利的，另外 20 条则是非赢利的。那里的巴士民营者被组织成协会，而这些协会又轮流将赢利和非赢利的线路交由民营者经营。同样，在卡萨布兰卡和拉巴特，每个一揽子线路的承包方案都包括一些被认为可赢利的和非赢利的线路，然后通过一个竞标过程而授给新的民营者去经营。这种一揽子线路承包的中标人必须在所有的线路上都提供服务。

在交叉补贴和直接补贴之间作选择可能会引起人们对公平问题的关注。一部分巴士的乘客由另一部分乘客来提供补贴，而不是由纳税人的总体来提供补贴的做法公平与否，这将取决于特殊的现状和远景。比如，如果许多纳税人是贫穷的乡村居民，而他们并不能享受到巴士服务的话，那么交叉补贴看起来就更公平一些。而如果非赢利线路的乘客大多数是穷人，对其补贴的总体负担又是落在比较富裕的人身上的话，那么，直接补贴看起来就会更平等一些。

对单个企业而言，有可能利用通过竞标所获取的特许经营权来获取超额利润。但是，政府还是可以通过票价管制来加以限制。比如在卡萨布兰卡和拉巴特，特许经营权可能不会在一段时间内再竞标，但经营者同时也无法获得超额利润，因为政府并不允许票价上涨，并在授权初始就向它们征税。交叉补贴的另一个麻烦问题是要确保同时存在着赢利和非赢利的服务。而一旦被授予特许经营权后，经营者就可能克扣非赢利的服务，比如用减少巴士运营的时间或频率的方法来这样做。因此，作为政府有必要对交叉补贴后的运营情况进行监督，并对其实施效果进行评估。

4. 结论

到目前为止，发展中国家城市民营化得出的经验中，最重要的一条是能否建立并维持行业中的竞争机制。当竞争存在时，民营化就具有减少成本和改善城市服务质量的潜力，如果没有竞争，这种改革就可能没有什么效果，甚至可能导致服务水平的下降。而当线路协会滥用它们的垄断地位时，就有可能造成票价上涨和运输能力过剩的问题。

发展中国家在民营者之间有效竞争的前景似乎要比发达国家要好。在发展中国家，主要城市的巴士体制转变，留给人的一个深刻印象是存在着许多小型的民营者，或至少在那时不存在政府对民营者市场准入的严格限制。小型巴士服务通常是由相互独立的，仅拥有一辆或几辆巴士的运营者提供的。即使是常规巴士服务，也通常是由拥有 5 到 10 辆或更少车辆的运营者来提供的。由于小型巴士和常规巴士的运营者之间不仅要相互竞争，而且他们还要与出租车、微型巴士及三轮车竞争，故而竞争的程度进一步加剧。发达国家的情况则不同，其中英国在巴士经营体制转变中的竞争方式最为公开，但在其民营化和管制几年之后，最核心的城市区域已被一家或几家巴士公司所主宰，这样小型的巴士公司就很少能有超过 10%的乘客量。

在发展中国家，为了维持竞争，政府的干预却仍然还是必要的。在发达国家中，在制订竞争政策时，通常需要警惕的是，在一个城市区域中少数几个占主导地位的公司间的相互串通，或大型公司针对小型竞争者所采取的掠夺性行为。而在发展中国家，潜在的更大的反竞争主要取决于线路协会的操作过程。尽管这些线路协会在协调运营时刻表及减少小型独立经营者运营的非安全性方面具有一些积极作用，但线路协会也会采取吸纳新的经营者或鼓励采用高票价的方法来限制竞争。

11.3 机场民营化

11.3.1 机场所有权及其经营

在许多国家中，小型的通用机场或商业机场通常属于民有。但按规范时刻表提供商业性航空服务的机场则通常是国有的。但也存在着民营公司与拥有机场所有权的公共当局签约，并对其业务进行管理的情况。比如，在美国，民营承包人则为公共当局管理伯班克、加利福尼亚、怀特普莱恩斯、纽约等机场的业务。从 20 世纪 80 年代起，有几个主要的公共机场已授予一些民营公司特许经营权，并让他们在机场中建设和经营他们自己的机场卫星厅。比如 1991 年投入使用的多伦多 3 号卫星厅，就是这种类型的民营化所完成的第一个重要项目。

完全民有及民营的大型机场只在英国才有。1987 年，英国政府对原来经营伦敦三个主要机场和英格兰四个主要机场的英国航空管理局进行了民营化，其中有一个机场已实施了民营化。1990 年利物浦的地方政府将其机场 76%的权益售给了英国飞机制造公司，而该公司也希望能通过接管机场设施来跨入欧洲航空市场中心的门槛。另外，英国政府还批准一家民营公司在多克兰德斯建造了一个为短途飞机起降之用的小型机场，在这个靠近伦敦中心的码头和造船厂的废墟上还建造了许多办公楼和民宅区。香港和雅典也曾对特许民营部门来经营机场一事进行了可行性评估，还有一些美国的城市也正在考虑将既有的一些国营机场出售或租让给民营公司。

11.3.2 英国机场的民营化

英国机场管理局(BAA)是 1965 年成立的一个国有机场管理机构，它主要负责四个国有的国际机场，即希思罗机场、普特维克机场、靠近伦敦的斯坦斯特德机场和苏格兰的普里斯蒂维克机场的经营与管理业务。20 世纪 70 年代时，苏格兰的三个地区性机场也移交到了 BAA 的手中。BAA 在苏格兰东南部的旅客航空运输中一直占据垄断地位：80 年代中期，BAA 的三个伦敦机场每年承运的航空客运量为 4 400 万人次，而该地区的鲁顿机场仅为 200 万人次。同时 BAA 的三个伦敦机场和四个苏格兰机场还承运了英联邦的约 3/4 的国际航空客运量和 80%的国内航空客运量。其他的机场，比如，曼彻斯特机场和伯明翰机场，主要归地方政府所有。

从最初开始，BAA 一直处于赢利状态。政府不仅要求 BAA 能支付其所有的运营成本，还要求它对政府的先期投资有一个合理的回报。1987 年 BAA48%的收入来自“对空服务”，即航空服务方面，包括各航空公司的飞机起降费、旅客候机厅管理费和行李托管费以及飞机停泊费等。另外的 52%，则来自“对地服务”，即 BAA 称之为商业服务方面，包括免税商店、汽车租赁公司、停车场的租金收入和其他向乘客售货和提供服务的收入。这些商业服务通常由民营公司而不是 BAA 本身提供，其经营合同一般通过竞标的方式特许给民营者来经营。显然，这些机场的商业服务为航空服务提供了交叉补贴。

11.3.3 民营化的决策

英国 1985 年的航空政策白皮书不仅宣布了要对 BAA 实施民营化的方案，而且还宣布了对伦敦机场附近的其他机场进一步进行扩建的政策。

白皮书列举了几条对 BAA 实施民营化的理由，其中包括要缩减公共机构的规模，以及借此促进更富创新性的管理等。但白皮书又指出，即使在民营化后，一些关键的职能仍然将由公共部门负责执行。英国民航总局(CAA)将同以往一样对航空安全和航空线路进行管制，运输部将负责航空保安，负责环境事务的国务秘书将继续管理航空噪声和环境事务，而公共规划部门则仍将负责主要机场的扩建事项。

对 BAA 实施民营化争论的主要焦点，在于政府决定把 BAA 作为一个整体的公司，而不是像一些运输经济学家建议的那样分成七个机场来分别出售。政府认为分开出售机场并不一定会明显促进竞争。因为大多数航空公司都宁愿把飞机停在最大的机场，以方便乘客换乘。而且政府已制订了对伦敦机场客流实施分流的规定。

当然，政府将对 BAA 进行管制，以防止其垄断地位的滥用。而对航空服务的收费将采用英国早些时候在电信业和煤气业民营化中所规定的算法。在这种算法下，允许以每年零售价格指数(RPI)减去劳动生产率期望增长值(X)后的差值作为收费增长率。对 BAA 而言，它可以按这个定价公式来向每一位航空旅客收取一个平均的费用，但对具体的航空公司而言，对特定的服务可自行设定费率(比如按照每降落一次或每一个乘客来计算)，只要收费的平均情况符合定价公式就行。这个定价公式每五年将按照垄断和兼并委员会(MMC)即英国反托拉斯领导机构推荐的意见进行修订。1987 年 4 月开始执行的第一个五年期的定价公式为 RPI 减 1(即 RPI 减去 1%的劳动生产率的期望提高值)。

然而 BAA 的商业活动并不受 RPI 减 X 定价公式的限制，因而 MMC 和 CAA 将会在五年一次修正其定价计算公式的时候，把民营企业的商业政策作为参考依据。另外，CAA 已被授权能对其他管制条件的实施情况进行检查，并且 CAA 还被授权要设法确保民营化后的 BAA 在履行政府间和国际航空条约时使政府的形象得到维护。比如，不管对哪个国家的航空承运人都只能收取同样的费用，并且收费与成本之间的比例关系要合理等。

该机场法案包含了航空白皮书的宗旨，并于 1986 年向外公布，民营化的 BAA 股份也于 1987 年 7 月向公众发售。

11.3.4 垄断及其动机

英国政府要把 BAA 整体出售的理由一直受到挑战，一些观察家对政府航空客流量的分配做法是否明智和是否必要很是怀疑，因为由市场来决定哪种类型的飞机应使用哪一个机场可能会更好一些。

许多观察家认为，英国政府之所以要坚持整体出售 BAA，其真正动机在于此举可以提高其民营化过程中收入的价码。因为 BAA 是第一批通过向公众出售股份来实施民营化项目中的一个，而且政府很担心股份能否被全部认购。三个伦敦机场如果放在一起出售而不是分开出售，那么就会具有更大的市场力，并具有更大的价值。此外，他们认为斯科特西机场是很难单独实施民营化的，因为它一直由伦敦机场交叉补贴，并从来没有赢利的记录。如果没有其他令人信服的理由，非得拆开出售的话，那么将 BAA 整体出售的最好理由还在于能确保股份销售的成功以及加快出售过程。

政府管制的策略主要还是集中在航空服务方面潜在的垄断问题上，商业活动中已存在同样的问题。将 BAA 分开虽然可以增加航空服务中的竞争，但对商业服务却未必有用，除非这两种服务是相互补充的。据 MMC 在 1985 年对 BAA 经营活动的一项观察表明，当 BAA 还是一个国有公司时，虽然它也可以在竞争的基础上获得特许经营的合同，但 BAA 自己并不鼓励商业服务中的竞争。另外，国有的 BAA 也并不直接把这种竞争优势带来的便利传到顾客手中，除非 BAA 将总合同中的业务分解成分业务，再由 BAA 分别授予其他竞争性的合同分包商。事实上，MMC 发现，在 BAA 的某些机场服务中，比如飞机加油和汽车出租等也存在一些有效的竞争。而一个民营化的 BAA 会更有兴趣去鼓励竞争，它不仅会鼓励承包商之间进行竞争，还会鼓励其他商家与承包商之间进行竞争。

在民营化后的头四年里，BAA 的赢利持续增长，其每股股票的价格从 1988 年的 21 便士，上涨到 1991 年的 37.8 便士。但实际上赢利的大部分来自商业服务而不是航空服务，即在三年的时间里商业服务收入从 52%上升到 60%。民营化后 BAA 的投资主要也是用于卫星相机厅的和商业服务方面。另外，BAA 还在机场外边开了好几家新的旅馆；在新建或重新装修的卫星候机厅时尽量为购物和其他商业服务的开发创造最大的机会。

11.3.5 效益及其转移

如果 BAA 的民营化能够使效益以及投资方面得到极大改善的话，那么有关垄断及管制的问题就会更容易得到解决。但在这些问题上，以前的记录是比较模糊的。一些批评家指出，BAA 的民营化对机场效益增长的作用很小。因为机场内大多数的经营活动已经由各个航空公司和商业承包商在分别经营，因此，已经可以算是有效地民营了。而且，有一些所谓的 BAA 民营化后的效益所得，比如机场商业活动扩展后的所得，可能主要还是效益的转移问题。当然，这种判断可能有些不公正，因为一个民营的 BAA 会比一个国营的 BAA 具有更强烈的动机。在机场的任何经济所得主要是以牺牲机场外的零售服务或旅馆服务为代价取得的，也就是说这种经济活动转移得越多，那么租金从机场外向机场内的转移就越多，而不是社会总体上经济所得的增加。

从政府的观点出发，如果 BAA 突然提高航空服务的收费，就会使公众认为民营化后的 BAA 在滥用其垄断的地位，从而使政府感到左右为难。因为至少在一个缺少竞争的航空市场里，航空服务较低的受益人毕竟是航空乘客或航空公司本身，而大幅度地涨价则会造成严重的利益重新分配问题，从而引起广泛的争议。

11.3.6 经验和教训

总的说来，机场的经验表明一个项目具有赢利性有助于民营化的实施，但却并不能担保其民营化的前景一定是好的。首先，大量的利润可能会招来对其滥用垄断的怀疑，并会导致相关管制问题的出现，并且这种担心滥用垄断的情绪很可能会加剧。而且，如果这种担心垄断的想法持续下去，有的地方就会认为垄断已接近成为现实，因而公众对民营化的反对也就会愈发强烈。

大量获利的前景也可能会影响民营化发起人的动机以及反对者的反对强度。在美国，实施机场民营化方案的一个重要的动机是，地方政府希望能获得或兑现一些潜在的利润，并将它们用于非机场或更紧迫的用途。在英国，即使政府将 BAA 的七个机场整体出售而不是分开出售，许多人还是认为此举加重了垄断潜力，从而降低了可通过民营化获得效率改善的潜力。BAA 的出售虽然推动了民营化进程的加速，但由于民营者期望从民营化后获得更高的利润，并且利润的部分来源是寄希望于能对机场的用户收取更高的费用，这就使得那些能从既有制度中获利的人反对这种转变。

机场民营化可能产生的其他主要的效益转移问题是，机场总收入的增长大部分来自机场商业服务而不是航空服务。就像英国早期的经验所肯定的那样，几乎所有主要的国营机场都存在着未完全开发的零售业和其他商业活动扩展的可能；反过来，这种可能性意味着一种极具可能性或者说至少富有吸引力的做法：利用（地面）商业服务收入对航空服务进行交叉补贴。当然由于民营化的实施，航空服务本身的收费也增加了，那么这种净收益就可能不再被用于交叉补贴。但正由于机场运营收入的提高，使得政府能聚集更多的资金用于机场的改造和机场投资。

简而言之，机场民营化既扩大了许多融资的渠道，增加了地方政府收入的新的重要来源；同时也导致了更高的财产所得税、持续的利益重新分配以及投资项目额的扩大等问题的出现，而且还会遇到各种各样的争论及法律条款的纠缠，因此除了英国和少数几个单独的案例以外，几乎难有顺利解决的方法与手段。

11.4 铁路民营化

11.4.1 经济和所有权的发展趋势

从历史上看，不管是国营还是民营的城市轨道交通系统很少有赢利的先例。轨道交通运营的基本经济特性的适应性要比巴士运营差得多，主要是因为它需要在固定引导性路轨及大型车辆(即机车组)方面进行持续的投资,而巴士服务则可以和其他汽车共用马路。而且,即使要特设巴士专用国道,其建设成本也会比轨道线路的成本低得多。每一辆巴士只要载客 20 名或稍少一些,就能维持一条巴士线路的有效运营,而一条轨道交通线路的有效运营则要求每一列车的乘客在 500～1 000 名之间。其结果是,在较小的城市中心或在大型城市的郊区很少有足够的客流来维持可以赢利的轨道交通系统。此外,就全世界范围来讲,每个城市的工作区和居住区都正朝郊区化和分散化发展,这样就更缩小了城市轨道交通的运输市场。

从 19 世纪下半叶至 20 世纪头十年,许多城市最早的轨道交通系统和通勤铁路系统都是由民营部门兴建的。但随着来自汽车、巴士竞争的加剧,以及因工作区、居住区的郊区化发展而导致的乘客和赢利的减少,后来实际上所有的系统都被政府接管了。在美国虽然还有一些通勤铁路至今仍然留在民营者手中,但它们通常由地方政府承包给他们经营并给予很多补贴。在日本大概有 10 余条服务于最大城市区域的通勤铁路是民营的并且保持赢利。

尽管有几个国家已开始对国营铁路实施了民营化,但主要还是集中在城间旅客和货物运输铁路而不是通勤铁路或城市轨道上。比如,1987 年日本将日本国铁重组成 6 个独立的民营铁路公司,意使新组的公司不再依赖于补贴,并已在 5 年内将其分别出售。而美国则建立了一个"国有"但却以"为赢利"为目的的公司,并于 1970 年开始进行城间旅客运输服务,但即使在 20 年后该公司仍依赖于政府补贴。阿根廷政府也曾在 1992 年将布宜诺斯艾利斯的通勤铁路出售给了民营者。

由于对既有国营铁路线的民营化通常都依据于这样的事实,即这些轨道线路的历史投资的绝大部分已被原来的国营部门消耗掉了,故而在民营化时一般不再要求由民营者负责回收。

由此可以看出,虽然有几个民营轨道交通系统的例子,但在新的城市轨道交通线上进行投资的民营者是少之又少。例如,几条赢利的日本民营通勤铁路线在 20 世纪 70 年代和 80 年代期间修了几条支线和延伸线;迪士尼在其娱乐公园中建了一条单轨铁路;房地产开发商也在靠近得克萨斯州达拉斯城的拉斯考林那地区,新建了一条很短的、连接新办公区和零售区的内部循环铁路线。然而,从更大的范围上来说,几十年来新轨道交通线的建设一直是国营部门的传统领地。

在 20 世纪 80 年代末和 90 年代初,已有几个国家提出了建设民营城市轨道交通系统的方案。1991 年和 1992 年,泰国官方签署了允许民营者在曼谷经营三条高架城市轨道线的协议。这三条线的其中两条线路的建设商认为,根据曼谷的交通拥挤情况,他们仅从票务收入中就能弥补所有的成本并能赢利;而第三个方案,则是进行高架轨道线和高架高速公路以及车站附近零售商业区的混合开发,因此开发商希望能用从房地产开发方面的收入来弥补轨道交通线经营的亏损。此外,在 80 年代中期,美国也曾提出过几个正式的民营轨道交通线的建设计划。

美国联邦公共交通管理局(FTA)从 60 年代早期至 80 年代早期所制订的政策是,财政资助来帮助地方政府建设、拥有并经营所有类型的公众运输系统,其中包括巴士和轨道交通系统。

资本资助项目中很大的一部分往往投身城市轨道交通系统开发,目的在于激活长期沉眠的城市轨道交通系统。但由于高达 80%的轨道交通建设资本成本由联邦政府资助,因此地方政府和地方机构就会经常有意无意地追求低效的投资。这样一来,轨道交通系统相应地就会被建在没有充足客流密度的地方,从而根本无法产生能支付运营成本的大客流,更不要说考虑成本的回收问题了。

出于上述原因,FTA 从 80 年代早期又开始明显地转变了其扶持政策,即转向鼓励更多的民营者进入运输行业。FTA 新的预算就很能说明这种转变,即联邦政府对城市轨道交通运营费的补贴从1980年至1988年被削减了40%。

相比之下,地方政府寻求民营者参与轨道交通运输市场的热情一直未减,特别是随着联邦政府对城市轨道交通项目资助的削减以及纳税人对地方新增税种阻力的加大,地方政府就已经开始在交通运输和基础设施领域寻求民营参与者。比如在纽约城,一家民营的城市建设集团已获准在长岛城中建设一幢新的办公楼,并获益,故而愿意支付建设一个新地铁车站的费用。越来越多的社区也要求新商住楼的开发商能腾出一部分空间用于缓解因商住楼的开发而带来的交通拥挤问题。另外,还有几个地方的公共运输管理局与民营公司签约,将原先由国营公司经营的线路转由民营公司经营,并且他们还发现民营公司经常能以更低的成本提供同样的甚至更好的服务。

一些民营部门对城市轨道交通建设比较感兴趣,比如新拉斯科利纳铁路和迪士尼单轨铁路就是完全由民营开发商提供的轨道交通系统。开发商发现这些固定导向的运输系统能与追求赢利的总目标相一致,这一点表明,该运输模式与究竟谁更适合它——民营者还是国营者——并没有内在的关系。

11.4.2 民营铁路方案的问题

1. 以票务收入来弥补所有成本有一定困难

通常轨道交通系统的建设、运营和养护费用十分昂贵,因而要通过票务收入来弥补所有成本是非常困难的。建设成本以及运营和养护成本对轨道交通系统而言数额都是很大的,而且客流量趋向成熟的时间则通常很慢,同时轨道交通的(技术)特征,又使得它难以随着运输需求的变化而相应调整成本和运营。其结果是,在轨道交通运营的初期阶段,单位乘客的运营和养护成本很高,负债经营的负担也很重,这样就会导致较长一段时间内负现金流量的出现。即使假定客流量在运营几年之后,达到其预计的高峰,但票务收入也往往不足以弥补运营和养护成本,更不能弥补资本成本。

2. 为了能弥补成本,民营者通常会寻找其他的收入来源

比较典型的做法是用土地开发的收益来补贴轨道交通的运营亏损。事实上,民营轨道交通系统通常会在一个相当大的投资范围内提供一种有效的辅助经济活动。比如,前世界贸易中心单轨铁路的开发商就曾企图通过房地产开发来补贴轨道交通系统的成本。而对奥兰多磁浮铁路示范项目而言,即使客流量预测出奇得高,财务上的可行性也要求该种技术的供应商能承担超支的资本成本,并由大型终点站的开发商来补贴车站的建设成本。民营轨道交通的开发商还会经常寻找直接或间接的公共补贴,这样做的结果将使那些项目很少能成为纯粹的运输项目或纯粹的民营项目。

3. 增加了合作经营的复杂性

在轨道交通的民营化中,寻找相关收入的活动会导致得益集团和项目参与人圈子的扩大,不管进这个圈子的是民营部门还是国营部门,都不可避免地会在形成和维持联合的过程中带来更大的复杂性。

实践表明,对基础设施的民营化而言,轨道交通系统的民营化可能是最不合适的一种运输模式。不像公路、桥梁和隧道的民营化，由于这些基础设施利用收费弥补所有成本的可能性更大，要从外部寻求其他利益集团资助的压力就相对轻一些，故而更容易实施民营化。

几乎可以肯定的是，在财务上实现自负盈亏是对任何项目实施民营化的一种重要保证，但其前提是要提供必要的资金保证。

第12章　运输现代化

12.1　运输现代化的意义

12.1.1　运输现代化的概念

运输现代化，是指用现代的先进的科学技术去改造和装备运输业，用现代化科学方法来管理运输业，使整个运输业的技术装备和管理水平达到当代世界先进水平。

运输业是地域之间、生产与消费之间的经济联系的纽带，是人民生活的必需条件。运输业能否尽早实现现代化，在相当大的程度上直接影响和制约国家未来经济建设的规模、速度和经济效益。在我国，逐步实现和达到运输业的现代化是有其客观必然性的。交通和能源是我国实现现代化的战略重点，这是由其在国民经济发展全局中所具有的特殊地位和作用所决定的。

12.1.2　运输现代化指导思想与基本原则

全面落实“科学技术是第一生产力”的思想，以科技进步为动力、以质量为重点、以效益为中心、以创新促发展，引导、组织和推动运输业的科技进步和科技创新，提高行业整体的科学和技术水平，促进运输业的持续快速健康发展。

运输现代化的基本原则是：政府主导，宏观调控；市场导向，需求带动；高新领先，创新推动；重点突破，协调发展；措施有效，确保实施。具体内容有下述4点。

1. 突出行业急需，集中力量办大事

正确选择和优先发展对运输业的发展至关重要的关键技术，抓好一批重大技术项目。重点加快西部地区交通科技发展，促进西部地区交通建设。

2. 择优支持，实施技术跨越式发展

选择具有自身优势、特点明显、现实可能并且有较大的市场潜力与带动作用的若干重要领域，择优支持，精心组织，力争实现技术水平和产业化规模的跨越式发展。

3. 坚持市场导向，应用示范引导

充分发挥市场配置资源的基础性作用，实现科技和经济的结合，务求取得实效。

4. 强化自主创新意识，提高自主创新能力

注重引进与创新相结合，引进软件与硬件相结合，引进技术与引进智力相结合，引进与输出相结合，大力加强在引进技术基础上的再创新，提高自主创新能力。

12.1.3 实现运输现代化的措施及目标

建立起适应社会主义市场经济体制和运行机制，符合运输业发展自身规律的创新体系。大幅度提高运输业技术创新能力，有效推动产业结构优化和行业整体技术水平的提高，实现行业跨越式发展，重点领域的研究开发能力达到发达国家21世纪初水平。

1. 以市场需求为导向，建立以企业为中心的交通运输技术创新体系

强化企业创新的主体地位，加强企业技术开发中心的建设，力争使50%的国有大中型交通运输企业建立起形式多样的技术开发机构。完善科研管理体制，基本构筑起符合市场机制的，以企业(包括转制为科技型企业的科研院所)为主体，科技中介机构、高等院校等有机组成的交通技术创新体系，显著提高交通行业的技术创新能力。

2. 在关键技术领域有重大突破，为交通运输现代化建设提供强大的技术支撑

紧紧围绕交通运输基础设施建设计划的实施，以提高工程质量、降低工程造价、缩短建设周期为目标，开发先进适用的成套建设技术；大力发展先进的运输方式及其技术装备，改善传统的运营管理手段，为提高运输生产效率、效益和市场竞争能力，保障交通安全，提供产品和技术支撑。

3. 加快信息技术的应用，提高交通行业信息化水平

面向交通现代化建设的需求，加快交通信息基础设施建设，广泛应用先进的信息技术，开发利用交通信息资源，实现勘察设计、运输规划、政府管理、企业管理、运营管理、运输控制、信息服务等重要方面的技术创新，并在重点领域实现产业化，为加快我国现代物流的发展做出应有的贡献。

4. 完善科技成果转化和产业化机制

大力培育和发展技术市场和信息市场、完善成果转化的激励机制，促进科技与经济的结合，提高科技成果的使用率和转化率。大力推进高新技术产业化，改造交通运输传统产业。

5. 加强人力资源开发，提高交通科技队伍整体素质

交通运输科技人才资源开发机制初步建立，尊重知识、尊重人才、鼓励创新的良好氛围基本形成：培养出一批高水平复合型人才及从事运输系统规划、设计、建设、运营、维护和管理等各个方面的专业技术人员；交通运输科技队伍的整体素质有较大提高，基本适应交通运输科技事业发展对各类人才的需求。

6. 发展高速交通运输

高速交通运输是我国运输业未来发展的重点。

1）铁路

建设以京沪、京广、京哈、陇海、浙赣及其延伸线为框架的高速列车系统；大力提高现有铁路运行速度，客运列车速度要达到200公里/小时以上，货运列车速度要达到150公里/小时以上。

2）航空

新建和改扩建一系列机场，尤其是集中力量建设占机场旅客吞吐量90%以上的40个城市的41个机场；进一步加强空中管理服务系统的建设，以先进的枢纽航空港辐射式航线网络取代城市对式航线网络，提高经济效能。

3）公路

建设高速公路6万公里，形成良好的公路运输通道，进一步提高汽车行驶速度。

4）水运

在沿海、内河及湖泊地区，因地制宜地建立供需平衡、高效舒适的水上高速客运系统，大幅度提高客运航速。货运船舶航速也将大幅度提高。

7. 分阶段实现目标

以交通行业为例，“十五”期间，国家将加快公路主枢纽站场体系建设和信息网络建设，加快大中城市过境公路及出入口公路建设，初步形成以高等级干线公路为依托的省际、重要城市间快速直达公路运输系统和重要港口、铁路枢纽集散运输服务网络，为现代物流业的发展奠定坚实基础。

根据交通部《公路、水路交通发展战略》的规划，交通运输现代化将经历三个发展阶段：

第一个阶段，到2010年，公路水路交通紧张状况全面缓解，对国民经济发展的制约全面改善。

第二个阶段，到2020年，公路水路交通基本适应国民经济和社会发展需要。

第三个阶段，到21世纪中叶或更早些，基本实现公路水路交通现代化，为国家基本实现现代化发挥支撑和先导作用。这与我国国民经济基本实现现代化是同步的。到那时，我国交通运输的发展水平将进入中等发达国家的行列。

12.2 道路运输现代化

12.2.1 我国道路运输的发展状况及存在问题

随着公路基础设施建设的快速发展，我国道路运输也取得了较快发展。改革开放22年间道路客货运输量分别增长了8.5倍和6.6倍，占综合运输比重分别增加了32和29个百分点；道路客货运输周转量分别增长了12倍和16倍，占综合运输比重分别增加了25和11个百分点，除个别地区，道路运输紧张状况已初步缓解。

道路运输业已具有较大规模，2000 年全国民用车辆达到 1 550 多万辆，其中营业性货车近 444 万辆，客车 130 多万辆，营运车辆比 1978 年增长了 20 倍以上。同时，客货运输站场建设取得显著成效，全国共有客运等级站 7 500 多个，其中一级站 331 个；集装箱中转站 241 个，货运站 772 个；交易市场 1 470 个，不仅为提高运输生产的组织化程序和运输效率创造了条件，而且对建立竞争有序的客货运输市场起到了积极的促进作用。

目前，道路运输市场主体已呈多元化，形成了多种经济成分从业者并存的竞争局面，市场机制的作用得到了很大体现。

但是我们也应看到，我们道路运输的发展，基本上还是一种粗放式的低层次的发展，主要是靠运输企业和车辆数量的规模增长来实现的。特别是运输市场，已开放近 20 年，依然没有改变传统的运输组织方式和管理方法，尤其效率低、服务质量差的状况，不仅同发达国家有很大差距，而且越来越不适应国内经济和社会发展的需要。

我国的道路运输业存在的主要问题如下。

1) 道路运输基础设施建设发展方面的问题

(1) 公路网层次结构和技术等级结构不尽合理，路网技术等级偏低，服务水平差，致使车辆行驶速度较低。据测算，2000 年我国国道网上平均车速还不足 50 公里/小时。

(2) 路网区域发展不平衡，西部地区道路运输条件较中部和东部地区相差较大。

(3) 道路客货站场建设滞后，功能不适应发展需要。原有的站场功能单一，设施简陋；一些新建的主枢纽站场，虽有较先进的设施，但通信系统不配套，运行机制没有发生根本性改变，致使站场施工利用效率不高，难以充分发挥作用。

2) 道路运输装备方面的问题

营运车辆性能差、结构不合理、老旧严重。

(1) 货运车辆以中型普通敞篷货车为主，高效低耗的重型货车、拖挂车和各类特种专用汽车所占比重低。

(2) 高档客车数量少，客运车辆大多技术性能较为落后，经济性、舒适性较差。

(3) 老旧车辆多，约占总车辆的 25%，车辆役龄老化。

(4) 低效率运输还大量存在，还有 300 万辆拖拉机和农用机动车甚至人畜力车在参与营业性运输。

3) 道路运输组织方面的问题

(1) 运输组织方式和手段落后，组织化、集约化程度低，分散经营，尤其是货运还基本处于单车单干的原始状态，运输信息不畅，车辆空驶和车辆超载现象并存且相当严重，运输效率低下。

(2) 市场经营主体数量过多，规模小，实力弱，经营不规范，缺少全国或区域性的大型名牌企业或集团，不正当竞争的现象比较普遍。

(3) 专业化运输分工不细，高质量运输服务不能满足需要。我国道路运输企业往往按行政区划，服务于较小区域范围，经营结构大多以整车运输为主，缺乏合理专业分工；需要规模化、网络化经营的公路零担运输近年来呈下降趋势，多式联运除沿海港口城市得到一定发展外，在广大内陆地区发展缓慢；集装箱、危险品、冷藏保鲜以及大件物品等特种运输发展不够，在国外较为普遍的快件货运、散装货物运输、现代物流等服务近于空白；道路客运、汽车维修、搬运装卸和运输服务等服务质量普遍不高。

4) 道路运输管理方面的问题

(1) 立法和执法力度不够。目前，道路运输行业还没有专门的全国性的法律或法规，监督执法力度远远不够，货车超重、客车超载现象严重，违规驾驶、疲劳驾驶普遍存在，致使交通事故频发，造成人民生命财产的巨大损失。

(2) 管理体制不适应运输发展需要。政府部门之间职责交叉，政出多门，管理效率低下；区域市场壁垒还没有彻底打破。

(3) 管理方式和技术手段落后。虽然客运管理略好于货运，部分客运站已实现了计算机联网售票，但远未形成售票、检票、调度、结算以及计算机辅助管理等综合性信息管理系统。货物运输则长期处于闭塞、管理手段落后的状态，没有建立起适应货物运输需求的货物运输信息发布和交易系统，在一定程度上制约了道路货运效率的发挥和管理水平的提高。

5) 思想观念方面的问题

(1) 政府职能转变工作推进缓慢，对运输市场的管理更多的是行使行政手段，而忽视了市场的调节功能。

(2) 运输企业过多地依赖政府扶持，对市场主动研究、适应不够，缺乏竞争意识。

(3) 行业管理多为促进服务的意识不强，在一定程度上制约了道路运输行业的发展。

综上所述，我国道路运输发展现状已很难满足经济社会发展的客观需要，加快公路基础设施建设的同时必须加快道路运输发展。

12.2.2　政府要为加快道路运输发展创造条件

1. 加强道路运输法规建设

各级政府应进一步加强道路运输管理法规建设，依法进行行业管理和结构调整，并坚持立法与执法并重，执法与监督并举。首先要大力整顿市场秩序，规范经营行为，把好市场准入这一关，明确各方的权力、责任和义务。其次要加强运输安全管理，坚决制止超载超限、疲劳驾驶等行为。

2. 加强道路运输站场建设的规划和管理，为道路运输的健康快速发展提供必要的物质条件

(1) 加强站场网络系统规划，加快公路主枢纽和物流中心建设，构建物流服务平台和服务网络。

(2) 完善站场配套设施，拓展站场功能。

(3) 加强站场运营管理，调整站场经营方向，适应运输市场需求。

(4) 严格站场建设程序，建立健全多元投资体制，推动站场建设的发展。

3. 建设和规范道路运输市场，引导道路运输市场健康发展

(1) 要逐步建立和完善企业经营资质认证制度和市场准入制度，对企业经营行为实行动态管理。

(2) 坚持分层次、分类指导的方针。在快速通道公路上，鼓励组建线路经营公司，实现经营组织化、管理集约化、发展规模化、生产专业化；在一般道路运输领域，通过市场竞争，各展所长，协调发展；对客运业，重点是规范其经营行为，提高服务质量，确保运输舒适、快速、安全；对货运业，重点是运输效率和运输质量。

(3) 改革运价管理体制，充分发挥价格机制的调节作用。根据运输交易的性质和不同运输方式的特点，制定不同的运价规则。在客运和快件货运方面实施政府指导价，允许企业根据不同层次和不同时期需求情况，在一定幅度内调整运价水平；普通货运、合同运输、物流服务以及其他货运服务领域实施市场定价。

(4) 扶持行业自律组织发展，建立行业自律组织及其运作制度。政府对其行使正常的职能给予相应的支持，对做出显著贡献的给予必要的奖励。

12.2.3 高新技术在公路运输领域的应用

公路运输的发展与国民经济和技术发展是密切相关的，可以说，汽车的运行速度在一定程度上代表着一个国家的经济发展速度。随着各国经济的不断发展和路网的完善，公路运输在交通运输中的地位和作用不断增强。同时，随着现代科学技术的飞速发展和人类认知领域的不断扩张，越来越多的高新技术应用到公路运输领域，大大提高了汽车的运行速度和运输企业的经济效益，同时也促进了物流体系的发展和完善，使公路运输的面貌有了根本性的改变。

国外的很多国家十分重视高新技术，尤其是计算机技术、电子信息技术、自动控制技术等来改造公路交通的技术构造。通过计算机技术、现代通信技术和现代控制技术、全球定位技术、地理信息技术、移动通信技术、电子数据交换技术等高新电子信息技术迅速地改造着传统运输产业的生产、管理和服务方式，并逐步向运输智能化发展，如加拿大挑战者汽车货运公司(Challenger Motor Freight Inc.)就在其车辆上装备有卫星导航设备、无线电话，并采用了电子数据交换技术(EDI)。从国外公路运输发展的情况来看，科技在公路运输中的作用越来越重要。

1. 条形码技术

条形码技术是已经应用到各行各业的成熟技术，在公路货运行业，他实现了物理货运与相关数据的分离，大大地提高了货物的分拣速度和效率。如在货运交付时将货物的相关数据输入计算机网络中，同时，将条形码贴在货物上，使条形码特征数据与货运数据形成一一对应的关系。这样，在货物分拣、转运和交付过程中，可以通过扫描仪识读条形码数据，将物理货物与相关数据对应起来，从而在货物运输环节中省去了人工验货的烦琐过程，并可实现自动分拣，大大提高了货物的运输效率。另外，在物流领域，条形数码技术与相关软件和网络技术联合使用，不仅可以提高运输效率，还可以完成计价、订货等过程。

2. EDI 技术

电子数据交换(EDI)是20世纪中期兴起的一种新型的信息交换及商品交易方式，是按照协议，将格式化的信息在计算机系统之间进行交换和自动处理的技术，即EDI用户根据通用的标准格式编制电文，以机器可读的方式将结构化的信息按照协议将标准电文经过通信网络传送。EDI与电子邮件和电子数据处理(EDP)的区别在于它的计算机和应用系统之间传递格式化信息，它所进行的信息交换是在两个或更多的企业或机构间进行的。由于其传递的信息是由计算机处理的标准化和格式化的信息，有效地提高了信息传输的速度、安全性及准确性，极大地促进了全球各项产业的发展。

EDI几乎可以应用于各行各业，其快速、准确、安全的特点非常适合于交通行业。在交通运输行业，最初使用于集装箱远洋运输，后逐渐推广到其他运输方式。使用EDI在货主、承运人、收货人及其他相关单位之间传递信息可以大大提高运输效率及运输的服务水平。在公路货运中,它可用于传递货单、发票、海关申报单、进出口许可证凭证,描绘货物的品种、数量、重量、尺寸以及其他重要相关信息。此外,还可以进行统计工作,计算出运营成本、净利润、周转率、总收入等信息并进行收益分析。在上述运输和超市运营过程中,事实上,国外许多公司所采用的就是 EDI 技术。

3. GIS 和 GPS 技术

交通地理信息系统是收集、存储、管理、综合分析和处理空间信息和交通信息的计算机软硬件系统。它是地理信息系统(GIS)技术在交通领域的延伸,是 GIS 与多种交通信息分析和处理技术的集成。GIS 技术可以为货物运输管理提供数字化平台,如借助 GIS 的运行路径选择功能,运输企业可以对公司的运营线路进行优化,并根据专题地图的统计分析功能,分析客货流量的变化情况,制定行车计划。此外,还可以帮助运输管理部门对特种货物运输进行线路选择和监控,驾驶者也可以根据 GIS 提供的信息查看路况信息以及休息、用餐地点等。

全球定位系统(GPS)是美国 20 世纪 70 年代初推出的具有全球性、定时、测速系统。GPS 导航系统与 GIS 技术、无线电通信网络和计算机车辆监控管理信息系统结合起来,可以实现车辆跟踪和交通管理等多功能,其中许多功能可直接应用到公路货运行业中。

近年来汽车应用 GPS 技术在中国已经日益普遍,有些进口轿车设置了电子地图,实际上是 GPS 技术;在一些公路段上的客车安装 GPS 技术,保障客车运行安全。现在有些发达国家已着手将 GPS 技术与 ITS(智能运输系统)联系在一起,为未来汽车的自动导航铺平道路。

所谓 GPS 是以全球 24 颗定位人造卫星做基础,向全球各地全天候地提供三维位置、三维速度的信息服务,是一种最先进的无线电导航和定位系统。

GPS 应用的重点是用户设备,用户设备包括接收机和数据处理,显示设备等接收装置。用户接受其中一组卫星发射的信号,从中获取卫星与用户之间的距离,时钟校正和大气校正等参数,通过数据处理确定用户的位置。现在,民用 GPS 的定位精度可达 10 米以内。

由于 GPS 具有的特殊功能,很早就引起汽车界人士的关注。当美方在海湾战争后宣布开放一部分 GPS 的系统后,汽车界立即抓住这一契机,投入资金开发了民用汽车导航系统,对汽车进行定位和导向显示,并迅速投入了试验性使用。现在市面上已有专门为汽车设置的 GPS 接收装置。

整个汽车导航系统是由两部分组成,一部分由安装在汽车上的 GPS 接收机和显示设备组成,另一部分由计算机控制中心组成,两部分通过定位卫星进行联系。计算机控制中心是由机动车管理部门授权和组建的,它负责随时观察辖区内指定监控的汽车的动态和交通情况,因此整个汽车导航系统起码有两大功能,一个是汽车踪迹监控功能,只要将已编码的 GPS 接收装置安装在汽车上,该汽车无论行驶到任何地方都可以通过计算机控制中心的电子地图上指示出它的所在方位,汽车失踪,只要车主通过与控制中心联系,控制中心再根据编号寻找,九秒钟就能发现失踪车辆的踪迹。另一个是驾驶指南功能,车主可以将各个地区的交通线路电子图存储在软盘上,只要在车上接收装置上插入软盘,显示屏上就会立即显示出该车所在地区的位置及目前的交通状态,既可输入要去的目的地,预先编制出最佳行驶路线,又可接受计算机控制中心的指令,选择汽车行驶的路线和方向。这一点正是 ITS 技术基础的一部分。

1) 车辆和货物跟踪

利用 GPS 和电子地图可以实时显示出车辆或货物的实际位置,并任意放大、缩小、还原、换图;可以随着目标移动,使目标始终保持在屏幕上;还可以实现多窗口、多车辆、多屏幕同时跟踪。利用该功能可以对重要车辆和货物进行跟踪运输。

2)提供出行线路规划和导航

提供出行线路规划和导航是汽车导航系统的一项重要辅助功能,它包括自动线路规划和人工线路设计。线路规划完毕后,显示器能够在电子地图上显示设计路线,并同时显示汽车运行路径和运输方法。

3)信息查询

为用户提供主要物标,如旅游景点、宾馆、医院等数据库,用户能够在电子地图上根据需要进行查询。查询资料可以以语言、文字及图像的形式显示,并在电子地图上显示其位置。同时检测中心可以利用监测控制台对地区内的任意目标所在的位置进行查询,车辆信息将以数字的形式在控制中心的电子地图上显示出来。

4)话务指挥

指挥中心可以监测区域内的车辆运行状况,对被监控车辆进行合理调度。指挥中心也可以随时与被跟踪目标通话,实行管理。

5)紧急援助

通过 GPS 定位和监控管理系统可以对遇有险情或发生事故的车辆进行紧急援助。监控台的电子地图显示求助信息和报警目标,规划最优援助方案,并以报警声光提醒值班人员进行应急处理。

6)现代通信和网络技术

现代通信和网络技术为货物运输应用高新技术提供了强大的平台。全球移动通信系统可以在任何时间和地点实现车辆与车辆、车辆与驻地(货运站)、货运站与货运站、货运站与货主之间的生产调度通信联系和营销业务通信联系等。全球信息互联网 Internet 能够高效地实现货运企业之间的数据交换,实现货物的预约和车辆的配载,以及实现企业的内部管理等,另外,公路货运的预约系统,车辆和货物的跟踪系统,场站赢利分析系统,ITS 以及上述技术和系统都要以现代通信和网络技术为依托。

4. 加快交通网络建设

"十五"开始到 2010 年是我国公路交通进一步发展,逐步由"滞后型"向"适应型"转变的关键时期和攻坚阶段。"十五"期间,我国公路发展的重点是实施"网络化工程",加快建设 4 个网络:全国公路主骨架网络、区域经济骨架公路网络(西部八条省际公路通道)、县乡农村公路网络和公路运输服务网络。

(1)以国道主干线建设为核心,基本形成全国公路主骨架网络。

(2)加快西部地区公路建设,以西部八条省际公路通道建设为重点,形成西部地区经济骨架公路网络。到"十五"期末,西部地区公路网总体发展水平将达到全国 2000 年平均水平,除拉萨和乌鲁木齐外,其他省会城市基本以高速公路连接,大多数省份省会与各地(州、市)以二级以上高等级公路连接。

(3)以西部通县油路建设、县际及农村公路改造为契机,完善县乡农村公路网络,特别是使中西部地区和少数民族聚居区公路交通条件得到显著改善。

(4)以公路主枢纽站场体系建设为突破口,加快形成比较完善的公路运输服务网络。

"十五"期间,国家将加快公路主枢纽站场体系建设和信息网络建设、加快大中城市过境公路及出入口公路建设，初步形成以高等级干线公路为依托的省际、重要城市间快速直达公路运输系统和重要港口、铁路枢纽集散运输服务网络，为现代物流业的发展奠定坚实基础。

12.3　铁路运输现代化

21 世纪我国铁路将进入一个新的发展时期。新时期铁路的发展主要有以下几个方面。

12.3.1　加快路网建设，加速铁路现代化进程

据各方面专家预测，21 世纪中叶，我国铁路网规模应达到 12 万公里左右。基本建成我国铁路网，能够使我国目前人口在 20 万以上的城市用铁路连接成一体，能使所有的重要口岸、沿海主要港口及重要旅游城镇、重要边防城镇都有铁路相连，为经济和社会的发展提供强有力的支撑。

12.3.2　建设高速铁路和客运专线网

旺盛的旅客运输市场需求和快捷、方便等旅客运输质量，要求铁路必须尽快建设以北京为中心连接各主要大城市的高速铁路和客运专线网。

(1) 我国京沪、京广、津沈、哈大和陇海(徐州—宝鸡)五大干线每公里的平均运量密度(即货物周转量与营业线路长度之比)已达 1 亿吨，为世界之少见。而且，旅客运量密度已达 2 000 多万人，早已达到国外修建高速铁路的标准。

(2) 旅客运输将进入一个快速增长时期，只有建设高速铁路和客运专线，形成大能力客运通道，才能满足出行方便和快捷来往的需求。

(3) 高速铁路和客运专线是大能力运输方式，同时铁路又是占地少、能耗省、污染轻的运输方式，对实现经济和社会的可持续发展，具有特别重要的意义。

12.3.3　在“十五”期间对现有的主要干线提速

2001—2005 年期间，我国有 28 条线路要大规模提速。铁道部分三阶段来逐步进行：2001 年 10 月为第一阶段，以京九线、浙赣线、武昌至成都、重庆通道提速改造为主要内容，加上武广、哈大电气化铁路的建成投产，在 5 个通道和线路上实施提速，目前这一阶段已经完成；2003 年为第二阶段，以京沈快速客运通道和株六(株洲至六盘水)复线建成投产，浙赣线、京广线北段、西南地区北通道等线路的提速改造，在 7 个通道和线路上实施提速；2005 年为第三阶段，以宝鸡—兰州—武威南间复线建成，徐州—郑州、武威南—张掖间电气化改造投产，渝怀线建成通车，在 7 个通道和线路上实施提速。

提速后北京到哈尔滨的运行时间将由现在的 12 小时 29 分压缩到 9 小时 59 分，缩短 2 小时 30 分钟。北京到上海将从现在的 14 个小时压缩到 11 小时 57 分，减少 2 小时 03 分。北京到南昌将从现在的 13 小时 44 分变成 11 小时 59 分，减少 1 小时 45 分。北京到武昌将由现在的 12 小时 01 分压缩到 9 小时 58 分，减少 2 小时 03 分。届时京沪铁路，其时速将高达 300 公

里至350公里。新增的时速200公里的线路将达到1 812公里。

提速后全国初步建成以北京、上海和广州为中心的“三个提速圈”。半径在500公里左右的城市之间将实现“朝发夕归”,1 200公里至1 500公里左右的实现“夕发朝归”,2 000公里至2 500公里左右的实现“一日到达”。也就是说,北京到郑州、太原、呼和浩特等城市均可早上出发、晚上返回;北京到南昌、株洲、杭州、佳木斯等城市均可一夜到达;北京到深圳、福州、重庆、成都等城市均可一日到达。

12.3.4 建设快速货物运输系统

建设快速货物运输系统就是适应品类杂、批量多、价值高和快捷、时效强的货运需求。一要实现集装化运输(包括集装箱、集装袋和货箱等);二是提高货物列车运行速度,货物列车最高时速要逐步达到120公里及以上,还要发展高速运输;三是要直达,逐步做到从发站到到站的不改编;四是要实行各种运输方式的联运,实现“门到门”的直达。

12.3.5 建设城市和市郊客运系统

城市和市郊旅客运输是旅客运输规模最大的市场。我国大城市和特大城市多,城市和市郊运输的矛盾已经越来越突出。有轨交通是有效解决城市及市郊旅客运输的最佳途径,这已成为世界各国的共识。建设以大容量轨道交通为骨干,形成一个包括地面、地下和高架立体交通模式的现代化交通网络,是城市交通发展的必然选择。

12.3.6 建设信息化系统

铁路信息系统的建设,不仅是运营管理的需要,也是为旅客和货主提供全方位服务,提高铁路竞争能力的需要。

(1) 要实现运营管理的自动化,将用户请求处理、运输计划安排、运费清算、车辆调配、列车编组计划安排、列车运行径路选择和列车运行指挥等一系列技术和管理问题的处理和决策指挥集中于一体,通过中心与运输现场之间数据交换和信息共享,使运输有关的各种管理和控制系统、信息服务系统和信息流容纳在一个大网络内,成为既面向运输过程的管理,又面向市场服务的自动化信息系统。

(2) 要建立货运服务信息系统。货运服务信息系统要能延伸到物流链的各个环节,以贯通的数据链把制造厂、发货人、供货人、运输商、货运承运部门、装卸换装、仓储乃至银行、保险、行政当局、收货人等各个参与物流链及有关工作的部门或个人联系在一起,实现高效、高质的“门到门”运输服务。

(3) 要建立旅客综合服务信息系统。列车旅客信息系统与地面旅客信息系统要一体化,为旅客提供全面的信息服务。主要包括:预约、售票、咨询一体化,铁路客票预售系统与航空、公路、宾馆等以预约系统联网,旅客可一次预订火车票、飞机票、船票、宾馆住所,直至自用小汽车的停车位;服务手段要多样化,旅客可在任何场所,包括家庭、旅馆、商店等随时用电话或计算机询问旅行信息、咨询和办理客票的预认业务;服务内容要广泛和丰富,除列车车次、票价、到发时间等基本服务信息外,还能向旅客提供与旅行有关的各种信息,如与其他方式交通工具及城市公共交通工具的接续信息、气象、旅游、购物等信息。

总之，21 世纪将是中国铁路发展的新时期。我国铁路将不仅能够全面满足经济和社会的发展需要，而且将成为世界现代化铁路大国，为世界铁路的发展做出重要的贡献。

12.3.7　高速铁路——未来的铁路运输技术

铁路运输的复兴主要得益于火车速度的提高。目前，有 12 个国家的列车平均运行时速超过 125 公里，使人们乘火车的旅行时间大大缩短。其中法国的 TGV 列车达到每小时 185 公里，从巴黎到布鲁塞尔的时间缩短到 85 分钟；西班牙的高速列车为每小时 131 公里，从马德里到塞维利亚不到两小时；德国的城际列车平均时速达到 125 公里，从哥廷根到汉诺威不到半小时。现在，去 150 公里到 650 公里外的地方旅行，最快捷的是高速火车。

摆式列车是一种可以在原来轨道上运营的新型列车，它通过采用新的悬挂体系、转向仪和加速仪，使列车运行速度提高了 1/3。摆式列车于 20 世纪 80 年代初出现，当初试验时并不顺利，不但技术上有很多缺陷，乘客也感到不舒服。十多年来，摆式列车技术发展很快，现已运营于欧洲大陆，菲亚特公司的摆式列车穿梭于意大利、德国、芬兰、西班牙、捷克等国，英国、瑞典也开始把自己的摆式列车投入运营，美国准备在华盛顿—波士顿线路上使用摆式列车，就连高速列车技术上的强国法国，也准备开发在传统线路和磁悬浮线路上都适用的摆式列车技术。

摆式列车虽然在知名度上没有磁悬浮列车高，但它却有后者无可比拟的成本优势。把传统列车线路改成摆式列车线路，成本只是建造磁悬浮车线路的 1/20。而摆式列车本身的价格只为传统列车的 1/3 多一点。

目前许多国家将修建高速铁路作为获利手段。国际铁路联盟(VIC)负责高速铁路的官员就此趋势提出了有关高速铁路发展的一些新思路。

高速铁路是具有竞争力的运输方式。国际铁盟经论证发现，目前修建 100 公里高速新线的单位成本已低于 1995 年，但由于地形复杂和环保方面的要求使总成本趋于增长，况且许多国家都遇到资金短缺的问题，因此需要重新考虑高速铁路发展的模式，依靠线路改造和使用摆式列车提高列车速度也许是更为现实的选择。

摆式列车技术更新前景广阔。铁盟最近完成了一项有关欧洲 24 条高速铁路分类成本的研究，包括桥梁、隧道、信号和其他土木工程，还有来自德、法、意等国的 12 种高速车辆的成本报告，按每吨公里和每人公里成本比较，最高和最低相差 20%。结论表明，摆式列车的成本并不比其他列车高。

日本是最早修建高速铁路的国家，此后日本除继续新建高速线外，从 1973 年起，在 1 067 毫米的既有线上及北海道、九州、四国等地开行摆式列车，并形成了适应性不同的系列产品，使行车时速分别提高了 20 至 30 公里。北海道地区冬季多雪，气温在 −20℃，由札幌到旭川、函馆、钏路的摆式列车时速都能达到 130 公里，缩短了人们的旅行时间，从而使客运量增加了 10%，迫使飞机减少了班次。1987 年在四国的窄轨上开行 8 000 型摆式列车时速达到 160 公里。西日本公司 1997 年在新大阪至新宫间运行的 283 型电动摆式车组全程旅行时间仅为 3 小时 35 分钟。目前，日本共拥有摆式客车 700 多辆，居世界之首。

12.4 航空运输现代化

12.4.1 民用机场建设现代化

民航总局制定的“九五”计划和2010年远景目标确立了民用航空可持续发展战略。在机场建设方面，将加大机场建设力度，采取多种方式筹资、融资，增加机场建设投入，提高机场现代化水平。

1. 统筹规划，合理布局

与其他国家比较，我国民用机场数量少、密度也小。据统计，美国现有机场18 345个，其中，公用机场5 357个，取得执照的民用机场566个，机场密度为每万平方公里5.98个。一些发展中国家的机场密度，如巴西为1.06个，印度为0.72个，巴基斯坦为0.43个。截至1997年底，我国有民用机场164个，每万平方公里只有0.17个机场，其中还有48个为军民合用机场。但是，机场布局和规模必须与国情、国力相适应。搞好机场建设、发展民航运输、发挥投资效益，重要的前提是统筹规划、合理布局，制定适合国情、满足发展需要、与国民经济发展和其他交通运输方式相适应、能指导机场建设分阶段实施的中长期规划。新中国成立以来特别是改革开放以来，我国新建、改扩建了一批机场，特别是经过近几年的努力，新建、改扩建了省会、直辖市和重点旅游城市机场及部分中小机场，使机场布局更趋合理。但是，由于我国幅员辽阔，地区差异大，东西部经济发展不平衡，因此，我国现有民用机场在布局上仍不尽合理。东南沿海地区机场多、密度大，特别是个别局部，机场密度过大，如烟台与威海，厦门与晋江，机场距离过近，影响机场效益的发挥；而西北地区机场少、密度小。此外，在机场规划建设方面还存在着少数机场旅客航站规模过于超前的问题。根据国家经济发展以及航空市场需求和航线结构，需要不断调整规划，合理布局，适度控制建设规模。

2. 完善飞行区设施，保证飞行安全，扩大飞行区容量

航空需求的快速增长，造成了航空运输体系的各项设施不能满足要求，航空运输相对于其他运输方式具有快速安全的优势现已被机场及空中延误削弱了。减少延误需要从空域、航线、航管、飞行区、航站区、人员等许多方面着手。飞行区是其中的一个重要方面，同时，也直接关系到飞行安全。除了航管因素，飞行区容量主要受跑道系统、滑行道系统和停机门位的影响。经过改革开放以来特别是近年来的建设，新建了若干机场跑道，整修加强或改建了跑道、滑行道系统。应该说，大多数省会、直辖市机场的飞行区等级提高，适用机型加大，飞行区设施明显改善。目前，飞行区等级为4E的机场18个，4D的机场38个，4C的机场36个。具有两条远距平行跑道的一个，即北京首都国际机场；规划有两条远距平行跑道的有南京、福州、武汉、沈阳、深圳、西安、重庆、杭州、海口、桂林等机场；正在建设中的上海浦东国际机场规划了四条两对远距平行跑道；筹建中的广州新白云机场规划了三条平行跑道，本期将同时建设两条远距平行跑道。这些机场的跑道的数量及等级将满足日益增长的飞行架次和使用机型需要，同时地面滑行道系统也在相应完善之中。但是我国若干机场特别是偏远地区的支线机场仍然存在飞行区等级偏低，设施落后的问题。它们或引起耽搁，影响飞行区容量的发挥；或因跑道等级偏低，限制使用机型；或因道面状况太差，影响飞行安全；或地面滑行道系统不完善，导致地面运行不畅等。认真分析研究机场飞行区存在的问题，采取措施予以完善，以适应确保安全、增加使用机型和容量的需要，仍是我们的重要课题之一。

3. 扩建和改造航站设施，改善服务条件，提高服务水平

近年来，随着新建、迁建、改扩建机场投入使用，在完善飞行区的同时，一些机场的航站设施获得明显改善。据不完全统计，新建、扩建了包括福州长乐(137 000 平方米)、厦门高崎(127 000平方米)、南京禄口(92 000 平方米)等约 22 个主要机场的旅客航站楼，总建筑面积达 98 万平方米，建设中的包括北京首都机场新航站楼(336 000 平方米)、上海浦东机场航站楼(277 000 平方米)、深圳黄田机场航站楼(66 000 平方米)以及筹建中的广州新白云机场航站楼(300 000 平方米)等在内的约 10 个主要机场的航站楼总建筑面积为 142.9 万平方米。在已建成和正在建设的旅客航站楼中，工艺流程更趋合理，值机柜台、安检过道、航班动态显示、时钟、监控、广播、计算机信息管理、旅客离港系统以及行李传输与分检、旅客登机桥等设施日益完善，达到适用、方便、美观，为旅客创造舒适环境的建筑装修水平也不断提高。这些机场旅客航站的建成，将大大改善服务设施，为提高服务水平创造条件，同时也反映出旅客航站设计、施工水平有了明显提高。但是，即使取得了明显成果，一些航站设施落后仍是急需解决的问题。当前，一些机场航站设施仍然偏小，不能满足需要，导致服务水平不高。如重庆江北、武汉天河等机场，现有航站设施已不能满足使用要求，航站配套设施能力也已不足。此外，有的航站楼内部分设施如值机柜台、安检通道等不配套，航班信息不及时，旅客流程不合理等也是造成服务水平不高的直接原因。今后将通过改扩建、改造挖潜等措施改善航站设施，适度扩大航站规模，调整平面布局，设置航班动态显示、离港系统、监控、广播、楼宇自控、计算机信息管理等现代化服务设施，提高服务水平和现代化水平。

4. 采用先进技术，提高管理水平和经济效益

近年来，民航在引进国外先进技术和管理等方面做出了很大努力，在引进和自主开发计算机信息管理方面也取得了很大成绩。但总体上讲，还存在着管理水平不高，系统化、自动化程度低、经济效益不佳的问题。如何根据中国民航机场的实际情况，借鉴国外民航的先进经验，建立和完善机场管理规章体系，提高人员素质，提高经济效益是我们面临的又一课题。

12.4.2　机场建设方面的中外交流与合作

改革开放以来，民航广泛开展对外经济技术合作，取得了很大成绩。在机场建设方面，民航与外国政府及一些企业间的交流与合作不断增多，其中包括机场融资、技术合作、设备购置、人才培训等。

近十年来，民航利用外商直接投资和外国政府优惠贷款等方式累计引进外资 100 多亿美元，分别用于增加飞机、修建机场、改造航行管制配套设备和创办合资企业。在机场建设方面，自 1982 年科威特政府向中国提供优惠贷款用于建设厦门国际机场以来，民航已先后利用了科威特、日本、法国、英国的政府贷款以及美国和日本的出口信贷，用于机场和空中交通管制设施的建设。其中，利用美国的出口信贷支持了哈尔滨、徐州机场的建设。为保证机场建设顺利进行，国家已批准在北京等4个机场建设项目中利用日本政府贷款，在海口美兰机场建设中利用日本输出银行贷款，在成都等6个机场建设中使用其他国家的贷款，共计约7.2亿美元。

民航欢迎外国公司进入中国机场建设市场。北京首都国际机场、上海虹桥国际机场、三亚凤凰国际机场、海口美兰机场、南京新机场、郑州新机场、福州新机场、深圳机场、上海浦东机场、广州新白云国际机场、沈阳桃仙机场的航站楼方案设计，都是通过国际招标的形式由外国公司承担。同时，国内设计单位或工程咨询公司也与外国的机场专业工程咨询公司合作，共同承担了深圳、澳门等机场的可行性研究，以及三亚、沈阳、深圳、福州、郑州、南京、上海浦东等机场的航站楼设计。

近年来，民航还从国外引进了旅客登机桥、自动扶梯、电梯、空调机、电视监控、航班动态显示、特种车辆等机场地面设备，对保障飞行安全，提高服务质量，促进技术进步起到了很大作用。在人才培训方面，民航曾多次邀请外国专家来华讲课，开展各方面的交流；同时，也多次派人到国外进行培训考察，提高机场建设水平。

12.5 水路运输现代化

12.5.1 水上高速客运

随着社会经济的发展，人们生活水平不断提高，作为水上高速客运和娱乐工具的高速船，在当今社会快节奏运作中越来越受到人们的青睐，已成为造船界竞相开发的重要船型。发达国家对高速船的研究与开发，已有数十年的历史。

中国是一个水网稠密，海岸线漫长的国家，内陆江河纵横交错，湖泊水库星罗棋布，沿海岛屿群立，傍水有众多名胜景点古迹，发展水上高速客运已成为水网地区发展本地经济的重要手段，开发水上娱乐观光也已成为一些地区发展本地旅游业的重要内容，得天独厚的地理环境给中国发展水上高速客运、娱乐活动以广阔的天地。经济的发展，旅游业的兴起，使水上高速客运迅速发展起来，港澳地区和珠江三角洲率先开辟了高速客运航线，经过十多年的发展，这一地区已成为世界水上高速客运最繁忙的地区之一，并显示出高速运输在当今经济发展中的重要作用。近年来，随着各地经济的发展，水上高速客运逐步由珠江三角洲向沿海以及内河、湖泊发展，在许多水域相继开辟和发展水上高速客运航线。据有关资料不完全统计，在全国各水域已开辟的高速客运输航线有79条，从事水上高速客运的大陆船公司约有68家。

中国交通运输协会在组织专家对中国1996—2020年旅客运输发展战略研讨后，提出通过2000年、2010年、2020年三个发展阶段，在全国范围内形成一个能够适应需求、方便、快捷、服务质量良好、满足人们各种旅行活动要求的旅客运输系统。届时将在海湾、陆岛间、大湖内和水网发达地区形成一个以高速船运输为主体的高速水上客运系统，由此将给中国的高速船制造业带来广阔的市场，也会给国外有关的高速船及其设备的研究设计公司和制造厂商带来良好的商机。

1. 开发高速客运的航线和水域

中国海岸线18 400公里，沿海每隔二三百公里就有一个城市，渤海湾周边有8个城市，是一个经济发达地区，琼州海峡隔海仅 18 海里为广东、海南两省，台湾海峡则是大陆和台湾间水上广阔的通道。中国沿海有 6 400 个岛屿，其中舟山群岛也是水产业和旅游业十分发达的地区。中国内河重要通航航道超过 5 000 公里，长江一线和珠江下游向来是重要的交通通道。中国有鄱阳湖、洞庭湖、太湖等重要的内湖，周边人口稠密，也是工农业生产的重要地区。沿海水域、海峡水域、群岛水域、水网密织水域都十分适合和十分需要发展水上客运。其中条件最好、最成熟的当数渤海湾、长江三角洲、珠江三角洲、台湾海峡、琼州海峡和长江一线。

渤海湾地区除大连到烟台水上高速运输已经相当发达外，大连到天津、塘沽也已有速度较高的客船在航，大连到秦皇岛及其他几个城市旅游高速航线有待开拓，渤海湾内岛际间交通严重落后的局面也是高速船的用武之地。至于大连—上海的传统航线，原有客船都已陈旧，有待用大型高速船来替代。大连—仁川、威海—仁川等航线已有的运输船也有待高速船来取代。

长江三角洲高速船运输比起珠江三角洲要落后，受高速公路、铁路发展的激烈竞争影响较大，但上海—舟山、上海—温州等航线水上高速客运前途不可限量。浙江沿海，以宁波为例，当地有旅居海外的侨胞 70 万人，有居住在上海的宁波籍同乡 300 万人，宁波附近的海上佛国——普陀山，近年来客流量高达 400 万人，高速船客运还只能说刚开始。

长江一线也是高速客船的“用武之地”。长江中下游水面开阔，流速较平缓，沿线城市间水上交通发达，水翼艇、侧壁式气垫船等高速船型都适用，一些性能优良、船速较高的常规客船也因经济性好受到重视。长江上游水流湍急，江面狭窄，用时速 70～80 公里的水翼艇可以实现“千里江陵一日还”，水上高速客运在长江上游迅速兴起，对四川省的经济发展具有举足轻重的作用。

福建是中国经济发展较滞后的省份，但也一样有不少适于发展高速客运的航线，如厦门—东山—汕头、福州—温州等都是很适宜的高速运输航线。

海峡两岸通航的实现，福建和台湾间的水上高速客运前途不可限量。根据有关部门统计，1988 年台胞到大陆的客流量已有 43 万人次，1995 年达 200 万人次，2000 年可达 300 万～400 万人次，若按 1/2 海上交通工具到大陆，则至 20 世纪末，年海运客流量为 150 万～200 万人次，平均每天有 5 000 人次，因此两岸海上直航客源是巨大的。

据了解，台湾方面已初期拟定以基隆、台中、高雄三大港口与大陆沿海主要口岸通航。从大陆看，最具代表性、可行性和长久性的是厦门—高雄航线，这条航线将是闽台直航的首选高速客运航线。其次是福州—基隆，也是一条非常重要的海峡间水上高速客运航线。

随着国际关系的变化和东南亚地区经济的好转，广西和越南南部也可能开辟出重要的水上高速船航线。

2. 高速船的发展

高速船技术的发展和水上高速客运的发展是相辅相成的。20 世纪 60 年代初期，中国就致力于国防和民用高速船研究，并且很快取得了实用性发展。1964 年，中国珠江口处的水上客运便采用了高速船技术。中国船舶工业近 30 年来，在对军用高速船研究中积累的许多科研成果，改革开放后迅速转向民用，推动了中国水上高速化的发展。近几年来中国工程技术人员在高速船研究开发方面有了很大进展，现已开发使用的高速船有：全垫升气垫船、侧壁气垫船、双体侧壁气垫船、滑行艇、水翼艇、地效翼船以及高速单体船和高速双体船，船型约 30 多种。

据不完全统计，目前在全国高速运输航线上航行的高速客船计 175 艘，主要航行在珠江三角洲、琼州海峡、东海水域、长江三角洲、长江中下游、渤海黄海水域和黑龙江等沿海、内陆水域。高速船拥有量最多的水域是珠江三角洲,其在航的高速船约占我国高速船总量的53%;其次是长江中上游水域和长江三角洲与东海水域,各占13%;最后是黄海渤海水域,均占10%。

另外,从高速船种类来说,营运中使用最多的高速船是高速双体客船,约占总量的52%,绝大部分航行在珠江三角洲水域;其次是气垫客船,约占27%,主要航行在长江中上游;最后是水翼客船,约占19%,主要航行在珠江三角洲、长江中上游和黑龙江下游。

在这些高速船艇中,中国建造的高速船仅占31%,其中多数为气垫船,由国外进口的高速船占69%,进口船占据了中国高速船市场的大部分,其中进口量最多的是澳大利亚、挪威制造的高速双体船,其次是俄罗斯制造的水翼船。

中国近年来研制成功的高速船较著名的有:PS30型全浸式高速水翼艇,该船长29.10米,载客294人,船员9人,服务航速43节,用于香港—澳门航线,技术水平属国际先进,受到国内外造船和航运界的关注。162客位侧壁式气垫船的开发也很成功,该船用于蛇口—香港航线。"远舟1号"水翼船也是一型很成功的开发船型,该型艇有108客位,速度达78公里/小时,主要性能指标超过了国外同类艇的水平,是较理想的川江船型,有2艘投入营运,这是一种有可能取代进口的船型。

近年来,国内还引进了国外先进的穿浪船技术,已制造1艘在宁波地区应用,实践证明是一种适宜旅客高速水上运输的优秀船型。此外,中国在地效翼船(也称掠海地效飞船)的研制方面近年来开发工作加大了力度,正在进行12客位,20客位艇的研制,目标向100客位努力。这种介于飞机和船舶之间能做水上高速飞航的运载工具在许多特殊场合有重要用途,发展前景看好。

由于中国消费水平层次参差不齐,还有一大部分旅客希望乘坐低票价的快船,这样目前中国设计建造的高速单体客船由于造船成本低,船舶线型优化能达到较高的航速,可望有较大的发展。这类单体型常规船中受到使用部门欢迎的有平头蜗尾船和"深V型"船,都已在市场上占有位置。

中国高速船艇市场容量很大,服务面很广,在高速船应用的其他领域,如水上旅游和休闲娱乐活动开始兴起,已有相当数量的游艇投入使用,目前市场需求势头正在增长。在海防缉私、水上交通、水上警备和水上应急作业等方面,采用高速船艇更新旧船的工作正在按计划进行,每年均有一定数量的高速船投入使用,高速巡逻艇发展尤为迅速。

在上述高速船艇中用于高速客运的多为铝质、钢质高速双体船.高速单体船、气垫船和水上娱乐、海防缉私和水上应急作业的高速船,多为玻璃钢或铝质滑行艇。

高速船兼有技术密集和劳动密集的特点,中国造船工业发展高速船有很好的基础和优势,中国国内对高速船有很大的需求,潜在的出口市场也不小,中国高速船的发展有广阔的天地。

3. 我国高速客船市场前景

中国各地内陆、沿海水域的水文、气象、航道和地理条件差异较大,经济发展水平各不相同,从而决定了中国高速船艇必须因地制宜,多样化发展。对于高速客船来说,在满足中国有关航区环境要求前提下,一般经济发达地区追求安全、高速、豪华。然而适当的运输成本和运价仍是促进高速船普遍发展的关键。

一般来说,速度越快,主机功率也就越大,高速船的营运成本增高。在珠江三角洲地区,由于经济水平较高,乘客经济承受能力较强,所以在该地区高速客船更新换代中,多半追求高速,而在其他地区则要进行具体分析论证。

目前,珠江三角洲航线上的高速船数量已趋于饱和,新辟航线有限,但在航的一部分高速船有待于更新,所以该水域对高速船的需求趋向平衡发展。其他水域的高速船运输虽然处于初期发展阶段,需求正旺,但由于各地经济发展不平衡,高速船的增长速度将会因地而异,其中长江三角洲地区和东海沿岸经济发展速度较快,高速船的需求量将会在近期内有较大的增长。此外,长江中上游和环渤海地区也会有一定的发展。

从高速客船发展形势来看,近期市场需求看好的主要是:长江上游发展水翼艇,沿海发展穿浪船;同时,常规船型的高速客船也会不断有需求,双体船也还会有需求,一些地区还会需要气垫船。地效翼船的研制工作会加快,双体水翼船、气垫双体船等复合新船型也会开展研制。

此外,从长远发展趋势来说,可以用做短途保鲜快速运输的高速货船,可以发展水陆快速联运的高速客滚船和集装箱船,将在与飞机空运的短途运输竞争中获得相当大的发展。因此有人预测,高速货船、高速客滚船和集装箱船将是 21 世纪开发的主要高速船型。

总之,水路运输的高速化,是当今世界交通运输发展的重要趋势之一。我国水运资源丰富,为发展水上客货运输提供了得天独厚的优越条件,国民经济的发展也对发展水运提出了迫切需求。充分发挥江海水域交通资源优势,因地制宜,大力发展高速水运具有十分重要的意义。鼓励发展水上高速客运是中国政府已定的政策,中国造船工业部门也已在科技发展纲要中明确将高速船作为重点发展的船型加以科研“攻关”和安排设计、生产。

中国水上高速客运和高速船事业目前“方兴未艾”的态势,用不了多久就会成为蓬勃发展的局面。

12.5.2　国际航运发展趋势

国际航运是在国际市场机制下满足国际贸易对海上运输需求的一种活动。近年来,全球贸易一体化进程的加快、世界贸易量不断增长,促使全球航运业在市场机制调整下迅猛发展,以更好地适应市场需求,国际航运发展呈现以下趋势。

1. 全球航运一体化趋势的确立

据统计,目前全球大约有 4.4 万家跨国公司,占有世界 40%的资产,其产值占世界国民生产总值的 50%,控制了世界贸易量的 70%。这种跨国生产及贸易活动的迅速增长,对全球贸易运输活动产生了巨大的影响。与跨国公司建立良好的合作关系,已成为全球各大班轮公司的一项极其重要的工作。为此,世界各大班轮公司纷纷扩大航线经营范围。目前,大多数已同时从事三大主干贸易航线的业务。全球经贸一体化极大地推动了全球航运一体化进程,标志着全球承运人时代已经到来。

2. 班轮公司联营趋势不可阻挡

班轮公司为了做到既降低成本、减少经营风险,又能提供适应市场需求的规模运输,纷纷采取联盟、合营、兼并等形式,以更好地开展全球化的集装箱班轮运输。目前,国际上前 20 位的班轮公司中,15 家班轮公司均参与了相关联营体。应该看到,这一时期各大班轮公司进行的合作与联盟,多数是采取统一规划航线,达到有效扩大联盟成员业务范围、增强竞争实力、降低经营成本的目的;然而,各联盟成员在运价和附加费方面并没有采取一致行动,其运价反映的仍然是联盟成员各自的运价政策。未来几年内，全球航运联盟还将随着国际航运形势的变化而进一步调整和整合，并形成对国际航运市场公平竞争和稳定发展起到更大作用的全球航运新体系。

全球航运联盟不仅在海上运输方面进行了十分有效的合作，而且通过相互间在运输技术、计算机网络和管理方面的相互沟通和学习，特别是通过签订相互间陆上网络系统的合作与开发协议，进一步完善了全球多式联运网络，提高了多式联运效率。

3. 规模化经营向差异化服务调整，班轮公司致力于提供增值服务

从20世纪90年代以来，各主要航运公司纷纷采取大规模、低成本、低运价的经营策略，然而，在当前市场竞争日益激烈的形势下，以低运价作为主要竞争手段来换取箱位利用率和市场份额，其后果只能导致企业经济效益滑坡，最终失去成长发展的动力。因此，不少班轮公司已逐渐重视其规模化经营向差异化服务策略调整，即从单纯追求大规模数量扩张转变为更加注重内在市场营销质量，重视市场研究，通过建立覆盖全球、规模庞大的营销网络，广泛收集客户信息，针对不同客户提供差异化服务。

随着全球航运买方市场特征日益显现，货主对承运人的选择已不仅仅满足其对吨位、舱位、箱位和班期的一般要求，而是要能够帮助货主解决运输过程中产生的与产品生产及销售相关的问题。为此，班轮公司不仅致力于更好地提供一般性运输服务，即快捷的运输时间、准确的交货班期、大密度的港口挂靠、低廉的运输价格，还要以运输专家的身份提供能使货主产品增值的服务，这种运输服务可以使货主通过高质量的运输链达到原材料、半成品及产品的零库存，进而减少资金成本，提高市场竞争力。

12.5.3 电子商务在航运业的应用

当前，全球范围内刮起了一股强劲的、全新的“经营革命”飓风，这就是电子商务。发达国家已经或正在将其所有业务全面推向电子商务，它不仅会改变企业本身的生产、经营、管理活动，而且将影响到整个社会的经济运行和结构。

1. 电子商务的概念

电子商务是指两个或多个参与者通过计算机和计算机网络进行商务活动的全过程。它包括企业和企业之间的商务活动、企业与客户之间的网上营销以及企业内部之间业务流程的数字化处理过程。它带动了全球企业从经营思想、市场营销、企业管理直至企业文化的一场深层次革命。

2. 电子商务带来了全球经营性革命

(1) 电子商务将传统的商务流程电子化、数字化，一方面以电子流代替实物流，可以大量减少人力、物力，降低成本；另一方面，电子商务突破了时间和空间的限制，使得交易活动可以在任何时间、任何地点进行，提高了商务效率。

(2) 电子商务所具有的开放性和全球性特点，为企业创造了更多的贸易机会。

(3) 电子商务使企业可以以相近的成本进入全球电子化市场，使中小企业有可能拥有和大企业一样的信息资源，提高中小企业的竞争能力。

(4) 电子商务重新定义了传统的流通模式,减少了中间环节,使得生产者和消费者的直接交易成为可能,从而在一定程度上改变了整个社会经济运行的方式。

(5) 电子商务一方面突破了时空的壁垒,另一方面又提供了适时的信息资源,为各种社会要素的重新组合提供了更多的可能,影响了社会的经济布局和结构。

3. 航运业电子商务发展现状

电子商务在航运业中的应用主要表现在:① 船公司与海关、港口、代理之间利用 EDI 等技术实现报文电子化传送;② 船公司对货主及其代理实行网上营销;③ 船公司内部利用局域网(Intranet)网络平台实现电子邮件(E-mail)通信与数据传递。

目前越来越多的航商到网上申请域名,建立主页,利用自己的网页向外发布各种信息,如:企业概况、航班动态、船舶运力分布、企业合作开发意向等,同时在线服务内容不断增加。网上船期公告及订舱业务将货运服务直接送到客户办公桌上,使客户足不出户便可办理货物出口业务流程中的委托订舱、单证制作、信息查询等多项业务手续;货物运输及中转查询系统使客户对货物实行动态跟踪,在网上随时查询单证流转、海关申报状况、进出口及中转货物走向等信息;费率查询系统则根据客户的具体要求提供在线最新报价。

电子商务的重要内涵是将企业进一步向客户延伸,互联网的全球性使得船公司的营销体系可以遍布全球每一个角落,捕捉全球任何一个新客户、新需求和新变化;互联网的个性化使得船公司可以对目标客户的任何个性需求做出全面的解决方案;互联网的即时性使得船公司可以对全球任何客户在任何时间提出的要求做出第一时间的循序渐进反馈。

12.6 管道运输现代化

12.6.1 向高压、大口径方向发展

在同样输送量的情况下,压力越高,口径越大越经济。一条输送压力 75 个大气压,直径 1 400毫米的输气管道可等于 3 条为 55 个大气压,直径为 1 000 毫米的管道。二者相比,前者要比后者节省投资 35%,节省钢材 19%。现在世界上管道口径最大的已达到 1 420 毫米。

12.6.2 输送介质多样化

近年来长输管道除输送原油、天然气、成品油外,开始向输送煤、矿石、粮食、水泥、垃圾等固体介质转变,这对管道输送来说是一场革命。

1957 年美国建成第一条长距离煤浆管道,管径 273 毫米,长约 175 公里,每年输煤 130 万吨。1967 年第一条铁矿石管道在澳大利亚建成,管径 248 毫米,长 85 公里,每年输送磁铁矿 230 万吨。1974 年巴西建成一条铁矿石管道,管径 500 毫米,长 396 公里,年输赤铁矿 1 200 万吨。1978 年巴西还建成一条磷酸盐矿浆管道。苏联从 20 世纪 60 年代到 80 年代共建成 980 公里,直径为 305～350 毫米输煤管道。美国最长一条输煤管道为 2 400 公里,最大管径为 1 220 毫米。

12.6.3 管道输送新技术

近些年来，国外又发展出一种容器式管道输送技术，这种技术是靠鼓风机在管道内运行，形成车型的运输。

美国TS公司建成一条长16公里，直径726毫米、年运煤500万吨的试验线，每个容器的容量为0.5吨，运行速度达15.2米/秒，经试验对公路和铁路有竞争力。

目前，管道输送技术正向深入研究。

12.6.4 我国“西气东输”工程

“西气东输”工程完成后，天然气在国内能源消费结构中的比重将提高1～2个百分点，每年可代替几千万吨煤炭。这将对能源产业结构调整、煤炭市场的需求量及市场布局产生深远的影响。

从供气总量上分析，“西气东输”工程建成初期，年供气量120亿立方米，可以替代近2 000万吨标煤，可替代发热量5 000大卡/千克的商品煤炭近3 000万吨。根据国家统计局提供的资料，2002年我国实际生产煤炭13.8亿吨，随着国民经济的不断发展，煤炭产量将以年增8%以上的速度发展。“西气东输”替代的3 000万吨煤炭，仅相当于2002年煤炭产量的2%，与国民经济发展对煤炭产量的增长要求比较，影响较小。因此，“西气东输”短期内不会对整个煤炭市场产生大的影响。

在五大运输方式中，管道运输有着独特的优势。在建设上，与铁路、公路、航空相比，投资要省得多。就石油的管道运输与铁路运输相比，交通运输协会的有关专家曾算过一笔账：沿我国成品油主要流向建设一条长7 000公里的管道，它所产生的社会综合经济效益，仅降低运输成本、节省动力消耗、减少运输中的损耗3项，每年就可以节约资金数十亿元左右；而且对于具有易燃特性的石油运输来说，管道运输更有着安全、密闭等特点。在油气运输上，管道运输有其独特的优势，首先在于它的平稳、不间断输送，对于现代化大生产来说，油田不停地生产，管道可以做到不停地运输，炼油化工工业可以不停地生产成品，满足国民经济需要；二是实现了安全运输，对于油气来说，汽车、火车运输均有很大的危险，国外称之为“活动炸弹”，而管道在地下密闭输送，具有极高的安全性；三是保质，管道在密闭状态下运输，油品不挥发，质量不受影响；四是经济，管道运输损耗少、运费低、占地少、污染低。成品油作为易燃易爆的高危险性流体，最好运输方式应该是管道输送。与其他运输方式相比，管道运输成品油的优点有：运输量大，劳动生产率高；建设周期短，投资少，占地少；运输损耗少，无“三废”排放，有利于环境生态保护；可全天候连续运输，安全性高，事故少；运输自动化，成本低，能耗低。

12.7 公交优先

目前，缓解城市道路交通拥堵已到了刻不容缓的地步。不少深感忧虑的人士纷纷进言，支使高招。有人说应多修道路，有人认为要控制机动车辆的发展。而对此，有专家则道出了一个崭新的交通发展理念：机动车化可能是不可避免的，但必须变换我们的思维视角。应该考虑如何让人流动，而不是一味想着怎样才能最好地让车子动起来。换言之，是要让有限的道路能为更多的出行服务。而出路又唯有一条，就是大力发展公共交通，实行“公交优先”战略。

公交优先是指大城市的市内客运交通以大容量、快速度的大公交系统为主，以其他交通工具为辅。公交优先应包括政策支持、基础设施建设、改善技术装备、企业改革、交通管理等多方面的优先。

12.7.1 公交优先是城市经济发展的客观要求

世界银行曾有项研究表明：交通需求增长超前于经济增长速度，一般都在两倍以上。可见，交通是经济发展的重要基础。城市公交作为城市生产的第一道工序，它直接保证着城市经济生活的有序运转。无疑，城市公交就优先成为世界各地经济发展战略的重要组成部分。

从某市公交事业发展的轨迹，就能清晰地印证这一点。该市花园路北段有一个叫汽配大世界的市场，主动配合公交公司把市场前的空地建成停车场，32路、69路、208路等公交车从这里发车，这不仅方便了公交，而且使汽配市场的生意也迅速红火起来。北环道通车后，某村主动要求将公交6路车延伸到该村，该村先后兴建起了蔬菜批发市场、花卉市场等一系列实业，一个原本偏僻的农村一下子红火兴旺了起来。由此说明经济建设与发展始终离不开一个良好的交通环境和发达的公共交通体系。

12.7.2 公交优先是提高现有道路资源利用率的捷径

某省城可通行的道路大约有500多条，总长度达450余公里，道路面积共有600多万平方米，并且现在和今后还正在且将有道路被扩建、新建。近4年来，全市道路建设长度年平均增长速度约为3%，道路面积年平均递增率为4.37%。然而，该市现有非机动车辆323万辆，机动车23万多辆，机动车的年平均递增率是10%左右。

通过对比不难看出，道路建设犹如一个底气不足的运动员，虽然大汗淋漓地拼命追赶，可总是赶不上它的对手。故此，单纯依靠修、扩建城市道路来期望解决道路的拥塞是行不通的。关键还是要把有限的道路资源充分利用起来。有人做过统计，每20辆自行车或4辆小汽车所占用的道路面积与1辆公共汽车所占面积是一样的，而后者的载客量分别是每辆自行车、汽车的100倍和30～40倍。运送同样数量的乘客，公共交通与小汽车相比，分别节省土地资源3/4，建筑材料4/5，投资5/6，空气污染是小汽车的1/10，交通事故是小汽车的1/100。数据最能说明问题，城市公共交通是效率最高的交通方式，公交优先无疑是克服我市人多地少、车多路少、拥挤堵塞等基本矛盾激化和能源紧张、污染严重等问题的首选。

12.7.3 公交优先是居民安全快捷出行的保障

“衣、食、住、行”，“行”乃人类赖以生存和发展必不可少的四大物质条件之一，尤其在“时间就是效益”的当今社会，行得好，行得快，就显得尤为重要。

公共交通本是市民出行的主要代步工具，但是在现今道路拥挤的状况下，居民选择出行的方式发生了变化，形成以自行车为主，公交车为辅，出租车为次的基本交通结构。据了解，近几年，某市每年自行车的增长量都在9万多辆。在这些不愿乘坐公交车的人群中，有相当一部分人称，主要是因为堵车、运行不准点、车速低、候车时间长等不得不舍弃乘坐方便实惠的公交车，而改换其他交通工具。的确，据测算，目前公交车在该市中心区域的平均运行速度为每小时 12 公里，高峰时间更低，车速仅是 20 世纪 90 年代初运行速度的 1/3。而且，该市绝大多数公交线路都很难保证正点率。如此慢的速度，最受影响的当然还是乘坐在其上的老百姓们。所以，大力发展公交不但便利经济，可使市民免受骑车长途跋涉之苦，而且路口自行车拥塞的局面也将得到改观。公交优先实质上就是百姓优先，大众优先，多数人优先。

12.7.4 公交优先是世界各国城市交通的战略选择

综观世界各工业化国家城市交通的发展历程，大都走过了先发展小汽车，后控制小汽车，最终明智地选择了发展大公交的曲折道路。

“公交优先”最早是由法国在 20 世纪 60 年代末提出的。第二次世界大战后，迫于汽车工业财团的压力，法国政府采取了鼓励私人交通发展的政策，私家车急剧发展。到 70 年代初，城市交通几近瘫痪。于是，政府开始了下大力气重点优先发展公共交通。如今，巴黎设置了 480 多条全天或部分时间禁止其他车辆使用的公共汽车专用道。其他如美国、英国等发达国家也经历了此种教训。

当前，我国许多大城市也纷纷融入到了优先发展公交的大趋势中。北京从 1997 年开始年年不断新辟公交专用道，并严格禁止其他车辆入内行驶，而且还实行了路口优先通过、进出站不受干扰、加强建设好公交停车场等措施。宁波市为了扶持公交事业，专门设立了城市公交发展专项资金，用于公交场站等基础设施建设及购买车辆等；在有条件的地段设立公交车专用道和转弯车道等。其他城市也相继开始了对公交优先的探索。如在个别路段开设专用道，交通管理部门为公交车辆的通行大开“绿灯”等。

公交事业是城市的公用事业，公交车辆是城市流动的“血脉”，“公交优先”业已迫在眉睫。它的实施和落实还更需要政府、社会、群众等各方的关心、理解和扶持。

参考文献

[1] 雷黎,申金升,徐一飞．城市交通可持续发展案例.数量经济技术经济研究,2000(1).

[2] 黄敏.深圳交通运输的改革与思考.[2004-06-16].http://www.hbjt.gov.cn/page/zc2/lwjcp/lwjcp1512.htm.

[3] 汪光焘.畅达城市交通实现城市的可持续发展.[2004-06-16].http://www.cnw21.com/maindoc/new/research/china/hygc/cjgh/cjgh7.htm.

[4] 李维斌．交通运输经济概论.北京:机械工业出版社,1990.

[5] 王成钢．交通运输市场概论.北京:人民交通出版社,2001.

[6] 马天山．汽车运输企业市场营销学.北京:人民交通出版社,1997.

[7] 李华．道路运输经济学．北京:人民交通出版社,1999.

[8] 中华人民共和国交通部.2001—2010年公路水路交通行业政策蓝皮书．北京:人民交通出版社,2001.

[9] 戈曼兹-伊伯尼兹,迈耶.走向民营化:交通运输业民营化的国际经验．曹钟勇译．北京:中国铁道出版社,2000.

[10] 程天柱.中国高速客船市场初析.[2004-06-16].http://www.hbjt.gov.cn/page/zc2/lwjcp/LWJCP1711.htm.

[11] 高速铁路:未来的铁路运输技术.[2004-06-16].http://www.hbjt.gov.cn/page/zc2]lwjcp/lwjcp1211.htm.

[12] 公交优先:现代交通管理的新理念.[2004-06-16].http://www.hbjt.gov.cn/page/zc2/lwjcp/lwjcp1227.htm.